近世日清通商関係史

彭浩［著］

東京大学出版会

Construction of the Trade Relationship
between Qing China and Tokugawa Japan: 1685–1859

Hao PENG

University of Tokyo Press, 2015
ISBN 978-4-13-026240-8

近世日清通商関係史／目次

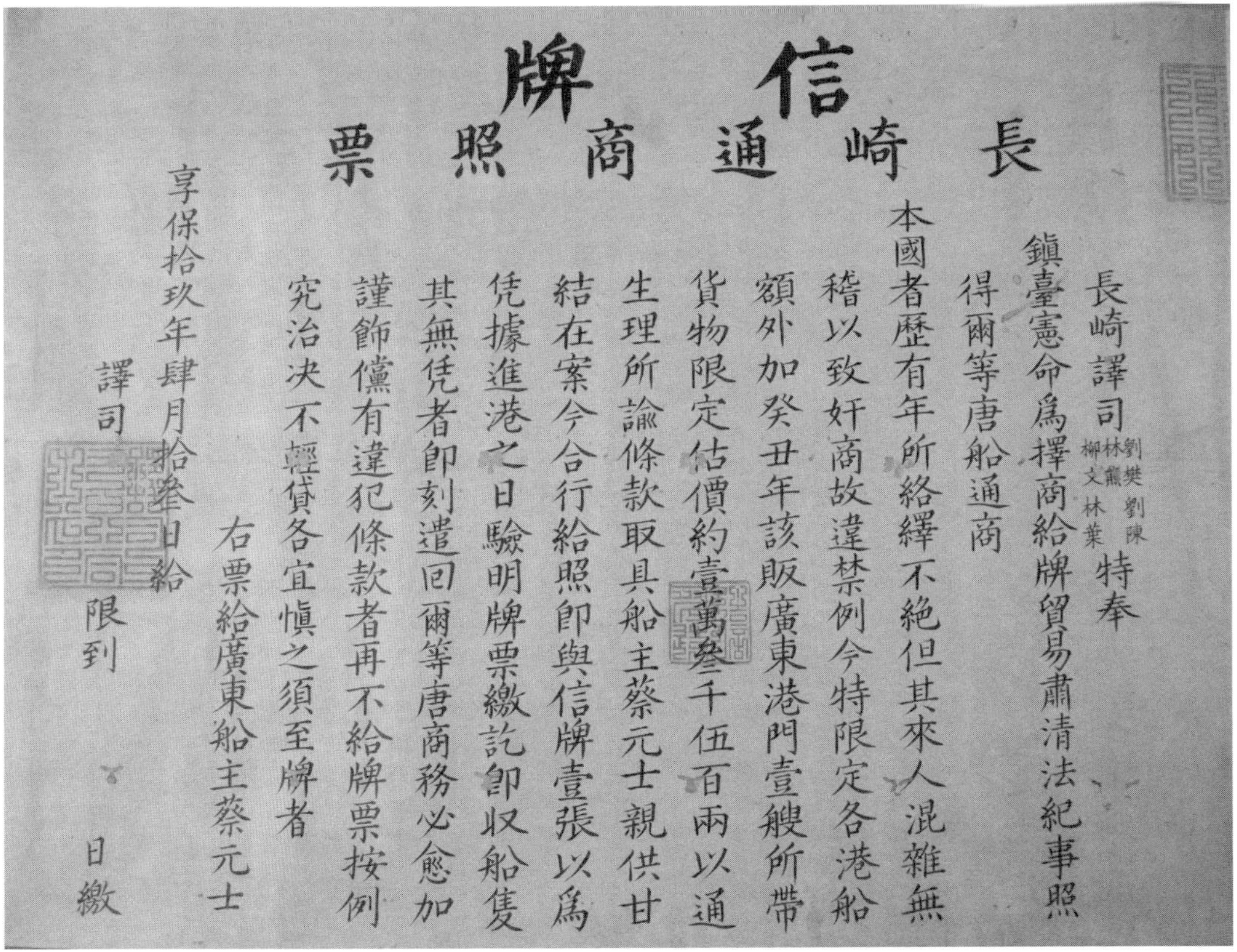

信牌

長崎通商照票

長崎譯司劉樊林龍柳文劉陳林葉特奉
鎮臺憲命爲擇商給牌貿易肅清法紀事照
得爾等唐船通商
本國者歷有年所絡繹不絶但其來人混雜無
稽以致奸商故違禁例今特限定各港船
額外加癸丑年該販廣東港門壹艘所帶
貨物限定估價約壹萬叁千伍百兩以通
生理所諭條款取具船主蔡元士親供甘
結在案今合行給照即與信牌壹張以爲
凭據進港之日驗明牌票繳訖即收船隻
其無凭者即刻遣回爾等唐商務必愈加
謹飭儻有違犯條款者再不給牌票按例
究治決不輕貸各宜慎之須至牌者
右票給廣東船主蔡元士
享保拾玖年肆月拾叁日給
譯司　限到　日繳

信牌（享保 19 年商人蔡元士宛，東京大学史料編纂所蔵）

凡例

・史料を引用する際、基本的には、和文の場合は翻刻文を、漢文の場合は現代日本語訳文を掲載した。参考のため漢文史料の原文を章末注に入れた。また、必要に応じて、漢文史料の原文を本文に掲げる場合もある。
・史料の翻刻は、意味が変わらない限り、漢文の繁体字を一律に現代日本語の漢字（新字体）に置き換える。現代日本語にはあたる漢字がない場合、もとの字体を残す。異体字の場合は、印刷標準字体に置き換えた。
・漢文の訳文は、できる限り直訳とした。訳文中の（ ）は注記、〔 〕は補足である。
・本書は中国第一歴史檔案館（北京）所蔵の檔案（保存公文書）、国立故宮博物院（台北）所蔵の檔案を多く利用している。前者は「一史館」、後者は「台北故宮」と略記した。
・本書が利用する清朝檔案は主に、宮中檔朱批奏摺（宮廷保存の皇帝親展の上奏文）・軍機処録副奏摺（朱批奏摺の写し）、題本（内閣経由の上奏文）三類型である。「一史館」所蔵檔案の檔案番号は、注では前の桁を省略する。朱批奏摺は「04-01-」以下の番号、録副奏摺は「03-」以下の番号、題本は「02-01-04-」以下の番号のみを表記する。その他の檔案類型は、全桁の檔案番号を記入する。
・年代や日付の表記は、本文中は基本的に、旧暦を使い、（ ）内に西暦の年を付した。必要に応じて月日も旧暦から西暦へ変換したが、基本的には月日は旧暦のままにした。また、日本の年号を表記するか、中国の年号を表記するかを文脈によって判断した。

序章　近世日清関係史を問い直す
――通商関係の視点から

本書の目的はまず、近世中後期（一六八〇年代―一八五〇年代）日清間の貿易を軸とした国家関係を、徳川幕府・清政府がともに公認した通商関係として捉え、政策分析というアプローチから、日清両政府の貿易政策の連動性により形成された通商関係の仕組みを検討することにある。そのうえで、日清通商関係が長期かつ安定的に維持されていた要因を追究し、近世日清関係史の再構築を試みる。さらに東シナ海域の国際秩序及び東アジア国際関係をめぐる議論を広げていきたい。

第一節　研究テーマの解説

1　地球的世界の形成と近世

一六世紀初頭、ヨーロッパ西側から出発して東・西へ世界一周を回る航路の発見により、海に分断されて互いに知り合わなかった、または遠距離で恒常的な交流がなかった、各地域的世界が結び付けられ、地球的世界(1)が形成された。これと連動し、広域のモノ・ヒト・情報の移動が頻繁に行われ、それぞれの国々・地域的世界は、いずれも能動的または受動的に、この動きを受け止めて対応を講じた。そのなかで、最も積極的に地球的世界を迎えたのは、ポルトガル・スペイン、及びその後に続いたオランダ・イギリスなどの西ヨーロッパ諸国だった。これらの国々は、各地域的世界に勢力を伸ばし、やがてインド洋を越えて東南アジアへ進出し、多くの国の植民地化を進める一方、東シナ海域の貿易にも参入した。当時の東アジア世界で、明中心の国際秩序はすでに内部から崩壊し始め、その一翼となる東シナ海域では、セットにされた朝貢貿易と海禁政策の枠組み(2)を越えようとした海商の貿易活動が活発化していた。これらの海商は、中国側の史料で「倭寇」と呼ばれているが、実は中国人・日本人・ポルトガル人などからなる、多民族的な人間の連合体(3)であり、彼らは広範囲の商業ネットワークを構成して島嶼部で出会貿易を行い、明官憲からの取り締まりに武力で対抗していた。こうした倭寇的状況(4)は、一七世紀後期の日清通商関係の成立まで持続していた。

一六・一七世紀移行期の変動的な国際環境のもとで、日本の近世史は幕を開けた。同時期に、中国は政治的に不安定な局面に陥り、やがて明清交替が行われた。成立後の清政権は、明に倣い自国中心の朝貢体制を構築し、そして一七世紀後期に中国（旧明領の漢人中心の地域）の支配を固めたのち、海禁を解除し、朝貢関係のない国との通商も事実上認めた。しかし、一八世紀に入ると次第に、キリスト教の禁制、自国民の海外渡航の制限、外国人の入国制限、対外貿易港の限定などの保守的な外交姿勢を示した。その一方で、国内の政治的な安定を長期にわたり維持できた。このように、中国史研究の分野で近世の扱い方が一定していないとはいえ、近年議論されてきたように、この時期に植民地化を免れられた中国・日本・朝鮮などの東アジア諸国の国内政治状況と外交姿勢などの面には類似する傾向があった。(5)こうした時代的な共通性から、日本の近世とほぼ重なる一六世紀後半から一九世紀半ばまで、すなわち中国の明清交替期、清朝前期・中期（アヘン戦争以前）を東アジア史の近世(6)とみてもよいであろう。本書は、こうした時代区分の認識に基づき議論を進めていく。

2　倭寇的状況から日清通商関係へ

東シナ海域の視角から見れば、近世前期に当たる一七世紀は、倭寇的状況と現在に表現されている変動的な国際情勢が次第に終焉に向かっていった時期である。荒野泰典氏が総括した通り、一七世紀東アジアの変動は、日本の幕藩制国家形成と中国の明清交替の二つの動向を主軸に、南方からのオランダ・イギリスの東アジアへの進出・定着と、北アジアへのロシアの進出・定着という二つの動向を副軸として展開した(7)。

一七世紀初頭、徳川幕府の対明国交の回復をめぐる交渉は挫折に終わった(8)。その原因はいまだ明らかにされていないが、おそらく明朝が日本を「倭寇」の本拠地と見なして警戒心を緩めなかったためであろう。これを契機に、幕府は新たな対外関係の枠組みを模索し始めた。その決定的な一歩は、いわゆる「寛永鎖国令」の発布と考えられる。それにより、唐船の入港地は長崎一港に限定された。そして、幕府は中国の明清交替を「華夷変態」とし(9)、清の勢力拡大に警戒感を示した一方で、南明政権や鄭氏の救援要請を拒否し(10)、そして清の冊封使から辮髪・満洲風の衣裳を強制されたならば、琉球にその通りに従わせるように薩摩藩主に指示し、薩摩を通じて琉球を支配下に収めようとする事態を隠蔽化した(11)。これらの動きから、可能な限り清との武力紛争を避けようとした幕府の意図が窺える。

一六八四年、ようやく鄭氏勢力を降伏させた清政府は、海禁を解除し、中国商人の海外貿易を公認し、そして翌年に福建省の官員が、商船に便乗して長崎に渡航した。幕府は、これらの商船との取引を認めたが、官員の再来禁止を中国商人へ伝えた(12)。これ以後一九世紀中期まで、国家間の関係がないまま、両政府が公認する中国商船の長崎貿易が長期にわたり維持された。こうした日清通商関係は、近世中後期東シナ海域の安定的な国際秩序の基礎をなした。

3　研究のスタンス——日清双方公認・支援の通商関係

本書の対象時期は、日清間の貿易が両政府にとって「合法」的な貿易(13)として行われるようになった一六八四年から、安政開港を契機に長崎貿易が変質し始めた一八五〇年代後半(14)までの間である。この時期において、日清双方（徳川幕府・清政府）がともに公認した通商関係は、長期間平和的に維持されていた。こうした通商関係は、国交がないという点から、近代以後の条約関係と区別される。一方、両政府の公認という点からは、中近世移行期における、明清官憲が違法視した出会貿易＝「密貿易」[15]関係とも性格を異にする。

従来、鎖国史観のもと、近世の日清関係は主として、長崎貿易という研究の枠組みのなかで議論されてきた。議論の前提は、幕府が唐船・オランダ船を民間の商船と扱い、鎖国体制の一環として独自に外国商船の受入体制を構築していたという認識であり、そのため、従来の研究では、貿易のルールづくりにおける貿易相手国及び外国商人の役割を積極的に評価せず、対等な関係のニュアンスを持つ通商関係に関する議論を避けるという傾向があった。

詳しくは後述するが、近年において、日本史研究の分野では、「鎖国」見直しの一環として、「通商の国」＝中国・オランダ、「通信の国」＝朝鮮・琉球という幕藩制国家の対外関係の構図が注目されるようになっている。一方、中国史研究の分野でも、朝貢システム論や互市体制論のなか、「大清会典」（清朝の基本法典）などでは日本を「互市国」（政治的関係がなく貿易関係のみ持つ国）と位置づけていることが議論の素材として頻繁に取り上げられている。これらの研究動向は、通商関係というスタンスから近世の日清関係を捉え直すという契機をもたらしてきた。

しかし、近年の議論では、こうした日清間の通商関係を単なる民間レベルの通商関係と見なす認識が色濃く現れている。確かに、清朝にとっては、長崎に渡航する唐船は決して政権側直営の商船とはいえず、そしてそれらの船は日本で原則的には民間の商船として扱われていた。とはいえ、日清両政府は、長崎での唐船貿易を民間商人の自由に任せ、日清間の通商に全く関与しない、ただ超然とした態度で臨んでいたわけではなかった。

後述の長崎貿易に関する研究で検証されてきた如く、徳川幕府は、対外貿易を統制するため、一七世紀末に貿易の管理と仲介の機関として長崎会所を設置し、外国商船による輸出入貿易に介在させた。それにより、外国商人と日本国内の民間商人との直取引が原則的に遮断されたのである。会所の性格については、長崎の地役人・町人から登用されたものは一般事務を担当していたものの、取引をめぐる重要事項の決定権は長崎奉行に掌握され[16]、会所の会計が勘定所の監督を受けていたため、決して幕府の認可を得て独自に経営する民間業者ではなかった。幕府は、対外貿易の維持と金銀の海外流出の抑制を両立させることに腐心し、金銀の代わりに銅、銅の代わりに海産物を主力の貿易品として育て、行政指令のもと全国各地から銅・海産物を強制的に集荷して長崎に廻送させるという貿易サポート体制も構築した。一方、清朝側においても、清政府は、銅買付のため対日貿易に投資したり、輸入銅を官定価格（民間価格より大分安く設定）で強制的に優先購買したりすることなどにより、唐船の長崎貿易に積極的に関与していた。

このように、日清関係の本質は、決して民間レベルにとどまった通商関係ではなかった。本書は、近世中後期の日清関係を日清両政府が公認・支援した通商関係と捉えるスタンスをとる。

4　通商関係の担い手について

日清通商の主要な担い手は、清朝支配下の地域から出港して長崎貿易に参加した中国商人の船である。これらの船は「中国船」と略称してもよいが、ここで注意すべきは、日本側の史料では中国式の帆船（ジャンク船ともいう）を一般的に唐船と呼んでおり、一方で「中国船」という語を中国本土からの船という意味で用いるとすれば、史料上の「唐船」をそのまま「中国船」に置き換えるのは妥当ではない、ということである。

遅くとも近世初期から、長崎に来航した中国商人の船は、日本では一般的に唐船と称されている。しかし、中国海商の活動範囲は広く、貿易先の地域に定住しそこを拠点に貿易活動を営む場合が多い。そのため、日本側の文書に唐船と記される船は、①清朝支配下の中国本土に居住する中国商人が所有・経営する船と、②東南アジア各地に定住した中国系商人（のちの海外華人・華僑に相当）が所有・経営する船に大別される(17)。

近世前期、中国本土・日本・東南アジア間の三角貿易に従事する中国商人の船があり、類型①②が並存していたが、一七世紀を通じて中国本土と東南アジア間の貿易が発展し、中国の東南沿海に中継貿易港が成長し、唐船が東南アジアから日本へ直航するケースが少なくなり、したがって類型②の商船は逓減していた[18]。一八世紀半ば以後、長崎のいわゆる唐船貿易は、ほとんど経営の拠点を蘇州に置く官商・額商[19]の商船によって独占されるようになった。それ以後長崎に来航した唐船は、中国船といってもよい。本書は、可能な限り、唐船と中国船、唐人と中国人といった用語の使い分けに留意しながら論述を試みたい。

第二節　近世日清貿易の研究史

本節ではまず、（1）長崎唐船貿易という研究分野の開拓、（2）長崎貿易史に関する研究の深化、（3）唐船の経営と清朝の貿易政策に関する考察、（4）「密貿易」・漂流をめぐる議論という四つの側面に分けて、これまでの近世日清貿易史研究の大まかな流れと全体像を描いてみる。また、最後に近年活発に行われている、中国史分野の朝貢システム論・華夷秩序論、日本史分野の「鎖国」見直しをめぐる議論などにおいて、近世の日清貿易がどのように位置づけられているかについて簡単に述べておく。

1　研究分野の開拓

長崎貿易の研究、あるいは日清貿易の研究では、矢野仁一『長崎市史――通交貿易編・東洋諸国部』[20]（以下、『市史・東洋部』と略記）をもって嚆矢とするのが一般的である。確かに、『市史・東洋部』は、近代的な学術研究の手法を持つ、長崎貿易を対象とした最初の専門書と位置づけることができる。しかし、諸先学の研究に負うところも決して少なくない。『市史・東洋部』の引用・論説から分かるように、福地源一郎『長崎三百年間――外交変遷事情』[21]（一九〇二年）、荒木周道『幕府時代の長崎』[22]（初版一九〇三年）、金井俊行編『長崎略史』[23]（一九二六年）の「外国商法沿革志」などが矢野氏の研究の重要な参考文献となり、議論・批判の対象となった。これらの著書・編書は、歴史の叙述または史料の整理を中心に行い、学術論文のような実証性は比較的乏しいとはいえ、糸割符制・相対商売・市法商売の置廃、唐人屋敷・長崎会所・銅座の設立、輸出入品の種類、幕府の貿易制限策、貿易規模の逓減傾向などの、貿易に関わる基礎事項は概ね述べられている。

さて、矢野書への評価に戻るが、書名は「東洋諸国部」と付けてあるが、序に書かれた通り、「実質においては長崎の支那貿易の歴史」であった。氏の基本的な問題関心は貿易の利益にあった。すなわち、幕府及び日本商人は、どのような手段で貿易による経済的利益を獲得しようとしたのか、そして貿易でどの程度利益を得たのか、また逆にどの面で損失を受けたのかということである。氏は、貿易仕法（糸割符法・貨物市法・定高制・代物替制など）の変遷、取引機関の設置（長崎会所・唐人屋敷・銅座など）、取引手数料（口銭銀など）の制度化、貿易利銀の収公（運上金）と地下配分の体制、唐船の世話をする仕組み（宿町制）などについて考察し、さらに貿易実態の検証を進めつつ、データ分析を通じて、取引制度の変遷の背景・意義・効果などについて説明を試みた。結論をいえば、日本がコストより低い価格で銅を輸出しており、海産物の輸出を促進し、輸入品を下値に購入することにより、銅取引の損失を補ったうえで多大の利益を得たという日清貿易の特質を発見した。

また、矢野氏の研究とほぼ同時期、木宮泰彦氏が日中関係の通史の視点から、長崎貿易について考察を行っていたことも言及に値する。実は、二〇世紀前半、中国に対する政治的関心の高まりに伴い、日中関係を対象とした通史的な研究は盛んに行われていた。[24] しかし、近世の長崎貿易を等閑視する傾向も見受けられ、木宮氏の『日支交通史』（のち『日華文化交流史』と改名）のように、近世の日中関係史を詳しく論じた著書は極めて稀といえる。木宮書は、叙述の手法を中心に、貿易の実態、幕府の貿易制限、貿易仕法の変遷などを端的に示している。

幕府が主導した長崎貿易の体制及び実態について検討するというのが、矢野氏による研究以後、長崎貿易史研究の主流となり、研究の蓄積はあまりにも厚く、枚挙に暇がないほどである。ここで、通商の仕組みという本書のスタンスから、本書の対象時期（一六八〇年代—一八五〇年代）つまり近世中後期を中心に、代表的研究と、示唆に富む見解をまとめておく。

2　長崎貿易に関する研究の深化

前述したように、貞享期（一六八四—八八年）における定高制の導入、糸割符制の復興、及び長崎会所・唐人屋敷・銅座などの設置、「正徳新例」（一七一五年に発布された、長崎貿易に関する諸法令）の発布については、矢野氏の研究で検討されている。ところが、取引仕法・取引機関の成立時期・背景・意義をめぐる議論には、曖昧なところ、または推論にとどまったところが多かった。これらの課題の研究は、山脇悌二郎氏・中村質氏・太田勝也氏・木崎弘美氏・若松正志氏らの努力の積み重ねにより、少しずつ前進している。[25]

そのなかで、新しい局面を切り開いた研究もいくつか挙げられる。たとえば、松浦章氏は、唐船乗組員個人取引（和文は「別段売」、漢文は「小伙」）の成立を明らかにした。[26] 続いて中村質氏は、唐船の金銀輸入を中心としたいわゆる「別段商法」（通常行われる形態ではない取引）の諸口について全面的に考察を行い、「別段商法」の全体像をめぐる議論を一挙に推し進めた。[27] 長崎貿易の「官営」化を成し遂げた最も重要な一環は長崎会所の設置であると考えられるが、これについても、会所の運営形態や帳簿の仕組みを考察し、会所に関する研究と、貿易「官営」化をめぐる議論を格段に進展させたと評価できる。[28] 加えて近年、鈴木康子氏の長崎奉行に関する研究によって、一八世紀中期に行われた、長崎会所を中心とした貿易機関の組織改革や勘定仕組みの改革などの様相が浮き彫りになってきた。[29]

また、よく知られている「正徳新例」は、やはり長崎貿易に関する議論の焦点である。その意義については、「鎖国」貿易体制の完成点としている中村質氏の指摘[30]が広く認められている。[31]「新例」の内容については、太田勝也氏の復元作業が最も系統的であるが、[32]ポイントは概ね矢野氏の研究で指摘されている。すなわち、「新例」では、定高減額・銅輸出制限のほか、唐船商人に通商許可書として信牌を発給する制度、価格決定の「値組」仕法（「目利」と呼ばれた商品鑑定専門役の評価に基づく価格設定）を糸類のみからすべての輸入品へと適用の範囲を拡大すること、唐船の積荷を残らず買い取る制度、金・銀のほか銅の輸出額を制限し始めることなどの改正が行われた。[33]中村氏が示唆した通り、「新例」による改正はおよそ過去にも採られた取引方法の復活であり、全く新規の施策は信牌制のみであり、これは幕末開港後まで維持される基本的な制度である。[34]また、「新例」の分析を行った山脇氏や太田氏も、信牌制が最も意義のある制度創設、または最も独創性のある措置だったと評価している。[35]

3　唐船の経営と清の貿易政策に関する研究

まず、唐船商人の活動範囲については、唐船が中国本土・東南アジア・日本を結ぶ三角貿易を行っていた実態を示した中村質氏の考察[36]と、唐船の長崎貿易を中国国内の沿岸貿易との関わりで検討した朱徳蘭氏の論考[37]がある。地域別の商人活動に関する研究としては、「新例」実施後における江浙（江蘇・浙江）商人と福建商人との対立構図を描いた山脇悌二郎氏の論文[38]、福建商人の長崎来航に対する江浙商人からの反発を紹介した松浦章氏の論文[39]、福建商人の勢力盛衰を全面的に考察した劉序楓氏の論文[40]などが挙げられる。これらの研究から、一八世紀前半に江浙商人が福建商人に取って代わり対日貿易の主体となったことは分かるが、商人の出身地と貿易活動の拠点との違いを区別せずに議論を進めているという問題もある。山脇論文で描かれた江浙商人と福建商人との対立構図は実在しなかったという劉氏の指摘は実に示唆的である。[41]

次に、唐船の経営については、山脇氏が「倩」「托」「合夥」、松浦氏が「倩」「雇」などの用語で表現された商人関係を浮き彫りにしたこと[42]、中村氏・松浦氏が唐船乗組員の構造を解明したこと[43]、朱氏の論文では「唐船風説書」から商人間の「合夥」制による投資方式に関する情報を整理したことなどが特筆される。[44] また、一八世紀半ば頃の中国商人の組織化の傾向、つまり官商・額商の結成も注目されている。『市史・東洋部』ではすでに、官商・額商の成立と代表商人の活動について検討している。その問題提起を受けて内田直作氏は、官商・額商の成立を清の対外貿易統制の一環として論じている。[45] その後、山脇氏・松浦氏・劉氏などの努力により、[46] 官商の系譜と代表的な額商の貿易活動が次第に明らかになった。

また、日本から中国への輸出銅の大半は、清政府によって購入されて銅銭鋳造に使われていた。そのため、清の日本銅調達（清朝側の史料で「弁銅」と表現されている）の制度及びその変遷も、日清貿易史の一重要課題である。矢野書のほか、陳東林氏・劉序楓氏などの通史的な整理があり、[47] そして、清朝前期（順治・康熙）の「関差弁銅」「内務府商人弁銅」などを対象とする研究も積み重ねられてきた。[48] 中期の状況（乾隆・嘉慶・道光）については、矢野書のほか、前述した劉氏の「弁銅」商人に関する論文が最も詳しい。

4　唐船の「密貿易」・漂流をめぐる研究

幕府の統制に伴い唐船の「密貿易」問題も必然的に生じた。一九八〇年代及びそれ以前の「密貿易」（「抜荷」ともいう）研究は、主に法制史・貿易史に視点を据え、「密貿易」の実態、及び「抜荷」物の流通ルート、日本人「抜荷」犯の取り締まりなどをめぐって議論されていた。[49] 八〇年代における荒野泰典氏の研究は、地域社会からのアプローチを提示し、幕府の貿易統制策による商人層の困窮、無宿の激増、長崎の都市機能の変化などを、「抜荷」発生の原因として分析している。[50] 被支配側の立場に立っていた庶民の視点から「抜荷」研究に切り込んだという点が特に評価される。そして近年、こうした傾向に沿って細分化した具体的な研究成果が多く見られる。[51] しかし、関連史料が欠如しているため、清政府が中国商船の日本での「密貿易」と幕府の取り締まりに対してどのような態度をとっていたのかは明らかではない。

他方、唐船を含む異国船の日本漂流・漂着に関する研究は一九六〇・七〇年代に遡ることができる[52]。八〇年代になると、荒野氏は、近世において日本・中国・朝鮮・琉球が互いに相手国の漂流民を送還していたという史実に基づき、「漂流民送還体制」という概念を示し、近世の漂流民がどのような手続きを経て送還され、その背後にはどのような体制が国内・国際的に成立していたのかという問題提起を行った[53]。その後、日本人の中国漂流と中国人の日本漂流という双方向からの事例研究が次々と発表されている[54]。主な論点としては、①日清双方の漂流民送還制度の成立時期、②日本の漂着唐船対処マニュアル、③救援・護送の費用の負担状況、④送還途中の待遇と監視の状況、⑤漂流民の異国見聞・相互認識などが目立つ。

また、唐船の「密貿易」・漂流問題は、幕府の沿岸防備体制にも深く関わっていた。一八世紀前半、唐船「抜荷」すなわち「密貿易」の問題は深刻化し、幕府は軍事行動を伴う厳しい唐船打ち払いを西国諸藩に実行させた。唐船打ち払いについては、幕府・藩・中国商人という三つの視点からの研究があり[55]、そのなかで山本英貴氏と松尾晋一氏は、沿岸防備体制の一環として幕府の唐船打ち払い政策を論じている。一方、長崎市中で発生した唐人の「抜荷」「騒動」への取り締まりを中心とする治安維持の問題もあった。近年、唐人の「不法」行為、とりわけ唐人「騒動」、及び幕府の対策・法体制などの課題に関する考察が増えている[56]。

5　国際秩序論・「鎖国」見直し論・海域史研究からの示唆

二〇世紀半ば頃から、前近代中国史の分野で、中国中心の国際秩序は、朝貢システム（Tribute System）・冊封体制・華夷秩序などの概念で抽象化されている[57]。そのなかで、フェアバンク（Fairbank, J.K.）氏とマンコール（Mancall, Mark）氏をはじめとする朝貢システム論の研究者は、議論の重点を清代に置き、華夷意識に基づく朝貢の儀礼と、朝貢に伴う貿易の形態について総合的に検討している。近年、朝貢システム論を批判的に継承した浜下武志氏は、中国の近代化を、従来の「ウェスタン・インパクト」すなわち朝貢システムから条約システムへの時代的な転換ではなく、時代的な連続性を視野に置いて捉えるべきと主張している。そして、清朝と外国との貿易関係を朝貢形態と互市形態との二つのモデルに分け、日清間の長崎貿易を互市関係としている。

ところがここで、対等的な国家関係に基づく互市を、華夷意識・上下関係と表裏となる朝貢システムにどのように位置づけるのかが問題になる。近年、朝貢システム論の枠組みで清の対外関係を捉えることに異議を唱えた岩井茂樹氏の互市体制論が特に注目されている。[58] 氏によれば、明初から朝貢を伴わない貿易を一切拒否するという朝貢一元化の原則があったが、それにより「密貿易」の問題が深刻化し、一六世紀以後、海禁が緩和されて互市もある程度許されるようになった。清の中国支配が安定した一八世紀には、朝貢体制の理念を骨抜きにする互市の制度がすでに広がっていたという。要するに、日清関係を含む一八世紀清朝の通商・外交関係を、朝貢システムの延長ではなく、互市体制の広がりという文脈において理解すべきとのことである。

他方、日本近世史、とりわけ対外関係史の分野では、一九七〇年代以来の「鎖国」の見直し[59]に伴い、東アジアの国際関係という視点が強調され、近世日本の対外関係は大君外交体制[60]や日本型華夷秩序[61]などの概念で再構築が試みられている一方、幕府が琉球・朝鮮を「通信の国」、中国・オランダを「通商の国」と扱っていたことをめぐる議論も深まっている。[62]

ロナルド・トビ氏は、日本型華夷意識について、中国を規範的な意味での首位の座、つまり「中心」の座から引き降ろそうとする試み、すなわち「中華相対化」という幕府の外交構想を論じている。[63] 一方、意識の面にとどまらず実態面まで議論を広げた荒野泰典氏の論説によれば、日本型華夷秩序が日明国交回復の挫折を前提として成立し[64]、中国中心の華夷秩序（メイン・システム）と併存し、サブ・システムとして東アジア国際秩序の翼を構成した。[65] そして幕府は唐船との貿易を民間レベルの「通商」と取り扱っていたとしている[56]。氏は「四つの口」論[67]も提示している。これにより、長崎貿易のほか、琉球・朝鮮・蝦夷地を経由する間接的な日清関係を研究する方向性が切り開かれた[68]。

また、近年において、世界的には海域史とそれに関連する港町をめぐる議論が盛んに行われている[69]。東アジア海域史に関する最新の学術成果を集大成した論著としては、羽田正編『海から見た歴史』[70]があり、この研究分野の最前線で活躍している中堅研究者の共同執筆により完成されたものである。論著は、一八世紀の東シナ海域の特徴について、一六世紀の「せめぎあう」状況と対照に、この一〇〇年を「すみわける海」と捉えている。この「すみわけ」はまず、東シナ海をとりまく四つの「近世国家」（清朝・徳川政権・朝鮮・琉球）の相互関係が安定的であり、政治的にはすみわけの状態にあったこと、また海外貿易の面においても、陸上政権は海外貿易を民間側に任せ、海商との間にはすみわけの関係を持っていたことなどを意味している。そのうえで、日清関係については、「それぞれが自己を中心とする秩序を描く清朝と徳川政権とが、たがいの世界観・秩序像がぶつからないように直接の外交関係はさけながら、民間の貿易を公認・奨励した」と示唆している。

第三節　研究の課題と本書の構成

右に整理してきたように、近世の日清関係に関連する研究は少なくないが、近年において活発に行われている同時代の日蘭関係の研究と比べると、その研究成果の乏しさが非常に目立つ[71]。通商という点でオランダと同様、貿易規模でいえば二倍ほど[72]にもかかわらず、日清関係の研究は極めて不十分である。こうした研究現状の背景には、オランダ側に残存されている日本関係の史料が豊富であるのに対し、中国側で発見される日本関係の史料が比較的乏しいという事情があった。しかし近年、清朝檔案（保存公文書）の整理と出版が進められている。そのなかには、多くの日清関係の史料も含まれている。そして、これらの中国側の史料を用いることにより、関連する日本側の史料を活かすこともできる。このように、史料的には近世日清関係史の研究を大きく推進する条件が整えられている。

一方、日清関係と関連する研究について、具体的な課題に関する考察は少なくないが、通商関係全体をめぐる議論は、矢野氏の仕事を代表とする戦前の研究と比較すれば、著しい進展はほとんど見られない。これは、幕府が打ち出した長崎貿易の仕法を検討の中心とした従来の研究の枠組みが硬直化し、研究者の考えを束縛してしまったためと考えられる。こうした状況を打開するには、幕府対中国商人という定式化した構図を覆し、幕府と清政府の貿易政策の関連性に目を向けることが重要と思う。これが、本書が政策分析というアプローチを選んだ理由である。

また、近世日清貿易に関する先行研究の到達点を整理すると、①唐船による日清間の貿易は、ほぼ近世にわたり維持されたが、全体的には緩やかに縮小する傾向にあった。②日清政府間には国交はもちろん、直接的な交渉さえもほとんどなかった。③幕府は、金・銀・銅などの海外流出を防ぐため、様々な貿易制限の措置を次々と加えた。④清政府は、銅銭鋳造のために原料銅を必要としたが、国内産銅の不足に直面したため、日本銅の輸入に積極的な姿勢をとっていたことなどが挙げられるが、ここで一つの問題が生じる。近世の日清貿易には、清政府の銅需要と幕府の銅輸出制限との対立があった。しかし、日清両政府は直接的な交渉手段を持たなかった。では、両国の通商関係はどのように長期にわたり安定的に維持されたのか。言い換えれば、政府間の公的な交渉に代わる、通商関係を維持するための仕組みはどのようなものだったのか。この問題点は、近世日清関係の特質と深く関わり、その研究のなかでは、最も重要な問題点の一つではないか。しかしこれについて、先行研究はほとんど論じていない。そこで、本書の中心的な課題として、日清両政府の貿易政策の連動性により形成された通商関係の仕組みを検討し、日清通商関係が長期かつ安定的に維持されていた要因を追究することとした。

より具体的にいえば、本書では、主に三つの課題をめぐって議論を進めていきたい。すなわち、一つめの課題は信牌制度の仕組みと清朝の信牌対策、二つめの課題に幕府の「違法」唐人・唐船対策、三つめの課題は長崎貿易に参加する中国商人の組織化である。これらの課題をそれぞれ第一部・第二部・第三部で扱い、おのおのは次のような問題意識に基づいて設定した。

近世日清通商関係の特徴は、国交はもちろん、直接的な交渉手段さえ欠如する環境のもとで、幕府・清政府とも公認した中国船貿易が長期にわたり比較的平和裏に維持されていたことにあると思われる。その根幹には、日中両国が互いに相手国の特産品を必要としているという要因があったといえる。しかし一方で、双方とも認める貿易上の仕組みが成立しなければ、中近世移行期の倭寇的状況が再び現れる可能性も、当時の状況にはあった。幕府の貿易制限に伴う「密貿易」の発生は、まさにそういった動きの兆候だった。信牌制度は貿易統制の方針を守りながら「密貿易」を有効に防ぐ措置として幕府が導入したもので、導入されてから幕末開港まで機能していたことがよく知られている。では、信牌制度は通商関係の安定性と長期維持においてどのような役割を果たしていたのか。これを検討することが第一部の目的である。

しかし、これだけで、貿易をめぐるすべての問題を解決できるわけではなかった。互いに相手国の特産品への需要がある限り、貿易統制の枠組みを超える民間レベルの私的取引、いわば「密貿易」の発生は必然であったといえる。では、「密貿易」を中心とする「違法」唐人・唐船問題に対し、幕府はどのように対処していたのか。また幕府の対処に対し、中国商人と清政府はどのような態度をとっていたのか。これらの点が第二部の課題である。

一方、「密貿易」のほか、通商関係の不安定要素として、唐船商人の個人的・分散的な取引方式も挙げられる。オランダ商人の場合は、貿易会社の形で一元的に対日貿易に臨んでいた。幕府のオランダ船向けの貿易政策は、オランダ商館側の承諾が得られた時には、概ね貫徹することができた。したがって、信牌を発給する必要はなかった。しかし、唐船商人側においては、信牌制度が導入されても、信牌の所有権をめぐる紛争が頻発し、貿易秩序の維持は容易なことではなかった。これにより、組織的な取引の必要性が生じた。一八世紀半ば頃における官商・額商による独占的な貿易体制の確立は、こうした組織化の必要性に応える動きだったと考えられる。主に編纂史料に依拠して官商・額商の成立及び独占体制の確立などの基礎的な課題について曖昧な結論しか出せないという研究の現状に対し、第三部は、まだ利用されていない清朝の檔案史料に目を向け、長崎貿易に参加する商人の組織化の過程及び各時期の経営構造を解明すること、また長崎貿易に関する日本側の史料を用い、商人の経営統合による貿易仕組みへの影響について分析することを課題としたい。

(1) 地球的世界という概念の認識に関しては、山口啓二『鎖国と開国』(岩波書店、二〇〇六年)に学んだところが多い。そして、シリーズ『日本の対外関係』(全七巻、吉川弘文館、二〇一〇―一三年)の第五・六巻の総論で、執筆にあたった荒野泰典氏・村井章介氏は、近世史展開の軌跡と合わせて、地球的世界をめぐる議論を展開しており、これらの論述も本書の参考になった。

(2) 明政権は、朝貢に伴う貿易のみを許し、その他の海外貿易を原則的に拒み、これを海禁政策で保障するという仕組みを作り上げた。朝貢貿易と海禁政策との関係については、佐久間重男「明代海外私貿易の歴史的背景――福建省を中心として」(同『日明関係史の研究』吉川弘文館、一九九二年、初出は一九五三年)と檀上寛「明初の海禁と朝貢――明朝専制支配の理解に寄せて」(同『明代海禁＝朝貢システムと華夷秩序』京都大学学術出版会、二〇一三年、初出は一九九七年)などを参照。

(3) 村井章介「倭寇の多民族性をめぐって」(大隅和雄・村井章介編『中世後期における東アジアの国際関係』山川出版社、一九九七年)などを参照。ここで付言したいのは、多民族連合体という典型的な「倭寇」の様態のほか、戦国大名の支配下にある水軍の日本人(明清中国の史料には「真倭」と表示されている)を中心とした「倭寇」集団も存在していたということである。たとえば、明朝後期の檔案史料には、「真倭」数千人の襲撃などの記述がところどころ見られる。これは、戦国大名の水軍の活動に関する鹿毛敏夫氏の研究(『「抗倭図巻」・「倭寇図巻」と大内義長・大友義鎮』『東京大学史料編纂所研究紀要』二三、二〇一三年)によってもある程度検証された。

(4) 荒野泰典「日本型華夷秩序の形成」(朝尾直弘・山口啓二・網野善彦・吉田孝編『日本の社会史1　列島内外の交通と国

家』岩波書店、一九八七年）、同「「倭寇的状況」から近世的国際秩序へ」（井上徹『海域交流と政治権力の対応』汲古書院、二〇一一年）など。
(5) 荒野泰典「「鎖国」論から「海禁・華夷秩序」論へ」（同『近世日本と東アジア』東京大学出版会、一九八八年）。
(6) この点について詳しくは、岸本美緒「時代区分論」（『岩波講座世界歴史1　世界史へのアプローチ』岩波書店、一九九八年）、同「東アジア・東南アジア伝統社会の形成」（『岩波講座世界歴史13　東アジア・東南アジア伝統社会の形成』岩波書店、一九九八年）、永井和「東アジア史の「近世」問題」（夫馬進編『中国東アジア外交交流史の研究』京都大学学術出版会、二〇〇七年）などを参照。
(7) 荒野泰典「一八世紀の東アジアと日本」（『講座日本歴史6　近世2』東京大学出版会、一九八五年）四頁。前注5荒野書、三三頁。
(8) 紙屋敦之『大君外交と東アジア』（吉川弘文館、一九九七年）。
(9) 川勝守「韃靼国順治大王から大清康熙大帝へ」（同『日本近世と東アジア世界』吉川弘文館、二〇〇〇年）などを参照。
(10) 石原道博『明末清初日本乞師の研究』（冨山房、一九四五年）、小宮木代良「「明末清初日本乞師」に対する家光政権の対応――正保三年一月十二日付板倉重宗書状の検討を中心として」（『九州史学』九七、一九九〇年）。
(11) 上原兼善「琉球の支配」（加藤栄一・山田忠雄編『講座日本近世史2　鎖国』有斐閣、一九八一年）、紙屋敦之「幕藩制国家の成立と東アジア」（同『幕藩制国家の琉球支配』校倉書房、一九九〇年）。
(12) 林春勝・林信篤編『華夷変態』上冊（東洋文庫、一九五八年）、四九二―五〇一頁。該当する史料は『通航一覧』にも収録。詳細は本書第五章を参照。
(13) 近世において、日清両政府はいずれも対外貿易に対し一定の制限を加えていた。ここでいう「合法」的な貿易とは、両政府がともに認めた範囲内での貿易である。
(14) 幕末開港による長崎貿易の変質については、山脇悌二郎『長崎の唐人貿易』（吉川弘文館、一九六四年）、中村質『近世長崎貿易史の研究』（吉川弘文館、一九八八年）第十二章「長崎会所と安政開港」、長田和之「幕末開港期長崎における華僑の動向」（箭内健次編『国際社会の形成と近世日本』日本図書センター、一九九八年）、陳東華「唐人屋敷と長崎華僑」（『社会文化研究所紀要』四七、二〇〇〇年）、松浦章「長崎唐船主から長崎華商へ」（同『江戸時代唐船による日中文化交流』思文閣出版、二〇〇七年）などを参照。

(15) 日中間の「密貿易」問題は、政権側が限定した対外貿易の枠組みの外で発生した、民間レベルの私的取引であり、政権側から違法視されていたが、民間側から見れば必ずしもそうではなかった。両国の特産物に対する需要が相互にある限り、「密貿易」の発生は必然であったといえる。
(16) 『唐通事会所日録』(長崎歴史文化博物館所蔵)などの貿易関係の史料には、価格の交渉や取引額の増減など、唐船商人との取引をめぐる様々な問題について、唐通事や町年寄が奉行所に指示を伺うことが随所に見られる。会所の運営に長崎奉行が主導的な役割を果たしていたことが窺える。
(17) この分類は、本書の論点によるものである。先行研究によく見られる分類の仕方は二つある。①船の形・構造により、沙船(舳が低く艫が高く、平底で、河川・近海の運航に適応)と鳥船(舳も艫も同じ高さで、キール＝竜骨のついた船、大洋に運航できる)に分けられる。②出港地により、口船(江蘇・浙江などの中国江南地方からの船)・中奥船(福建・広東・台湾などの中国華南地方からの船)・奥船(東南アジア各地からの船)と区分される。また、ほかの分類もあるが、本書の論点との関わりが薄いので、ここでは省略する。
(18) 八百啓介「正徳新例と東南アジア来航唐船」(『交通史研究』五〇、二〇〇二年)を参照。
(19) 一七三〇年代後半において、清政府は、民間商人いわば民商が対日貿易に従事することを認め、そして内務府に所属する商人范氏による日本銅の調達を許可した。范氏の系譜を継ぐ商人は、長い間政府から銅買付の資金を受けていたため、官商と呼ばれていた。一方、官許を得て決められた人数で民商の対日貿易を一手に引き受ける商人組織も一八世紀半ば頃に現れ、その代表商人は額商と称されていた。詳細は第三部を参照。
(20) 矢野仁一『長崎市史――通交貿易編・東洋諸国部』(清文堂、一九六七年、初出は長崎市、一九三八年)。同書のなかに所収されている論文の大半は、一九二〇年代後半と三〇年代前半に発表されたものである。
(21) 福地源一郎『長崎三百年間――外交変遷事情』(博文館、一九〇二年)。
(22) 荒木周道『幕府時代の長崎』(長崎市役所、一九〇三年)。また、福田忠昭氏による同書の増補改訂版は一九一三年に刊行された。
(23) 金井俊行編『長崎略史』(長崎市役所、一九二六年)。
(24) 浅井虎夫『支那日本通商史』(金港堂書籍、一九〇六年)、木宮泰彦『日支交通史』(金刺芳流堂、一九二六―一九二七年。一九五五年に冨山房によって再刊、『日華文化交流史』と改名)、秋山謙蔵『日支交渉史話』(内外書籍、一九三五年)、同『日支交渉史研究』(岩波書店、一九三九年)、同『東亜交渉史論』(第一書房、一九四四年)、王輯五『中国日本交通史』(商務印書館、一九三七年)、辻善之助『日支文化の交流』(創元社、一九三八年)、藤田元春『日支交通の研究』(冨山房、一九三八年)、白柳秀湖『日支交渉史話』(実業之日本社、一九三九年)などがある。

(25) 諸氏の代表作としては、山脇悌二郎『近世日中貿易史の研究』(吉川弘文館、一九六〇年)、同『長崎の唐人貿易』(前注14)、中村質『近世長崎貿易史の研究』(前注14)、太田勝也『鎖国時代長崎貿易史の研究』(思文閣出版、一九九二年)、木崎弘美『長崎貿易と寛永鎖国』(東京堂出版、二〇〇三年)、若松正志「長崎会所の設立について」(『歴史』七四、一九九〇年)、同「長崎唐人貿易に関する貿易利銀の基礎的考察」(『東北大学附属図書館研究年報』二三、一九九〇年)、同「唐人参座の設立について」(『京都産業大学日本文化研究所紀要』二、一九九六年)などがある。

(26) 松浦章「清代対日貿易船乗組員の個人貿易」(同『清代海外貿易史の研究』朋友書店、二〇〇二年、初出は一九七五年)。

(27) 中村質「外国金銀の輸入と別段商法」(前注14中村書第九章)、初出は一九八六年。

(28) 中村質「貿易額の推移と会所勘定制度の確立」(前注14中村書第八章)。

(29) 鈴木康子『長崎奉行の研究』(思文閣出版、二〇〇七年)。同書に収録されている、一八世紀中期の長崎貿易改革に関する論文は、主に一九九〇年代に発表されたものである。

(30) 中村質「東アジアと鎖国日本――唐船貿易を中心に」(加藤栄一・北島万次・深谷克己編『幕藩制国家と異域・異国』校倉書房、一九八九年)三五八頁。

(31) 太田書第九章「正徳新例の成立」では「鎖国体制下における幕府の長崎貿易政策は、正徳新例の制定によって、一応終末に達したものと考えられるのである」としている(前注25太田書、六二八頁)。木崎書では中村氏の指摘を引用している(前注25木崎書、二七七頁)。

(32) 前注25太田書第八・九章。

(33) 前注20矢野書、三七二頁。

(34) 前注14中村書、三五七―三五八頁。

(35) 前注14山脇書、一六一頁。前注25太田書、六二五―六二七頁。

(36) 中村質「近世における日本・中国・東南アジア間の三角貿易とムスリム」(同『近世対外交渉史論』吉川弘文館、二〇〇〇年、初出は一九九五年)。

(37) 朱徳蘭「清開海令後的中日長崎貿易商與国内沿岸貿易」(張炎憲主編『中国海洋発展史論文集』三、中央研究院三民主義研究所、一九八八年)。
(38) 山脇悌二郎「近世日中貿易における福建商人と江・浙商人」(前注25山脇書第二章)、初出は一九五六年。
(39) 松浦章「長崎貿易における江・浙商人と福建商人」(前注26松浦書第三編第二章)、初出は一九七一年。
(40) 劉序楓「清代前期の福建商人と長崎貿易」(『九州大学東洋史論集』一六、一九八八年)。
(41) 前注40劉論文。
(42) 山脇悌二郎「近世日中貿易におけるコンメンダ投資」(前注25山脇書第一章)、初出は一九五四年。
(43) 中村質「近世貿易における唐船の積荷と乗組員　関係史料とその性格について」上(『九州産業大学商経論叢』一二―一、一九七一年)、松浦章「清代対日貿易船の経営構造」(前注26松浦書第一編第一章、初出は一九七二年)。
(44) 前注37朱論文。
(45) 内田直作「弁銅貿易商人団体」(同『日本華僑社会の研究』同文館、一九四九年)。内田論文は、商人の経営形態について示唆に富む指摘がある一方、「行商」を「額商」と同一視するなど誤解も少なくない。
(46) 山脇悌二郎「清代塩商と長崎貿易の独占」(前注25山脇書第三章、初出は一九五八年)、松浦章「清代対日貿易における官商と民商」(前注26松浦書第二編第一章、初出は一九七九年)、劉序楓「清日貿易の洋銅商について――乾隆〜咸豊期の官商と民商を中心に」(『九州大学東洋史論集』一五、一九八六年)、同「清康熙〜乾隆年間洋銅的進口與流通問題」(『中国海洋発展史論文集』七、中央研究院中山人文社会科学研究所、一九九九年)。
(47) 陳東林「康雍乾三帝対日本的認識及貿易政策比較」(『故宮博物館院刊』一九八八年第一期)、劉序楓「十七・八世紀の中国と東アジア――清朝の海外貿易政策を中心に」(溝口雄三・浜下武志・平石直昭・宮嶋博史編『アジアから考える2　地域システム』(東京大学出版会、一九九三年)。
(48) 香坂昌紀「清代前期の関差弁銅制及び商人弁銅制について」(『東北学院大学論集　歴史学・地理学』一一、一九八一年)、馮佐哲「曹寅與日本」(『清代政治與対外関係』中国社会科学出版社、一九九八年、初出は一九九〇年)、易恵莉「清康熙朝後期政治與中日長崎貿易」(『社会科学』二〇〇四年第一期)、荊暁燕「清順治十二年前的対日海外貿易政策」(『史学月刊』二〇〇七年第一期)、孫暁瑩「康熙朝内務府商人と日本銅」(『東アジア文化環流』三―二、二〇一〇年)。
(49) この時期の主な抜荷研究の成果としては、服藤弘司「「抜荷」罪雑考」(『法制史研究』六、一九五六年)、定宗一宏「近世中日貿易における唐通事――密貿易研究への序説として」（『史学研究』七二、一九五九年）、板沢武雄「鎖国時代における密貿易の実態」（『法政大学文学部紀要』七、一九六一年）、菊地義美「鎖国下の密貿易」上・下（『歴史教育』一〇―九・一〇、一九六二年）、山脇悌二郎『抜け荷――鎖国時代の密貿易』（日本経済新聞社、一九六五年）、西村圭子「抜荷取締令をめぐる法意識」（同『近世長崎貿易と海運制度の展開』文献出版、一九九八年、初出は一九七三年）、清水紘一「抜荷考――享保期の抜荷対策を中心として」（『中央大学文学部紀要』九二、一九七九年）、荒居英次「中国向け輸出俵物の密売買と抜荷取締り」（『日本歴史』三八〇、一九八〇年）、中村質「鎖国期における輸入品の流通と抜荷物」（前注36中村書、初出は一九八八年）が挙げられる。

(50) 荒野泰典「近世中期の長崎貿易体制と抜荷」前注5荒野書、初出は一九八四年。

(51) 主な研究成果としては、添田仁「近世港市長崎の運営と抜荷」（『日本史研究』五四八、二〇〇八年）、橋本賢一「正徳新例前後の長崎における抜荷の主体変化と町の展開――犯科人による近世長崎の編制」（『史学研究集録』三四、二〇〇九年）などが挙げられる。そのほか、添田仁「十八世紀後期の長崎における抜荷観――唐貿易を中心に」（『海港都市研究』三、二〇〇八年）という抜荷者の意識に対する研究も、地域社会論と深く結びついていると考えられる。

(52) 金指正三『近世海難救助制度の研究』（吉川弘文館、一九六八年）、二四七―三二四頁、岡田信子「近世異国漂着船について――特に唐・朝鮮船の処遇」（『法政史学』二六、一九七四年）。

(53) 荒野泰典「近世日本の漂流民送還体制と東アジア」（『歴史評論』四〇〇、一九八三年）。

(54) 松浦章「清代沿海商船の紀州漂着について」（『関西大学東西学術研究所紀要』二〇、一九八七年）、中村質「漂着唐船の長崎回送規定と実態――日向漂着船の場合」（前注36中村書、初出は一九九〇年）、小林茂文「漂流と日本人――漂流記にみる異文化との接触」（『漂流と漂着・総索引』小学館、一九九三年）、横田佳恵「鎖国体制下における漂流民送還体制――五島藩を中心に」（『史艸』三五、一九九四年）、春名徹「漂流民送還制度の形成について」（『海事史研究』五二、一九九五年）、同「近世日本船海難にかんする中国全記録の再検討――東アジアにおける近世漂流民送還制度と日本」（『海事史研究』六二、二〇〇五年）、黒木國泰「近世日向漂着唐船情報の伝達・管理システム」（『宮崎女子短期大学紀要』二六、二〇〇〇年）、同「延岡内藤藩の幕府領細嶋漂着唐船対処マニュアルについて（上）・（下）」（同、二七・二八、二〇〇〇・二〇〇一年）、劉序楓「近世中国と日本間における漂流・漂着事件について」（『東アジア海域における交流の諸相　海賊・漂流・密貿易』九州大学二一世紀COEプログラム（人文科学）「東アジアと日本　交流と変容」二〇〇五年）。

（55）吉積久年「須佐の唐人墓――唐船打攘事件始末」（『山口県地方史研究』五八、一九八七年）、八百啓介「「鎖国」下の福岡藩と環東シナ海域社会」（『福岡県史　通史編福岡藩（二）』財団法人西日本文化協会、二〇〇二年）、劉序楓「享保年間の唐船貿易と日本銅」（中村質編『鎖国と国際関係』吉川弘文館、一九九七年）、山本英貴「享保期における抜荷取締対策の展開――「唐船打払」目付渡辺外記永倫を中心に」（『外政史研究』三、二〇〇四年）、同「唐船打ち払い体制の成立と展開――享保期の抜荷取締対策を中心に」（森安彦編『地域社会の展開と幕藩制支配』名著出版、二〇〇五年）、松尾晋一「幕府対外政策における「唐船」打ち払いの意義」（同『江戸幕府の対外政策と沿岸警備』校倉書房、二〇一〇年、初出は二〇〇六年）、吉村雅美「正徳・享保期における唐船来航と平戸藩」（同『近世日本の対外関係と地域意識』清文堂出版、二〇一二年）。

（56）喜多惠「文政十年・天保六年における長崎唐人騒動――福岡藩伊丹家資料を中心に見る」（『福岡大学大学院論集』一八―二、一九八七年）、熱美保子「唐人屋敷の設立と唐人の不法行為」（神戸女学院大学『文化論輯』一二、二〇〇二年）、同「近世後期における境界領域の特徴――長崎唐人屋敷の葛藤・紛争」（『経済史研究』〈大阪経済大学日本経済史研究所〉一一、二〇〇七年）、松尾晋一「幕藩制国家における「唐人」「唐船」問題の推移――「宥和」政策から「強硬」政策への転換過程とその論理」（前注55松尾書、二〇〇四年）、深瀬公一郎「一九世紀における東アジア海域と唐人騒動」（『長崎歴史文化博物館研究紀要』三、二〇〇八年）、安高啓明『近世長崎司法制度の研究』（思文閣出版、二〇一〇年）第二章「対外的法規の確立――長崎法と「国際法」」など。

（57）関連する研究が多くて枚挙しきれないが、代表的な研究としては、Fairbank, J.K. and S.Y. Teng, "On the Ch'ing Tributary System" (*Harvard Journal of Asiatic Studies*, 6-2, 1941), Fairbank, J.K., ed. *The Chinese World Order: Traditional China's Foreign Relations* (Harvard University Press, Cambridge, 1968), Mancall, Mark, "The Ch'ing Tribute System: an Interpretive Essay" (Fairbank 前掲書), Mancall, Mark, *China at the Center: 300 Years of Foreign Policy* (Free Press, New York, 1984)、西嶋定生「東アジア世界と冊封体制――六～八世紀の東アジア」（『岩波講座日本歴史』2、古代2、一九六二年）、同「東アジア世界の形成」（『古代東アジア世界と日本』（岩波現代文庫、二〇〇〇年）、浜下武志『近代中国の国際的契機』（東京大学出版会、一九九〇年）、同『朝貢システムと近代アジア』（岩波書店、一九九七年）、黄枝連『天朝礼治体系研究』（中国人民大学出版、一九九二年）、何芳川「「華夷秩序」論」（『北京大学学報（哲学社会科学版）』一九九八年第六期）、李雲泉『朝貢制度史論――中国古代対外関係体制研究』新華出版社、二〇〇四年）などが挙げられる。

（58）岩井茂樹「十六世紀中国における交易秩序の模索――互市の現実とその認識」（同編『中国近世社会の秩序形成』京都大

学人文科学研究所、二〇〇四年）、同「清代の互市と〈沈黙外交〉」（前注6夫馬編著書）、同「帝国と互市――十六〜十八世紀東アジアの通交」（籠谷直人・脇村孝平編『帝国とアジア・ネットワーク――長期の十九世紀』世界思想社、二〇〇九年）、同「朝貢と互市」（和田春樹ほか編『東アジア世界の近代――十九世紀』岩波書店、二〇一〇年）。

(59)「鎖国」の見直しをめぐる議論については、紙屋敦之・木村直也「総説・海禁と鎖国」（同編『展望日本歴史14　海禁と鎖国』東京堂出版、二〇〇二年）を参照。

(60) 初めて「大君外交体制」という概念で東アジアにおける徳川政権の位置づけを説明したのが中村栄孝氏である（同『日鮮関係史の研究』下、一九六九年）。その後、関連する研究が多く出ており、具体的にいえば、中村栄孝「大君外交の国際認識――華夷秩序のなかの日本」（日本国際政治学会編『日本外交の国際認識――その史的展開』日本国際政治学会、一九七四年）、荒野泰典「大君外交体制の確立」（加藤栄一・山田忠雄編『講座日本近世史2　鎖国』有斐閣、一九八一年）、前注8紙屋書、池内敏『大君外交と「武威」――近世日本の国際秩序と朝鮮観』（名古屋大学出版会、二〇〇六年）などがその代表的なものである。

(61) 朝尾直弘「鎖国制の成立」（歴史学研究会・日本史研究会編『講座日本史4　幕藩制社会』東京大学出版会、一九七〇年）では、日本型華夷意識という概念を提示している。その後、ロナルド・トビ「近世における日本型華夷観と東アジアの国際関係」（『日本歴史』四六三、一九八六年）では、外交文書から見られる日本型華夷観を整理した。また、荒野泰典氏は、一連の論文で、意識としての日本型華夷秩序の特徴を分析したうえで、その実体化についても検討した。関連する荒野氏の研究成果としては、前注7荒野論文、「日本型華夷秩序の形成」（朝尾直弘他編『日本の社会史1　列島内外の交通と国家』岩波書店、一九八七年）、「「鎖国」論から「海禁・華夷秩序」論へ」（前注5荒野書）、「東アジアの華夷秩序と通商関係」（歴史学研究会編『講座世界史1　世界史とは何か――多元的世界の接触の転機』東京大学出版会、一九九五年）などが挙げられる。

(62) 山口啓二「日本の鎖国」（『岩波講座世界歴史　近代3　近代世界の形成Ⅲ』岩波書店、一九七〇年）、藤田覚「鎖国祖法観の成立過程」（同『近世後期政治史と対外関係』東京大学出版会、二〇〇五年、初出は一九九二年）、同「対外関係の伝統化と鎖国祖法観の確立」（同前掲書、初出は二〇〇〇年）。

(63) 前注61トビ論文。

(64) 前注7荒野論文。

(65) 荒野泰典「時期区分論」（荒野泰典・石井正敏・村井章介編『アジアのなかの日本史Ⅰ　アジアと日本』東京大学出版会、

一九九二年)。
(66) 荒野泰典「江戸幕府と東アジア」(同『日本の時代史14　江戸幕府と東アジア』吉川弘文館、二〇〇三年)、同「近世的世界の成熟」(荒野泰典・石井正敏・村井章介編『日本の対外関係6　近世的世界の成熟』吉川弘文館、二〇一〇年)。
(67) 「四つの口」という概念が初めて提示されたのは、荒野泰典「大君外交体制の確立」である(『講座日本近世史2　鎖国』有斐閣、一九八二年)。その後、鶴田啓氏の系統的な整理もあった(鶴田啓「近世日本の四つの「口」」、荒野泰典・石井正敏・村井章介編『アジアのなかの日本史Ⅱ　外交と戦争』東京大学出版会、一九九二年)。
(68) この方向に沿って行われた研究は多く、近年の代表的なものとしては、渡辺美季『近世琉球と中日関係』(吉川弘文館、二〇一二年)が注目される。
(69) 関連する研究成果は多く枚挙に暇がないが、日本国内の重要な学術成果としては、歴史学研究会編『シリーズ港町の世界史』(青木書店、二〇〇五・二〇〇六年)、小島毅監修『東アジア海域叢書』(汲古書院、二〇一〇―一三年)、同監修『東アジア海域に漕ぎだす』(東京大学出版会、二〇一三―二〇一四年)という三つのシリーズなどが挙げられる。
(70) 羽田正編『海から見た歴史』(小島毅監修『東アジア海域に漕ぎだす1』東京大学出版会、二〇一三年)。
(71) たとえば、二〇〇〇年以後の一〇年間、『史学雑誌』各年度の歴史学界の「回顧と展望」に挙げられている対外関係の研究成果(蘭学・儒学の研究を除く)を見れば、日蘭関係の著書・論文などは約五三点にのぼったが、日清関係の方はわずか二一点しかなかった。また、近年に活躍している日蘭関係の研究者としては、片桐一男氏・八百啓介氏・鈴木康子氏・石田千尋氏・松井洋子氏・松方冬子氏・島田竜登氏・西澤美穂子氏などが挙げられるが、日清関係の方は主に松浦章氏・劉序楓氏である。これらから、日清関係の研究にさらなる発展が必要なことは一目瞭然であろう。
(72) 幕府が決めた定高制から、唐船貿易の定高はオランダ船貿易の定高の約二倍であったことが分かる。たとえば、定高制が発足した貞享二(一六八五)年、幕府は、長崎貿易の額を、唐船に対して銀六〇〇〇貫、オランダ船に対して銀三〇〇〇貫目に制限した。さらに、「正徳新例」では、唐船への配銅量を三〇〇万斤、オランダ船への配銅量を一五〇万斤と定めた。

第一部　通商関係の制度的基盤

第一章　信牌制度のメカニズムと確立過程

はじめに

康熙二三(一六八四)年、清政権は、台湾に拠点を置いた鄭氏勢力を降伏させ、中国の支配を固めた。これにより、長期にわたる大陸の変動的な政治情勢は、ようやく安定を迎えた。その直後、清朝は、海禁を解除し、これまでの海外貿易に対する消極的な姿勢を一転し、銅輸入のため、日本との貿易を行うよう商人に呼びかけた(1)。その結果、長崎渡航の唐船が激増し、通商秩序を維持しようとする幕府は、貿易の制限を余儀なくされた。貿易制限の第一歩として、貞享二(一六八五)年に長崎貿易の年間総額を、唐船に対して銀六〇〇〇貫、オランダ船に対して銀三〇〇〇貫に制限するという定高制を取り入れた。さらに元禄元(一六八八)年に唐船の年間来航船数を制限し、七〇隻に定めた。一〇年後に一〇隻を増やして八〇隻にしたが、銅の生産量の減少を背景に、宝永五(一七〇八)年には五九隻へと減らした(2)。

一方、貿易制限の結果として、「抜荷」(密貿易)が急増した。「正徳新例」(正徳五、一七一五年)発布以前、幕府は、基本的には商船の来着順によりその取引を受理し、定数を超えて来航した唐船に対しては積戻しで対処した。しかし、取引なしの帰航を迫られた船の多くは、莫大な損失を避けるため、幕府の禁令を破り「密貿易」を行っていた。これに対して、幕府は長らく有効な対策を打ち出せなかった。

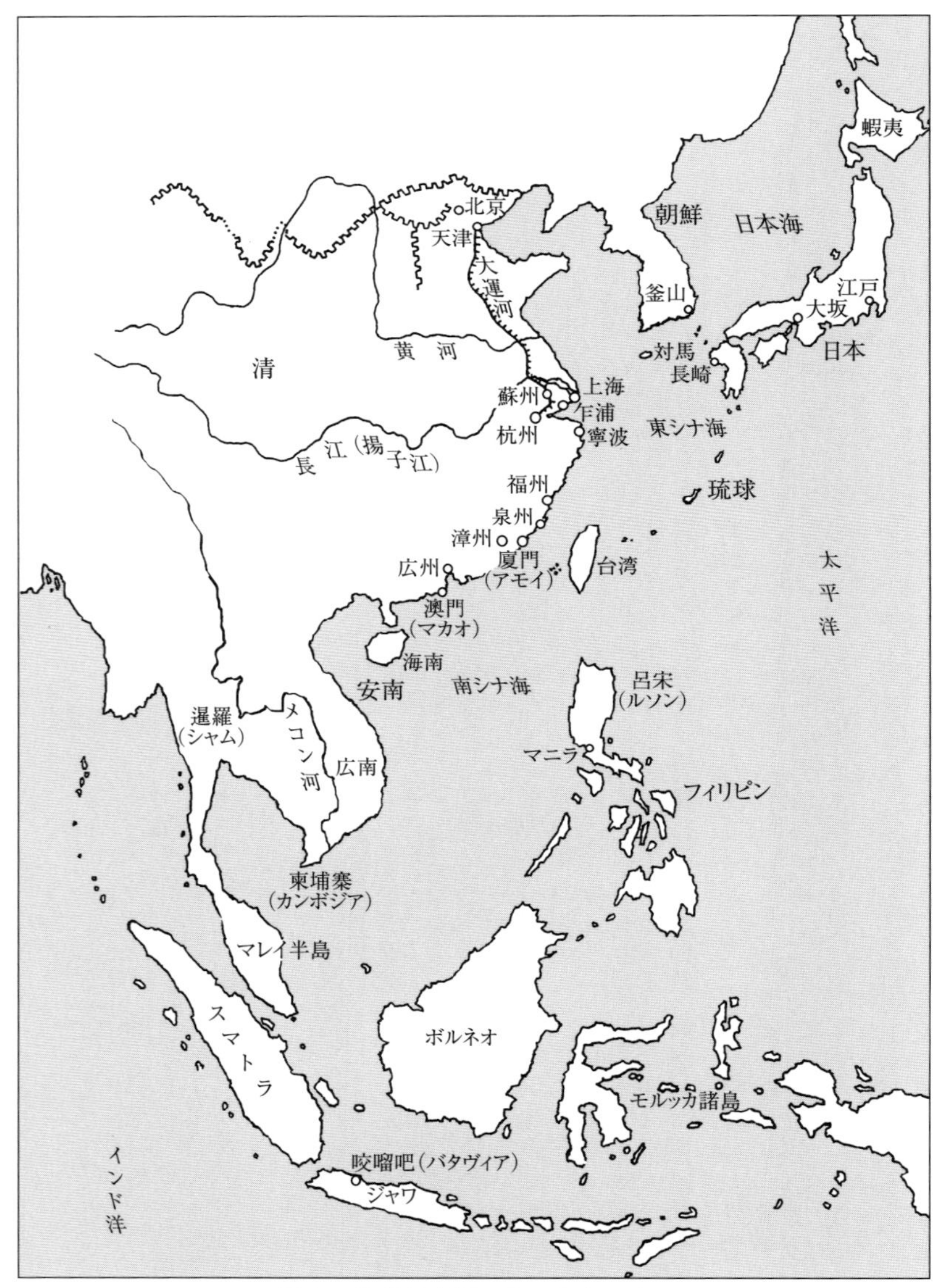

図１　18 世紀中頃の東・東南アジア

出典：劉序楓「18 世紀中頃の東・東南アジア」（同「17, 8 世紀の中国と東アジア」溝口雄三ほか編『アジアから考える２　地域システム』東京大学出版会，1993 年）を基に作成.

唐船の「密貿易」は、定数を超えると後夾の商船の取引を拒否して直ちに帰航させるという単純な行政命令で解決できる問題ではなかった。具体的にいえば、日本貿易を希望する唐船の数が幕府によって定められた年間来航船数を遥かに上回るのは、その時代における長崎貿易の常態であった。はるばる海難の危険を冒して渡航してきた海商にとっては、取引成立の可否は死活問題であり、取引なしで帰航させられるのは当然納得しがたく、その場合、多くの商人が「密貿易」に携わるようになることは自然の成り行きだったと考えられる。このように、幕府にとって「密貿易」対策のキーポイントは、取引が認められるか否かを事前に唐船商人に知らせることであった。内部の議論を重ねたうえで、幕府は唐船商人に信牌（清朝では「倭照」と通称）[3]を発給することを決めた。

これまでは、信牌を扱う専論は少なく、信牌制度については、主に長崎貿易史の研究で「正徳新例」の一環として紹介されている。二〇世紀初頭、信牌は新例発布以前にすでに利用されていたという説があった。福地源一郎氏は、信牌を持参しなければ貿易を許可しないという原則に基づく信牌制度は元禄元（一六八八）年に成立し、正徳五（一七一五）年に改正されたと述べている。[4]

一九三〇年代、日中双方の史料を利用し長崎貿易史について実証的な研究を行った矢野仁一氏が、信牌制度の成立について、福地氏の元禄元年説を確実な史料的根拠に基づいた説ではないとして批判し、幕府が正徳五年に信牌を「公験」（政府が発行する正式な通商許可書）として唐船へ発給するという信牌制度を正式に打ち出したと指摘した。そして、新例における信牌関連箇条を紹介し、信牌を交付することが新例の顕著な特色であると位置づけた。さらに、日本側の信牌発行をきっかけに発生した、信牌使用の是非をめぐる商人間の対立及び清政府内の議論（本書では「倭照事件」と呼ぶことにする）[5]についても検討を行った。[6]

五〇・六〇年代においては、佐伯富氏・山脇悌二郎氏・菊地義美氏が、主に矢野氏の問題提起に沿って、信牌制度の研究を進めた。佐伯氏は、中国商人が信牌を獲得するために幕府の要請に応じ、清朝の法に背き、日本へ医者・僧侶・武芸者などを連れてきたことを紹介し、その対策として清政府が「総商」(「商総」とも呼ばれていた)を置いて商人を管理監督させるという総商制を創出したことを解明した[7]。山脇氏は、福建商人と江浙商人との対立を手がかりとして、倭照事件の経緯を再検討した[8]。菊地論文は[9]、創設期の信牌制度に関する専論であり、オリジナルな点は新例発布後およそ六年間の信牌配分の実態を整理したことと思われる。そして氏は、幕府が名義的には信牌を「公験」ではく、「私験」(唐通事が唐船商人と談合したうえで発給した約定証文)として扱い、信牌のもつ公的意味を曖昧にしていたと指摘し、さらにその原因は清政府の抵抗を避けるためであったろうと推論している[10]。

七〇年代になると、大庭脩氏は、「信牌方記録」[11]という史料を中心に、享保期(一七一六―三六年)における信牌名義人の変更から商人間の関係を分析し、さらに中国側の史料と照らし合わせ、唐船貿易で活躍していた数名の信牌商人の履歴を明らかにした[12]。また、信牌に記入してある取引銀高に基づき、信牌を持つ商人と貿易を行うことが、定高外の取引増加につれて、完全に形骸化したという、八〇年代に発表された中村質論文の指摘も[13]、信牌制度の展開を理解するための重要な論点として評価できる。

近年、中国歴史第一檔案館の史料整理・出版事業の進展に伴い、倭照事件に関する研究はさらに進められた。松浦章氏は、『康熙起居注』[14]にある康熙五五(一七一六)・五六年の記事を中心に、清政府、特に康熙帝の倭照事件に対する裁断を明らかにした[15]。岩井茂樹氏は、「康熙朝満文奏摺」[16]の「浙江巡撫徐元夢奏摺」に依拠して、この事件で清政府が問題視したのは、信牌に日本年号が書いてあることというより、むしろ特定商人による貿易独占だったと指摘した[17]。また、氏は別の論文で、倭照事件落着の時点で清政府が商人の信牌を共同利用する案を紹介し、倭照事件を素材として清朝の通商外交政策の特質を論じた[18]。

このように、新例の条文を援引して信牌制度の内容を解明している研究は数多くあり、新例発布直後の信牌配分の実態や、信牌をめぐる商人間の関係に関する考察も行われた。しかし、信牌の特質と機能のメカニズムについては十分に説明されていないため、信牌は単なる貿易許可証のようなものと一般的には思われている。また、未解明な問題点も多く挙げられる。たとえば、倭照事件による信牌危機が発生した時に、信牌制度は混乱に陥ったのか、それとも機能し続けたのか。幕府の危機打開策はどういったものであったのか。信牌関係の史料に多く見られる信牌の所有権をめぐる紛争に対し、幕府はどのような姿勢をとっていたのか。これらの点はいずれも、信牌制度が成立から定着するまでの展開過程を理解するために、避けては通れない課題と思われる。以上の問題意識に基づき、本章では、信牌の機能と特質、幕府の信牌危機対策、信牌の所有権をめぐる紛争について考察を行う。

第一節　信牌の機能と特質

本節では、議論の前提として、先行研究の知見を踏まえつつ、漢文で書かれている信牌の記載内容を日本語に訳したうえで、信牌の機能について説明していく。

1　信牌の記載内容

新例の一部とされている「通事共より唐人江可相渡割符之条」（以下、「割符之条」と略す）によれば、信牌には、持参者が乗ってくる船の①入港の予定年、②出港地、③船数、④船ごとの積荷銀高、⑤信牌受領者の名前、⑥信牌の返上、⑦約条の趣旨、⑧発給の日付などが記され、そのうえで⑨朱印を押すことを、幕府によって指示されている。この指示に従い、書物改役向井元成と唐通事彭城素軒らが次の「割符真文」、つまり信牌の見本を起草した。[19]

［史料1］

信牌

長崎通商照票

長崎訳司某（「某」という字が八つある）、特奉鎮台憲命、為択商給牌貿易粛清法紀事。照得、爾等唐船通商本国者、歴有年所、絡繹不絶。但其来人混雑無稽、以致奸商故違禁例。今特限定各港船額。本年来販船隻内、該某港門幾艘、毎船所帯貨物、限定估価約若干両、以通生理。所諭条款、取具船主某親供甘結在案。今合行給照、即与信牌一張、以為憑拠。進港之日、験明牌票、繳訖、即収船隻。其無憑者、即刻遣回。爾等唐商、務必愈加謹飭。倘有違犯条款者、再不給牌票、按例究治、決不軽貸、各宜慎之。須至牌者。

右票給港名船主某

正徳伍年参月　日給

訳司　限到　日繳

以下、「割符真文」を現代日本語に訳す。ちなみに、本来の意味を忠実に示すため、訳文では原文の固有名詞をできるだけそのまま使い、さらに原文にある「某」「何」「幾」などの、未定の内容を表す言葉を［　］で表示し、（　）をつけて注釈し〔　〕で補足説明を行う。

［史料1の訳文］

長崎唐通事［　］（それぞれの苗字）は、長崎奉行の命令に従い、商人を選び信牌を与え法を正す。察するところによると、あなたたちの唐船は、長期にわたりわが国と通商し、長年にわたり往来が絶えなく続いている。しかし、〔日本に〕様々な人が来て統制がとれないため、奸商は故意に禁令に背くようになる。今は、各港からの船額を制限する。本年度商売に来る船のうち、当該［　］港の［　］隻船のうち、船ごとの積荷の見積り銀高を約［　］両に制限して取引させる。〔唐通事が商人へ〕伝えた約条に対し、船主[20]［　］（名前）は自ら、すでに甘結（承諾書）を提出している。今ここに証明書を発給する。すなわち信牌一枚を〔この船主へ〕証明書として与える。

入港の日、「牌票」（信牌）を確認し、〔その信牌を〕納めれば、ただちに船を入港させる。証明書を持たない者は、即座に帰航させる。あなたたち唐商は、必ずやいっそう慎むべし。もし約条に違背する者がいれば、再び牌票を与えることはせず、法により処罰する。決して容赦しない。〔唐商は〕それぞれこれを慎むべし。これによって信牌を発給する。

この「割符真文」では、「割符之条」に見える諸記載要項が反映されている。ところが、この「割符真文」には、捺印（＝⑨）の場所及び印文について言及がない。「信牌方記録」の「信牌ニ用候石印之事」によると、[21]「割符押切」（信牌の右上）「銀額之所」「訳司之下」三ヵ所には、それぞれ「永以為好」「結信永遠」「訳司会同之印」という朱印を押すべきとされている。

現在保存されている信牌の原本[22]と照らし合わせると、「割符真文」の内容は原本とほぼ一致する。ただし、ほとんどの信牌には、「割符真文」の「幾艘」（＝③）に当たるところが「壱艘」と書かれている。つまり、信牌一枚は、唐船一艘の取引に対応するのが一般的だったのである。

2　信牌の機能

では、なぜこれらの要項を信牌に記入することが必要とされたのか。これについては、新例に関する従来の研究を踏まえながら説明する。

まず、新例は、唐船貿易の年間銀高を六〇〇〇貫目、さらに年間来航船の数を三〇隻に限定した。こうした全体の貿易定額と来航船数を確保するために、一枚の信牌によって認められる来航船数（＝③）と、船ごとの取引高（＝④）を定める必要があった。次に、出港地（＝②）を記すのは、海外各地の特産品がそれぞれ日本の需要に応じて輸入されることを確保するためであった。

さらに、原則的には、新例の遵守を承諾した者しか信牌を受け取る資格がない。新例が発布される前、年間入港唐船の隻数は三〇隻を大きく上回っていたので、新例の遵守を承諾した者の人数も三〇人を超える可能性があった。したがって、毎年三〇隻の定数に即して、信牌受領者の入港予定年（＝①）を決めることが必要とされた。また、信牌は来航者が新例の承諾者かどうか、つまり通商資格の有無をチェックするために利用されるので、来航時に日本側の役人へ提示し（＝⑥）、チェックを受けるのが通常の手続きとして理解される。その他、信牌は証明書の性格を持つものとされたので、現今の証明書のように、当事者の名前（＝⑤）、約束の趣旨（＝⑦）、作成の日付（＝⑧）を書き込み、捺印する（＝⑨）のは当然のことであろう。

以上、信牌の記載に関連する史料を参照し、信牌の記載要項と、それぞれの要項に対応する機能を再確認した。一言でいえば、信牌は、新例の遵守を承諾した唐船商人への通商許可書であると同時に、唐船貿易の規模を調整する役割を果たすことが期待されるものであった。

3　信牌の特質

現代に利用されているパスポートやビザなどの出入国の身分証明書と比べると、信牌は譲渡可という特質を持っている。従来の研究は、商人間の信牌譲渡の事例について言及しているとはいえ、それに関する幕府の規定について詳しく分析せず、したがってこの特徴について十分に評価することができていない[23]。そこで、以下に信牌譲渡に関する幕府の規定について整理してみる。

前に述べた信牌の記載から、譲渡に関する文言は見られない。ところで、山脇氏は、信牌に書いてある「決不軽貸」について、「その譲渡・貸与を許さぬ」とも解釈されると指摘している[24]。中国語で「貸」という字は、確かに「許す」という意味もあれば「貸す」という意味もある。しかし「決不軽貸」は、常用語として使われる場合、決して寛大に許してはならないという意味しか考えられない。つまり、信牌の文章は譲渡の可否に触れていないのである。とはいえ、信牌の譲渡について、新例の一部とされている「通事共唐人の約条草案」[25]（九ヵ条）の第五条に、次のように書いてある[26]。

［史料2］

一、割符を受取候もの、其期に及ひ、故ありて渡来らす、同所のものに割符をあたへ、渡海せしめ候とも、其処の産物を載来り、其荷物も定法の数に違ハすして、割符たしかなるにおいてハ、商売をゆるし、重ねての割符をあたへらるへし、

この史料によると、同じ出港地の特産物を載せてくることができるならば、信牌の名義人が事情によって予定の通りに来航できない場合には、同じ出港地の商人へその信牌を譲ることが許される。ここから、信牌の譲渡が許されていたことが分かる。

一方、佐伯富氏は、新例の一部である「唐人共に新例可申渡次第」を根拠に、「信牌はその与へられた当人だけが使用を許されるものではなく、信牌さえもっておれば誰でも貿易が許された」と結論づけた[27]。［史料2］からも概ね同様な結論を導くことができる。ただし、この二史料はいずれも「故ありて渡来らす」という曖昧な表現を用いている。一体、それはどのような状況を想定されたのか。この点について［史料3］[28]が参考になる。正徳五（一七一五）年六月三日、信牌を持参しないため積戻しに処された台湾船と福州船に対し、長崎奉行所は、箇条書き（四ヵ条）を唐通事に渡し、その旨を二隻の唐人へ伝えるよう命じた。箇条書きの第一条は新例の趣旨を伝え、第二条は帰帆の途中で密貿易をしないように警告し、第三条は水などの請求について述べている。第四条は次のような内容である。

［史料3］

一、御積返し被成候唐人共渡海御停止とは心得申間敷候、重而日本江罷渡度存念有之者ハ、右割符を御与へ被置

候船頭ニたより候而も可参事候、自然割符を受候船頭之内ニも無拠儀有之候歟、又者痼疾なと有之、渡海難成、若は死失いたし候者も可有之候、其節ハ誰ニ而も右之割符をさへ持渡候ハヽ、商売可被仰付事勿論ニ候、且又縦割符を受候船頭たりといふとも、作法不宜候ハヽ、急度割符を御取上ケ、行作宜きものを御選ひ、新ニ割符を御与へ可被成候、

この第四条では、積戻し（＝「積返し」）が「渡海停止」（再入国禁止）とは異なるものであり、信牌をもらえない商人が信牌を持つ商人に協力を求め、その船に乗って来ることが許されると強調し、さらに信牌を入手しうる二つの可能性を指摘した。一つは、信牌の本主が病気や死去などの原因で信牌を他人へ譲渡することであり、もう一つは、幕府が信牌商人から取り上げた信牌を、選定のうえでほかの商人へ渡すことである。つまり、幕府は、信牌の譲渡をほとんど無条件に許可する一方で、信牌の再配分を自ら行うことで貿易商人を統制しようとしたのである。

また、詳細は次節で述べるが、倭照事件では江蘇・浙江地域に滞在していた唐船商人四三人の信牌が清政府に没収された。翌年（一七一六年）、その多くは信牌を持たずに長崎に渡航しようとし、李韜士もその一人であった。幕府は、李韜士へ伝えようとした書付（五ヵ条）で、信牌譲渡の可能性を再強調した。[29] 次の史料はこの書付の第三条に当たる。

［史料4］

（前略）四十三艘之船頭共商売を申請候事、不届候由、此事は約条之旨不同心に候輩は罷帰り、同心之輩は信牌をも請候へは、此輩申請候事とも難申候、此方にて申合候所も、其人をは定めす、誰にても人はかはり候とも、信牌持渡り、積荷定例之通に候はヽ、商売可申付候由に候へは、これ又四十三人之ものに限り候事にても無之候に、難心得候、これ三つ（後略）

この史料は、四三名の信牌商人による長崎貿易独占への疑いに対する弁明というべきものであり、具体的には二点にまとめられる。まず、それらの商人へ与えた信牌は、新例遵守の約諾の結果でしかない。次に、信牌を持ち積荷の

規定を守るならば、誰でも貿易を許可する。ここから、商人間での信牌の譲渡を許し、信牌で特定の商人に貿易独占をさせようとする意思はない、という幕府の論理が読み取れる。

そして、この書付とともに長崎奉行へ宛てた「在勤長崎奉行江下知状」(30)には、「此両通は、李韜士持帰り候て、官所へも出すへく候事と相心得候て、可被申付候」と書いてある。ここから、李を通じてこの書付の内容を清政府にも知らせようという幕府の意図が明らかである。

以上見てきたように、新例発布の際とその直後に、幕府は信牌譲渡の許可を再三説明し、商人を特定するものではないことを強調した。信牌制度創設の主な目的の一つは、船数を制限することであり、その目的をスムーズに貫徹するため、幕府は唐船商人や清政府からの反発を最小限にする必要があったのである。

第二節　幕府の信牌危機対策

この節では、新例発布以後の五年間、倭照事件による信牌制度の存立危機を乗り越えようとした幕府の姿勢を検討してみる。中心史料として利用したいのは、前にも触れた長崎歴史文化博物館所蔵「信牌方記録」(写本)である。この史料の原本所在や作成年代などは不詳であり、その性格は次章で詳しく紹介する信牌方の職務記録と考えられる。この史料は、享保前期における信牌配分・信牌譲渡・信牌紛争などの事例を記しており、信牌制度の研究には不可欠な史料といえる。

1　倭照事件と信牌危機

まず、冒頭で挙げた先行研究の成果を踏まえつつ、倭照事件の経緯と事件発生後の幕府の対応について簡単に説明していく。

正徳五(一七一五)年三月に長崎奉行所で、江戸から派遣された上使が持ってきた、「正徳新例」と通称されている長崎貿易関係の諸法令が発布された。そして奉行所は、唐通事を通じて、長崎に滞留中の、新例の遵守を旨とした証文を提出した船の代表商人、いわば船主四七人へ信牌を渡した。しかし、新例発布前に帰国して信牌をもらえなかった商人謝叶運・荘運卿らは、信牌を受けた商人たちが外国と密通しているとして、寧波府鄞県の官署に提訴した。鄞県からの報告を受けた浙江巡撫徐元夢はこの訴えを中央政府に上達した。一方、江蘇・浙江に滞留中の信牌商人四三人は、信牌と「約条」(第一節で言及した「通事共唐人の約条草案」の訳文と考えられる)の写しを、寧波にある浙海関[31]に提出した。浙海関は、これらの商人の信牌をすべて取り上げ、そのなかの商人胡雲客の信牌を判断材料として朝廷へ送付した。その後、朝廷の内部及び地方官署の間で、信牌授受の可否をめぐる議論が行われ、賛否両論のなか、およそ二年間の歳月が過ぎた。結局のところ、康熙帝の親裁により、信牌授受を容認する方針が決められ、この事件はようやく収束を迎えた。浙江省の官署は、取り上げた信牌を元の持ち主たちに返還する一方、商人間で信牌を共同使用することを呼びかけた。

一方、日本側においては、正徳六(一七一六)年二月に信牌を持参せずに来航した広東商人李韜士から、倭照事件の情報を知らされた。李の供述によると、新例発布時、彼は、正徳四年一五番船の脇船主(脇船頭とも呼ばれる)であり、船主鮑元諒は、信牌を受領したが、広東帰航の途中に寧波に立ち寄った際に、倭照事件で信牌を浙海関に取り上げられた。船主鮑はほかの商人とともに、江蘇省官署の調査を受けるため、蘇州に呼び集められた。李は、ひそかに広東に戻り、また船主として長崎に再来したという[32]。

事件の対応に迫られた幕府は、新井白石の意見を受け、李のような、特別の事情により信牌を持参せずに来航した商人に対しても、新例の規定に即して積戻しに処した。そして第一節でも触れたように、長崎奉行は、信牌の性格を説明する五ヵ条の書付の訳文を李へ渡し、清朝側に見せるように伝えた。李は同年四月にやむなく帰航した。また、ほぼ同じ時期に、浙江・江蘇省の官署の指示のもとで、十数隻の商船は、信牌を持たずに長崎に来航し、李韜士船と同様に取引を拒否された。(33)正徳期の幕府の倭照事件に対する姿勢は、このようなものであった。

この年の四月に将軍家継が死去し、五月には紀州家の吉宗が将軍職を継ぎ、年号を「享保」に改元した。それに伴い、新例の起草者である白石とその有力な支持者であった側用人間部詮房は相次いで政治の舞台から退けられ、白石が唱えた「文治政治」はその是非を問われることになった。栗田元次氏の研究によれば、老中井上正岑は新例の廃止を唱え、老中久世重之は存続を主張した。(34)さらに山脇氏によると、新例の起草に関係の深かった長崎奉行大岡清相が進言した結果、吉宗は信牌制度などの新例の骨子を継承することを決めた。(35)

一方、享保二（一七一七）年に、新例で定められている船数・貿易高について手を加え、一〇隻増して四〇隻、定高は二〇〇〇貫増して八〇〇〇貫に改めた。(36)この定数は享保四（一七一九）年まで守られた。矢野氏は、この貿易増額を倭照事件の影響に対する臨時措置としている。(37)中村氏も、「これは正徳五・享保元年の渡来船数減、とりわけ信牌所持船減（清朝の信牌没収による）に伴う取引枠の不消化、銅をはじめとする輸出品のだぶつき、長崎現地の不況、などの打解のための一時的措置」だったと指摘している。(38)

しかし、右の先学の指摘はあくまで結果論に過ぎず、この措置が具体的にどのように機能したかを明らかにしておく必要があるだろう。そこで、以下、正徳五（一七一五）年から享保四（一七一九）年までの信牌配分の状況を示す［表1］を参照しながら、享保初期に行われた信牌貿易の臨時増額について詳しく検証してみる。

2　倭照事件最中の信牌発行

正徳五年に発行した信牌四七枚のうち、正徳五年に来航すべきと記入してある信牌（正徳五年牌と称す。以下、同様）

は二六枚（〔表1〕①）、正徳六年牌は二一枚（〔表1〕③）であった。また、三〇隻の定数を満たすために、正徳五年の時点で来航可能であった船四隻を、特別に信牌を発給する予定の船として扱い、来航後の貿易許可を事前に決めた（〔表1〕②）[39]。

初期の信牌配分は、南京船[40]（出港地が「南京」の船の略称。以下、同様）一〇隻、寧波船一一隻、廈門（アモイ）二隻、広東二隻、台湾二隻、広南一隻、暹羅（シャム）一隻、咬𠺕吧一隻という港割で行われた[41]。こうした信牌は、享保期に発行された、出港地を指定しない新規信牌と区別され、本割信牌と称された。

しかし実際には、この年に来航した、貿易が認められた船はただの七隻にとどまった（〔表1〕⑮）。そのうち、三隻は信牌を持つ船、四隻は前述した信牌を交付する予定の船であった。出港地から見れば、この七隻のうち、華南地方の船（廈門・広東・台湾の船、「中奥船」とも呼ばれる）は四隻、東南アジア地域の船（広南・暹羅・咬𠺕吧などの船、「奥船」とも呼ばれる）は三隻であった。なぜ定数の三分の二強（二一隻）を占める南京・寧波の船（「口船」とも呼ばれる）が来航しなかったのか。それは主に、倭照事件の影響があったためと考えられる。

前に述べたように、江蘇（南京船の出港地）・浙江（寧波船の出港地）は、倭照事件によって直接的な影響を受けた地域であった。一方、それと異なり、華南地方には長崎貿易に赴く船が少なく、また清朝中央政府の所在地である北京から遥かに離れた位置にあったため、倭照事件

享保3		享保4	
使用数（来航数）	未使用（繰越）	使用数（来航数）	未使用（繰越）
5	0		
10	0		
5	0		
20	1	0	1
		36	4
40⑲	1	36	5

表1　正徳5(1715)年—享保4(1719)年信牌利用状況一覧

記載年	発給年	発給数	利用状況					
			正徳5		正徳6		享保2	
			使用数（来航数）	未使用（繰越）	使用数（来航数）	未使用（繰越）	使用数（来航数）	未使用（繰越）
正徳5乙未	正徳5新規	26①	7	23	1	22	17	5
	（来航可能）	(4)②						
正徳6丙申（享保元）	正徳5新規	21③			6	22	12	10
	正徳5更新	7④						
享保2丁酉	正徳5中新規	1⑤					14	5
	正徳6更新	7⑥						
	享保2初新規	10⑦						
	享保2中新規	1⑧						
享保3戊戌	享保2更新	21⑨						
	享保2末新規	1⑩						
享保4己亥	享保2更新	22⑪						
	享保3更新	8⑫						
	享保3初新規	9⑬						
	享保3中新規	1⑭						
計			7⑮	23	7⑯	44	43⑰	20⑱

出典：「唐船進港回棹録」（注43）・「信牌方記録」（注11）及び菊地義美「正徳新例における信牌制度の実態」（注9）.
注：①〜⑲本文中説明.

の影響をほとんど受けなかったようである。

幕府は、これらの船の持つ信牌を正徳六年牌に更新し（［表1］④）、さらに新たな本割の享保二年牌一枚を海難で破船した暹羅船へ与えた（［表1］⑤）。

翌年になっても倭照事件は解決されなかったため、唐船は七隻しか来航しなかった（［表1］⑯）。しかも、これらの船の商人たちは倭照事件の情報を知り、清政府の追及を恐れたため、享保二年牌の受領をボイコットしようとした。そのなかで、四番広南船の船主郭亨統は、自分一人で数十枚の信牌を領し、それに応じる数の船を仕立てて、滞りなく貿易を行い、それによって清政府に処罰されても構わないと申し出た。ほかの商人は、郭一人に貿易を独占されるのを懸念し、享保二年牌を受領することにした。郭は

「信牌方第一之忠功」を立てたと幕府によって高く評価された[42]。

このようにして、この七隻の船の信牌は、享保二年牌に更新された（[表1]⑥）。一方、前述したように、唐船の激減による貿易の不振に対し、幕府は、船の定数を四〇隻に増やし、享保二年に同年の来航を許可する新規信牌を一〇枚発行した（[表1]⑦）。

次は享保二年初めの新規信牌の配分に関する史料である[43]。

[史料5]

一、未・申両年、南京・寧波船頭四拾弐人、幷広東船頭李韜士壱人、都合四拾三人、於唐国信牌被取上候由ニ而、当春迄入津不仕候、就夫在留唐人之内、人柄宜敷者を撰はれ不定港名之新加牌拾枚御与被遊候事、

但、壱艘ニ積銀高弐百貫目宛

壱番財副	葉晃章	弐番財副	洪非慾
三番財副	陳端己	四番脇船頭	陳啓瀛
四番財副	汪復楚	四番　客	伊韜吉
五番脇船頭	呉璋伯	五番　客	鮑允諒
六番板主兼財副	呉庭珍	七番財副	林伯騰

右之者共ニ此度新規ニ当酉之信牌御与被遊候、尤初年御定之三拾艘無滞入津候得ハ、四拾艘之船数ニ罷成候事、

史料の初めの部分によれば、新規信牌発行の原因は、倭照事件による四三隻の商船が来航できなかったことにあった。言い換えれば、信牌貿易を維持するためだった。この時点で七隻の船の船主が、船の代表商人として信牌を持っていたため、新規信牌受領の候補者は、脇船主や財副や客と呼ばれる商人であった。

この史料によって、それらの商人から「人柄宜敷者」が選定されたことが分かる。それでは、幕府から見れば、一

体どのような唐人が「人柄宜敷者」なのだろうか。この年に行われた信牌配分から見ると、一〇枚の内の三枚は四番船の商人へ与えられている。「唐船進港回棹録」から、正徳六（享保元）年四番船の船主が郭亨統であることが判明する。[44] 前述したように、郭は「信牌方第一之忠功」を立てたことにより、幕府から深い信頼を受けるようになったと考えられる。つまり、郭のような商人が「人柄宜敷者」とされていたのである。

こうして、仮に享保二（一七一七）年に倭照事件で取り上げられた信牌が商人に返還されなくとも、享保二年牌を持つ一八隻が順調に来航すれば、貿易不振はある程度緩和されるような手はずが整えられた（［表1］⑤⑥⑦、1＋7＋10＝18）。

3　倭照事件落着後の信牌発行

前述したように、正徳六（一七一六）年二月に信牌を持参せずに来航した商人李韜士は、積戻しに処され、その年の四月に帰航した。それから一年が過ぎても、倭照事件が解決される見通しがなかったため、幕府は、享保二（一七一七）年の六月、特別に本割の広東信牌一枚を広南船の商人陳祖観に与え、事件の進捗に関する情報の収集を依頼した（［表1］⑧）。陳は、七月二四日に帰国し、八月七日に事件落着の情報を携えて長崎に再入港した。さらに時を同じくして、正徳五年牌・同六年牌を持つ船も続々と来航し始めたため、年末になると、来航した唐船の数は、四〇隻の定数を超え、四三隻に達した（［表1］⑰）。

これに対し、幕府は、四三隻のうちの二一隻の信牌を享保三年牌（［表1］⑨）、二二隻の信牌を享保四年牌へ更新した（［表1］⑪）。そして、仮に享保三年牌を持つ商人（［表1］⑨⑩）と旧年牌（正徳五・正徳六・享保二年に発行されて未使用な分）を持つ商人二〇人が享保三（一七一八）年に一斉に来航するならば（［表1］⑱）、同年に来航する唐船の数は、定数を超える四一隻になるはずであった（［表1］⑨⑩⑱、21＋1＋20＝41）。

それにもかかわらず、享保二(一七一七)年の年末、幕府は、新規の享保四牌を九枚発行することを決めた(［表1］⑬)。それでは、なぜ幕府はこの九枚を発行する必要があると考えたのか。これについては、次の史料が参考になる。(45)

［史料6］

一、当酉壱番陳祖観船、前ニ記候通、新規ニ広東信牌を被下置候処、段々諸船共ニ無滞入津仕候ニ付、此壱艘余分ニ罷成候、丹波守様被仰渡候ハ、最初南京・寧波ハ隔年之割合ニ申付候、当春相増候新加牌之船ニ明年之牌を相与へ候而ハ、毎年之来販ニ成、偏頗ニ相聞へ候間、新加牌今拾枚相与、隔年之割合ニ可申付候、左候得ハ、陳祖観壱人を始メ、別ニ九人撰ひ、都合新加弐拾枚ニ可申付由被仰付候事、

史料の傍線部で、長崎奉行日下部丹波守博貞は、新規信牌の発行の理由を述べた。すなわち、正徳五年、南京船と寧波船は、隔年に来航するよう命じられた。しかし、この春に次年度来航の新規信牌を発行するならば、新規信牌を持つ船は毎年来航できることになる。このような扱いでは片寄りがあるという考えから、追加で新規信牌を一〇枚発行し、隔年に来航させることにした、ということである。

また、［史料6］の初めの部分によると、この年の一番船として入港した陳祖観は、広東牌をもらったが、享保五・六年に来られなかった唐船が次々に入港したため、陳の船の来航は定数外、つまり余分なものになってしまった。さらに、史料の最後を見れば、陳は、新規信牌の授与者の一人に直接指定されている。つまり、陳の信牌の性格は、本割の広東牌から新規信牌に変更された。この時、奉行日下部は、陳のほかに、九人の商人を選定し、新規信牌を与え、新規信牌の総数を二〇枚にするとした。

さて、幕府はどのように新規信牌の授与者九人を選定したのか。それについては、次に挙げる史料を見てみよう。(46)

［史料7］

一、前年　丹波守様被仰付置候新加牌九人撰出候儀ニ付、通事方吟味仕候書付、又外ニ唐人屋敷乙名・組頭方よ

り も吟味仕、人柄宜敷者を撰ひ、書付差出候様ニ被仰付候、然処、邵又張・兪枚吉・尹楚元・鐘聖玉四人ハ、双方ニ書載有之候、其外之者ハ双方之書付御見合、段々御評議之上被定之候、

拾弐番船客　邵又張　弐拾五番船客　施茂公
三拾番船財副　郭亨聯　三拾番船客　兪枚吉
三拾三番船客　李淑若　三拾四番財副　沈右祉
三拾四番船客　尹楚元

右之七人此度出帆之節、信牌御与被遊筈之事、

鐘聖玉　李大成

右両人ハ、今程当表ニ参居不申候得共、別而人柄宜敷者ニ而、数年渡海仕来候、殊ニ李大成ハ、去年信牌譲リ之事ニ付、功も有之候故、此両人渡海仕次第、信牌御与被遊筈ニ被仰付候、

すなわち、奉行日下部の命令によって、唐通事は、信牌授与の候補者を選び、彼らの名前を記した書付を提出した。一方で、唐人屋敷の乙名と組頭も、候補者名簿を提出した。この両方の名簿に記された四名の商人は、文句なく信牌授与者となり、残りの六名に関しては、日下部が双方の書付を参考にした上で決定した。恐らくは、前年の享保二(一七一七)年の配分もこのように行われたのであろう。

また、新例発布の時、募集対象は、その時長崎に在留していた船主に限定されていたが、今度は特に「人柄宜敷」であれば、たとえ中国にいる商人でも、募集対象になった。鐘聖玉と李大成の二人は、そのような商人であった。鐘に関する史料は少なく、その正体はよく分からないが、李に関しては大庭脩氏の研究がある。それによると、清政府は、商人の信牌受領は承認したが、彼らによる貿易独占は認めず、それを防ぐため、商人同士で仲間を組ませ、信牌を貸したり譲ったりさせようとした。多くの商人がそれを実行するかどうかためらっているなかで、李大成は率先し

て自分の持っていた信牌をほかの商人に譲った。そのため、李は商人から「義者」と称され、また幕府からもよい評価を受けた(47)。なお、新規信牌を獲得した九名の商人のうち二人は、三〇番郭亨統船の乗組員である。そこには、やはり郭の影響があったと推測される。

さて、その後の唐船の来航状況を見てみよう。享保三(一七一八)年、旧年牌を持つ船は全部来航したが、享保三年牌を持つ台湾船一隻が予定通り来航しなかった。そのため、来航した船の数はちょうど定数通りの四〇隻であった(［表1］⑲)。このように、倭照事件による唐船の来航順番のズレは、享保三年の時点でようやく解消された。

その後、幕府は、来航した四〇隻の唐船のうち、八隻の信牌を享保四年牌に更新し(［表1］⑫)、同年九月に海難で破船した咬𠺕吧船の商人には本割信牌を一枚与えた(［表1］⑭)。このように、享保四年に発行された信牌は四〇枚になった(［表1］⑪⑫⑬⑭、22＋8＋9＋1＝40)。

つまり、享保二年から同四年までの信牌利用の状況から考えると、享保期の幕府は新規信牌の発行と本割信牌の更新を通じて、倭照事件によって生じた唐船の実際の来航年と信牌の記載年との間の大きなズレを修復し、信牌による船数の制限を再度可能にしたのである。

第三節　信牌の所有権をめぐる紛争

享保二(一七一七)年に倭照事件が落着し、貿易は再開することになったが、信牌の所有権をめぐるトラブルが頻発した。「信牌方記録」には、それらのトラブルが多く記載されている。そのなかには、最初に中国で問題が生じ、清朝の地方の官署で一度判決が下されたが、敗訴した商人が長崎に来て奉行の裁断を求め、これに応じて奉行所で裁判が行われた事件もある。そのような事件の代表例としては、林元禄の信牌をめぐる紛争が挙げられる。次に挙げる三

つの史料から、林元禄一件の経緯を見てみよう。(48)

［史料8］

一、五月廿六日林元禄船、信牌無之入津仕候而、申上候ハ、於唐国林采若と申者、官府ニ賂を用ひ、林元禄名付之信牌を奪取候ニ付、此度信牌を持渡不申候由申上候処、御聞届之上、御大法之儀ニ付、積戻被仰付候、尤右奪取候由之船渡海之儀承付候ハヽ、他船ニ便乞可罷渡候、其節委細被遂御僉議可被下由被仰渡候事、

［史料9］

一、十二月廿一日林采若・脇船頭林文新船、前ニ記候林元禄名付之信牌持渡候ニ付、例之通信牌御取上ケ、御僉議被遊候処、本主之暗符・印鑑無之候、其上、同廿八日三拾六番船ニ林元禄便乞渡来候ニ付、双方之申口委細御吟味被遊候処、林采若奪取候儀分明ニ相知レ申候ニ付、積戻被仰付候、然処、林采若承引不仕、色々及難渋候ニ付、急度役人を被差出、翌正月三日ニ帰帆仕候、尤林采若渡海停止被仰付候事、

［史料10］

一、林元禄去冬三拾六番船より渡来被奪取候信牌之御僉議明白ニ相知レ候ニ付、依願此度信牌を御与被遊、亥弐拾四番船ニ便乞、帰唐仕候事、

これらの史料は、「信牌方記録」に記載されている、林元禄一件に関わる記事である。［史料8］によると、商人林元禄は、信牌を持たないまま来航し、賄賂を受けた清朝の官署が彼の信牌を押収し林采若と呼ばれる商人へ与えたことを長崎奉行所へ訴えた。奉行所は、信牌を持参しなければ貿易が許可されないという信牌制度の原則に基づき、林元禄を積戻しに処した。しかし一方、林采若の船が再び日本に渡航するという情報を入手したならば、ほかの船に便乗するなりして来航せよ、そうすれば長崎で審議したうえで裁決を下すようにする、とも林元禄に伝えた。

さらに［史料9］から分かるように、後日林采若が来航した時、奉行所は、通常の手続通り信牌を取り上げ、審議

を行った。その際、采若が「本主」つまり信牌名義人の「暗符」・印鑑を持っていないことが判明した。またこの時、元禄はほかの唐船に乗って再来した。奉行所は、二人の言い分を吟味したうえ、信牌を不法に奪い取ったとして、采若に積戻しを申し渡した。そして、采若は奉行所に「渡海停止」（再入国禁止）を言い渡された。

一方［史料10］から、元禄が願いの通りに信牌を与えられたことが分かる。つまり、この事件は元禄の勝訴で終わりを告げたのである。

続いて、次の史料[49]から、前述した事件と概ね同じ時期に起きた何定扶の信牌に関する紛争の経緯を窺う。

［史料11］

一、六月廿三日丘永泰・何定扶同船ニ而、信牌無之入津仕候、此丘永泰去々酉年何定扶之客ニ而罷渡候節、崇福寺住持之唐僧招之儀請合申候而、此度連渡候、（中略）

右之何定扶当亥牌を致所持候処、於唐国陳仁卿と申者、官府ニ賂を用ひ、押取候ニ付、此船信牌持渡不申候由申上候処、御聞届之上、此度唐僧連渡候功も有之候ニ付、信牌を御与被遊、七月七日積戻帰帆被仰付候、尤右押取候由之牌、当五月朔日弐拾番ニ陳仁卿船入津仕居候間、此船帰唐之節後来之牌御与被遊間敷由被仰渡候、

左候得ハ信牌増減無之事（後略）

この史料によれば、前述した林元禄のように、何定扶は、六月に信牌を持参せずに来航し、信牌を清朝の官署によって没収され、その信牌は商人陳仁卿に与えられてしまったと長崎の役人へ説明している。陳は、五月に来航し、貿易を行っている最中であった。結局、陳は貿易を許され、何は積戻しに処せられた。しかし、何は唐僧招請の褒美もあり奉行所から新たに信牌を受領し、陳は信牌の更新を認められなかった。

また、翌年には劉元修の信牌に関する紛争が起きた。これについては、次の唐船風説書集である「崎港商説」に収められている史料[50]を取り上げて考察を行う。

［史料12］

（前略）本船頭呉因生・脇船頭丘鑾観共に、今度初而罷渡り申候、乗渡りの船は、四年以前之三拾八番船に而御座候、然ば両船頭共に、丁酉年三拾八番台湾船頭劉元修と申者と、元商売仲ケ間に而御座候処に、劉元修戊戌年御当地より信牌を頷し、台湾江罷帰り候節、洋中に而風波強く、本船幷楫等を損じ、漸台湾江乗り入申候処に、劉元修船中より病気差起り、爾今全快不仕候故、船を仕出し申儀難成、本船を私共方江引渡し候に付、船修理幷船具等を仕替、去年七月に彼地出帆之支度仕候処に、劉元修商売仲ケ間、杜京観と申者欲心を起し、劉元修所持いたし候信牌を盗取、他国江逃去り、行衛相知れ不申候に付、数月差滞り、渡海延引に罷成候、私共儀信牌を所持不仕候而は、来朝仕筈に而無御座候得共、既に荷物積込申候故、渡海相止申候而は、本年空く成候に付、可仕様無御座、右之段為可奉訴、此度罷渡り申候、（後略）

この史料は、台湾船の船主呉因生と脇船主丘鑾観両人が出した風説書である。呉・丘両人の陳述によると、呉・丘両人は、かつて長崎に来航していた商人劉元修の商売仲間であったが、劉が海難に遭って病気にかかり快復できなかったため、船を劉から譲られた。しかし、劉のもう一人の商売仲間である杜京観という商人は、劉の信牌を盗んで逃げた。そのため、呉・丘は信牌を持たないまま来航せざるをえなかった。

次に挙げた「信牌方記録」の記事から[51]、この事件に対する幕府の処置を知ることができる。

［史料13］

一、二月八日呉因生・脇船頭丘鑾観船、信牌無之入津仕候而、申上候ハ、此船台湾劉元修名付之信牌を持渡申筈ニ候処、於唐国杜京観と申者信牌を奪取候ニ付、信牌持渡不申候由申上候処、御大法之儀ニ付、積戻被仰付候、尤右奪取候由之杜京観船渡海之儀承付候ハヽ、外船ニ便乞可罷渡候、其節委細被遂御僉議可被下由被仰渡、

同廿一日帰帆仕候事、

（中略）

一、台湾丘鑾観船、翌丑正月八日入津仕候、此船当二月信牌を被奪取候由ニ而入津仕、積戻被仰付候、右奪取候杜京観江南蘇州呉県ニ立退候由承付、則彼地ニ罷越官所ニ訴候処、杜京観を被召捕、僉議之上入籠被申付、信牌を取返し入津仕候由、此信牌去々戌之船数ニ候処、右之成行ニ付、渡海延引仕候故、当子船数ニ御加へ被成候、殊ニ来丑年より船数三拾艘限ニ被仰付候ニ付、船数之過ニも可相成故之事、

史料の前半は享保五（一七二〇）年二月の記事、後半は同年一二月の記事である。傍線部によると、幕府は信牌を持参しなければ貿易を許可しないという新例の原則に基づき、ひとまずは呉の船を積戻しに処した。その一方で、呉・丘が杜の来航の情報を入手し、ほかの船に便乗して再び日本に来れば、詳しく取り調べるとした。さらに後半の記事から、丘が清朝の官署に訴えて信牌を取り戻したこと、またそのうえで改めて来航し、貿易を許可されたことが分かる。

清政府が日本側の信牌発行を承認したことにより、信牌は日清双方が公認する貿易資格の証明書になった。したがって、佐伯氏・松浦氏が指摘したように、信牌はそれ自体に価値が生じて取引の対象となり[52]、そのため、所有権をめぐる紛争も頻発するようになった。幕府は、基本的には信牌制度の原則を守り、信牌の持参者が信牌の名義人と一致する場合その貿易を認める一方、信牌の譲渡を認めたが、その場合は、名義人でない持参者に「暗符」や印鑑のような証明を提出させたり、紛争の当事者双方を尋問したりすることを通じて、不正な信牌譲渡を防ごうとする姿勢も示した。

おわりに

本章では信牌制度の仕組みと確立過程について考察してきた。

第一節では、議論の前提として、信牌の漢文テキストを翻訳したうえで記載の要項を整理し、新例の関連規定と付き合わせながら分析を行い、幕府が考案した信牌制度のメカニズムを説明した。結論としては、信牌は単なる商人の貿易資格をチェックする証明書だけではなかった。むしろ証明書の性格は相対的に薄く、主に貿易の規模を調整する手段としてその機能が期待された。信牌制度は、貿易の管理という点で合理的仕組みであり、かつ、信牌の譲渡を許可していたという点で柔軟な仕組みであったと考えられる。

第二節では、倭照事件による信牌制度の存立危機に対し、幕府がどのように信牌制度のメカニズムを活用し、危機を乗り越えようとしたのかについての考察を行った。倭照事件が発生した時期は、日本にとって、将軍家継から将軍吉宗への政権交代期に相当する。発足した吉宗政権は、唐船の定数と貿易高を増やし、来航した唐船に乗る信頼できる商人に新規信牌を交付する措置を取り、信牌制度を貫徹しようとした。そして、事件落着後、本割信牌の配分及び新規信牌の発行を通じて、来航唐船の数を調整することを達成した。それにより、信牌制度は順調に機能する道に歩み始めた。

第三節は、信牌の所有権をめぐる紛争及び幕府の対処という課題を扱った。これによれば、信牌の所有権をめぐる紛争に対し、清朝官署の裁判の如何を問わず、長崎に紛争の当事者を呼び寄せ、尋問したうえで裁決を下し、信牌の帰属を決めていた。新例では信牌譲渡可という原則が示されたとはいえ、紛争が生じた場合は、名義人の「暗符」や印鑑の提示を要求されたという点から、名義人の意思による譲渡かどうかは、裁決の主な基準の一つとされたことが窺える。

このように、倭照事件による信牌制度の存立危機を克服し、信牌の所有権をめぐる紛争を解決しているうち、信牌制度自体が少しずつ整えられるようになった。そして第二章で検討するように、享保期を通じて、信牌事務の担当者と職務範囲も次第に明確化してきた。また、信牌の譲渡可という特質に基づき、第三章で明らかにする通り、清政府は銅調達のために、信牌を柔軟に利用していた。

（1）劉序楓「清康熙～乾隆年間洋銅的進口與流通問題」（『中国海洋発展史論文集』七、中央研究院中山人文社会科学研究所、一九九九年）九五頁。

（2）これらの幕府の対外貿易制限に関するデータは、すでに多くの研究で整理されている。たとえば、矢野仁一『長崎市史――通交貿易編・東洋諸国部』（清文堂、一九六七年、初版は一九三八年）、山脇悌二郎『長崎の唐人貿易』（吉川弘文館、一九六四年）などがある。

（3）信牌は、巻頭図版に見られるように、一枚の紙であり、上端に「信牌」、次の行に「長崎通商照票」と書いてある。日本側の史料においては「割符」（右上に割印あり）や「切手」というような呼び方もあり、一方で清朝側の史料では「倭照」や「照票」とも通称されていた。岩井茂樹氏は、信牌は明清時代中国の地方官府で使われた下向文書の一形式と指摘している（同「清代の互市と「沈黙外交」」夫馬進編『中国東アジア外交交流史の研究』京都大学学術出版会、二〇〇七年、三五九頁）。明朝崇禎初年（一六二〇年代末期）に成立した、広東貿易の状況を示す顔俊彦「澳夷接済議」（同『盟水斎存牘』）には「凡船艇出入、非奉両院・海道信牌、不許私自往来海上」とあり、この時期から遅くとも明朝末期までにおいて、広東で信牌と称されたものが中国船の出入港の証明書として利用されていたことが窺える。一方、長崎貿易史上にも、様々な性格と形態の違う信牌があった。日本でよく知られているのは、幕府が寛政五（一七九三）年にロシア使節ラクスマンへ交付し、また文化元（一八〇四）年に同国使節レザノフが携えてきた信牌であるが、記載内容は唐船商人へ発給した信牌と異なるものであった。また、唐船が日本人の漂流民を長崎に送還してきた際に清朝官署が唐船商人に発給した信牌もあった。本書の研究対象とする信牌は、幕府が唐船貿易を管理するために長崎で唐船商人へ発給したものである。

（4）福地源一郎『長崎三百年間――外交変遷事情』（博文館、一九〇二年）一〇一―一〇二頁。

（5）信牌問題・信牌事件・信牌紛争とも呼ばれているが、事件が清朝で起こり、信牌が清朝で「倭照」と呼ばれ、関連する清朝側の史料にも「倭照」という用語が使われているため、本書では「倭照事件」と呼ぶことにした。事件の経緯については、本章第二節を参照。

（6）前注2矢野書、三三〇―三三五頁、三八二―三八七頁、五三五―五四七頁。
（7）佐伯富「康熙雍正時代における日清貿易」（『東洋史研究』一六―四、一九五八年）。なお、この時期の「総商」が第八章で検討する官局・民局の「総商」とは異なるものだったことに注意すべきである。
（8）山脇悌二郎『近世日中貿易史の研究』（吉川弘文館、一九六〇年）三一―三四頁。前注2山脇書、一四五―一四七頁。
（9）菊地義美「正徳新例における信牌制度の実態」（『日本歴史』一八五、一九六三年）。
（10）前注9菊地論文、八四―八五頁、九三―九七頁。同「正徳新例と長崎貿易の変質」（中田易直編『近世対外関係史論』有信堂高文社、一九七九年）一五四―一七九頁。
（11）「信牌方記録」の原本の所在は不明。長崎歴史文化博物館は古賀十二郎氏の写本を所蔵している。当該史料は「信牌方」（信牌事務の担当者）の職務日記と考えられ、正徳四（一七一四）年から享保一一（一七二六）年までの信牌事務に関わる記事を載せている。その一部は『通航一覧』に引用されている。翻刻版は大庭脩編『享保時代の日中関係資料一』（関西大学東西学術研究所、一九八六年）に収録。
（12）大庭脩「享保時代の来航唐人の研究」（同『江戸時代における中国文化受容の研究』同朋舎出版、一九八四年、初出は一九七四年）。
（13）中村質「東アジアと鎖国日本――唐船貿易を中心に」（加藤栄一・北島万次・深谷克己編『幕藩制国家と異域・異国』校倉書房、一九八九年）三五八―三六六頁。
（14）『康熙起居注』（一史館整理、中華書局、一九八四年）。
（15）松浦章「康熙帝と正徳新例」（同『江戸時代唐船による日中文化交流』思文閣出版、二〇〇七年、初出は一九八八年）。
（16）「康熙朝満文奏摺」（一史館所蔵、マイクロフィルム版）。
（17）前注3岩井論文。
（18）岩井茂樹「一八世紀前半東アジアの海防と通商」（井上徹編『海域交流と政治権力の対応』汲古書院、二〇一一年、初出は二〇〇七年）。また、岩井氏は「「華夷変態」後の国際社会」（荒野泰典・石井正敏・村井章介編『日本の対外関係6　近世的世界の成熟』吉川弘文館、二〇一〇年）という論文で、倭照事件に関する自らの見解をまとめて整理している。
（19）「和漢寄文」巻一（前注11大庭編書、一一〇―一一二頁）。「和漢寄文」は、江戸中期の儒学者の松宮観山が長崎奉行の属吏として任にあった享保一一年五月前後に編纂した、長崎に来航した唐人と長崎役人との間の交渉に関する書付及び訳文を揃えた史料集である。同史料の翻刻版は前注11大庭編書、一〇七頁に収録。
(20) 船主は、船頭ともいい、船の最高責任者。詳しくは、松浦章「清代対日貿易船の経営構造」（同『清代海外貿易史の研究』朋友書店、二〇〇二年）を参照。
(21)「信牌方記録」正徳五年条。
(22) 東京大学史料編纂所には享保一九年四月一三日付の「広東船主蔡元士」宛の信牌一枚、長崎歴史文化博物館には弘化三年五月四日付の「南京船主李亦聖」宛の信牌と安政四年八月三〇日付の「南京船主楊敦厚」宛の信牌などが保存されている。
(23) 前注12大庭論文。
(24) 前注2山脇書、一五七頁。
(25) 中村質『近世長崎貿易史の研究』（吉川弘文館、一九八八年、三四二頁）、太田勝也『鎖国時代長崎貿易史の研究』思文閣、一九九二年、六一六頁）の「新例」に関する研究によれば、新例の一部は草案の形式を採用し、実施にあたっては奉行や唐通事の方で然るべく手を入れるなりして行われた。正徳五（一七一五）年正月、大目付仙石久尚をはじめとする幕府役人が二三部法令を携えて長崎に赴いた。「長崎奉行へ相達目録」（『通航一覧』巻四、国会刊行会、一九一二―一三年、三五八―三五九頁）によると、「通事共唐人の約条草案」もその二三部の一つである。ここで引用した記事の日付は唐人へ読み聞かせた時点の三月五日である。それ故、ここで引用した約定は名目的に「草案」と名づけられたが、実際には決定案だったと考えられる。
(26)「和漢寄文」（前注19）巻一。
(27) 前注7佐伯論文、五六頁。
(28)『唐通事会所日録七』（東京大学史料編纂所編、東京大学出版会、一九六八年）九六頁。
(29) 林春勝・林信篤編『華夷変態』下（東洋文庫、一九五九年）二七〇一―二七〇三頁。『華夷変態』は幕府に仕えた儒臣林父子により編纂された唐船風説書集成（正保元―享保元年、欠年あり）であるが、なかには幕府から長崎奉行への「下知状」や「長崎奉行所より唐通事共へ申渡し書付の案文」などの覚書も若干収録している。
(30) 同、二六九八頁。
(31) 海関とは清朝の海外貿易の管理機関と徴税機関であった。清朝前期（アヘン戦争以前）には、上海（江蘇省）の江海関、寧波（浙江省）の浙海関、廈門（福建省）の閩海関、広州（広東省）の粤海関という四つの海関が設置されていた。

(32)『華夷変態』下（前注29）、二六九二―二六九七頁。
(33) 前注3岩井論文、三六七―三六八頁。
(34) 栗田元次『新井白石の文治政治』（石崎書店、一九五二年）四三七頁。
(35) 前注2山脇書、一六一頁。
(36) 前注2矢野書、三八七頁。前注2山脇書、一六一頁。前注25中村書、三四六頁。
(37) 前注2矢野書、三八六―三八七頁。
(38) 前注25中村書、三四六頁。
(39)「信牌方記録」（前注11）正徳五年六月条。
(40) 明の「南直隷」つまり副都・南京の直轄地域から出帆した商船が、長崎では「南京船」と呼ばれていた。清初になると「南直隷」は江南省と改名されたが、江南省の諸港からの商船は、長崎では従来通り「南京船」と称されている。
(41)「信牌方記録」（前注11）正徳五年六月条。
(42) 前注12大庭論文、三九―四一頁。同論文によると、その後、郭とその一族は長期に渡り、長崎貿易を行い、幕府が注文した唐馬をひそかに清国から輸入するようなこともした。それらの功を賞するために、幕府は生涯利用可能な「恩加牌」を三枚郭に与えた。
(43)「信牌方記録」（前注11）享保二年条。ちなみに、大庭編書（前注11）の翻刻版は、「弐百貫目」の「貫」という字が抜けている。
(44) 長崎歴史文化博物館所蔵「唐船進港回棹録」正徳六年条。当該史料は、正徳五―享保一八年の間、長崎に入港した唐船の番立、出港地、船頭の名前、入港月日、持参信牌の干支をごく簡略に記すものである。作成者は、次章で述べた信牌方の書記役だったようである。翻刻版は大庭脩編『唐船進港回棹録・島原本唐人風説書・割符留帳』（関西大学東西学術研究所、一九七四年）に収録。
(45)「信牌方記録」（前注11）享保二年条。
(46)「信牌方記録」（前注11）享保三年条。
(47) 前注12大庭論文、三五頁。
(48)［史料8］と［史料9］は「信牌方記録」（前注11）享保四年五月条・同年一二月条、［史料10］は同史料の享保五年二月条。ちなみに、大庭編書（前注11）の翻刻版は［史料8］の「林元禄船」の「船」という字が抜けている。
(49)「信牌方記録」（前注11）享保四年六月条。
(50)「崎港商説」（前注29『華夷変態』下）二八六八―二八六九頁。「崎港商説」は大学頭林信篤により編纂された唐船風説書集成（享保二―七年分）であり、『華夷変態』の続編にあたる。
(51)「信牌方記録」（前注11）享保五年二月条・同年一二月条。
(52)前注7佐伯論文、四二頁。松浦章「清代雍正期の童華『長崎紀聞』について」（『関西大学東西学術研究所紀要』三三、一九九九年）四五頁。

第二章　「信牌方」及びその職務について

はじめに

序章でも触れた通り、信牌制度の研究は主に、長崎貿易史の研究者により、新例研究の一環として進められてきた。[1]それらの研究では、新例の関連箇条及び倭照事件の関連史料について内容紹介を行ったうえで、信牌制度の創設目的を論じるのが一般的である。また、新例実施直後の、信牌の配分実態、信牌機能の変化、信牌譲渡をめぐる商人関係などに関する考察もあった。[2]ところが、信牌の作成・発給・チェック・更新などの事務がどのように行われていたのか、「信牌方」と呼ばれた役人はどのような存在だったのか、その任命経緯・職務範囲はどのようなものだったのか、などの問題がいまだ解明されていない。これらの制度運営に関する基礎的事実を明らかにしない限り、信牌制度の機能を厳密に理解したことにはならないだろう。

新例の諸研究によれば、宝永六(一七〇九)年に新井白石が起草・上申した長崎貿易の草案、いわば「白石上書」では、幕府より「公験」を唐人へ発給する案を示しているが、幕府は、「公験」を受けた唐人が悪事を企てた場合は「公験」の威光が損なわれるという長崎奉行大岡清相の主張を聞き入れ、結局のところ正徳新例では、唐通事から唐人への、新例の遵守を約束した証明書、いわば「私験」として信牌を位置づけた、とされている。[3]したがって、信牌が唐通事より発給されたものとされている以上、唐通事が信牌の関連事務を担当していたのは当然のように思われるであろう。

そして中村質氏は、信牌の発給を唐通事の平常業務としている[4]。一方、大庭脩氏は「信牌方記録[5]」という史料を整理したが、その解題では、信牌方がどのような役人だったのかについてはほとんど言及していない[6]。また「信牌方記録」には、唐通事が信牌書記役に任命された記事もあった[7]。これらの指摘や記述から、唐通事が信牌事務の担当者だったという印象は与えられる。

果たして、実際に唐通事が信牌担当者といえるのであろうか。長崎地役人の職務手引書である『長崎奉行所分類雑載』（以下、『分類雑載』と略記[8]）から、信牌発給の手続きや役人の職務分担などが分かる。しかし、信牌担当者の職務と人員構成がどのような経緯を経て定式化したのかは見当たらない。これについては、長崎歴史文化博物館所蔵「聖堂文庫[9]」に納められている多くの信牌方の関連史料が大いに参考になる。なお、「聖堂文庫」に関する書としては、聖堂祭酒史料集『長崎聖堂祭酒日記』が出版され、その研究編に掲載されている吉川潤氏・藪田貫氏らの諸論では、聖堂祭酒を務める向井氏による信牌関連の業務について少し触れている[10]。ところが、これらの論考も、信牌方の成立経緯、担当者の人員構成、信牌発給の儀式などについてはほとんど言及していない。

以上の確認に基づき、本章は、「聖堂文庫」と『分類雑載』にある信牌関係の史料を中心に、信牌方の職務、及び信牌の作成・発給・チェック・更新などの手続きを明らかにし、信牌制度の運営形態について検討したい。

第一節　信牌方の任命経緯と職務

「聖堂文庫」の聖堂とは、正保四（一六四七）年に儒医向井元升が創建した長崎聖堂である。そして元升は、寛永一六

(一六三九)年に唐船舶載書籍の検閲・選定を行う書物改役を幕府から任命され、二代目の元成から、向井家の当主は代々聖堂の祭酒と書物改役を務めていた。元成以後の向井家歴代当主及びそれぞれの家督相続年は次の通りである。[11]元成(延宝八、一六八〇年)→文平(享保一一、一七二六年)→元仲(享保一二、一七二七年)→外記(明和二、一七六五年)→元仲(寛政八、一七九六年)→雅次郎(文政一〇、一八二七年)→鷹之助(安政四、一八五七年)

では、向井家がどのように信牌関係の諸事務に関わっていたのか。これについて、本節では詳しく考察していく。

1　信牌方の任命経緯

次の史料は、息子の文平が若年で、複雑な事務を処理する信牌方に適任でない、という元成からの願いを示している覚書(三ヵ条)の第一条である。[12]この願書の宛先と作成年については書かれていない。「聖堂文庫」に所収されている、元成が提出した養子関係と相続関係の願書[13]がいずれも町年寄、のちの長崎代官高木作右衛門宛のものという点から考えると、元成のこの願いも、高木作右衛門へ出された可能性が高い。そして作成年は、元成から文平までの家督相続がなされた享保一一(一七二六)年前後と考えられる。

［史料1］

口上之覚

一、信牌船割・年割等之儀者、急度私御役儀ニ被仰付候儀ニ而も無御座候、最初備前守様唐船年割・港割等御定被遊候信牌相認候事、私ニ被仰付、書記役弐人御付被下候、其翌年土佐守様初御在勤之節、唐山ニ而、信牌之事六ヶ敷御座候而、唐船或未進或信牌無之船参、前後混雑仕、御定之通ニも入津不仕候ニ付、年割・港割等之儀、私ニ御尋ニ付、委細書付指上申候、其以後も御奉行様者一年替ニ御在勤ニ付、前年より段々之儀御尋ニ付、書付差上候而、自ら私役儀之様ニ罷成候事(中略)

十月　向井元成

これによれば、元成はまず、港別・年別の船数割などを含む信牌関係の事務が自分の職掌として幕府から命じられたことがないと強調し、次に信牌担当の経緯を述べた。すなわち、当初、長崎奉行大岡備前守清相は、唐船の「年割」・「港割」などが定められた信牌を作成するよう元成に命じ、そして書記役二人を付けた。その翌年、奉行石河土佐守政郷が在勤した折には、中国では信牌の利用に問題が生じたため、唐船が欠航したり信牌を持たない船が来航したりして、既定の来航順は乱れてしまった。奉行石河から唐船の「年割」「港割」などについて尋ねられ、元成は詳しく答申書を提出した。それ以後奉行は、毎年交替するたびに、前年度の状況について元成に諮問し、元成はこれに応じて答申した。このように、信牌関係の事務は、いつの間にか元成の職務の一部となった。

ここで指摘されている中国における信牌利用の問題とは、第一章で述べた倭照事件を指していると考えられる。この時期において多くの商人の信牌が政府に没収され、一部の商人は信牌を持たずに長崎へ来航し取引を拒否された。これにより、唐船貿易の秩序が混乱に陥った。これに対し幕府は、第一章の第二節で解明したように、新規信牌の発行によって信牌制度の維持に努め、さらに倭照事件落着後、信牌更新の際に入港予定年と出港地の調整を行い、貿易秩序の回復を実現した。ここで指摘したいのは、倭照事件による信牌制度の存立危機を克服することに特に尽力したのがこの元成であったことである。元成は、信牌発布時に信牌作成の業務を奉行から一度依頼されていたが、正式に任命されていなかった。その後、頻繁に奉行からの信牌関係の諮問に答申していくなかで、事実上の信牌担当者になっていったのである。

また「史料1」で省略した第三条によると、長崎奉行大岡は「通事方ニ者曾テ少ニ而も拘らせ申間敷由」と指示している。そして、二人の稽古通事が信牌書記役に任命された時、通事の職務を免じられ、通事方とは別途に役料が支払われることとなった。このことから、信牌担当と唐通事とを、別な職掌としようとする長崎奉行大岡の意図が窺える。では、なぜ唐通事が信牌担当から外されたのか。享保一九(一七三四)年に出されたと考えられる、信牌方元仲の後見役田辺八右衛門への達しでは、唐人が信牌の記載項目を変更するよう願った場合、特に「通事共内証を以相頼候趣等有之、贔屓を以訳難相立」ならば、それを奉行用人へ伝えることを命じた[14]。唐通事はそもそも、来日中国人の子孫であり、中国商人と親しく、そして常に商人と接触する立場にあったため、商人の利益に関わる仕事を公正に履行し難いと、幕府から懸念されたのではないかと考えられる。

2　信牌方の職務

［史料1］の覚書に見られる願いが認められなかったためか、あるいは返事を受けなかったためか、元成は同月に、再び願い出ている。この願いを記している覚書[15](四ヵ条)の第二条と第三条は、信牌関係の事務と関係があるため、次に取り上げる。

［史料2］

一、信牌之儀、何番船船主、何港門、何年之信牌、相認指出候様ニ被仰付候儀者、無相違相認、朱印押候而、指上候儀、随分相勤可申候、

一、何番船之船主者、何之港門、何之年之入津之船割ニ候哉、又者御定高之内ニ而、一年切之港替、被仰付候儀、何之港ニ而定数ニ合申候哉、又者定数之外ニ而、臨時ニ被仰付候類振替等之船割之儀者、文平若輩者之儀ニ御座候得者、間違御座候半かと、無覚束奉存候、

この史料から、元成が担当していた信牌関係の事務が窺える。まず第二条から見れば、その事務は、船主の名前、港名、入港の予定年などの記載要項を書き込んで信牌を作成し、さらに朱印を押して提出することであった。第三条では、信牌の作成にはいくつかの取り扱いにくい問題があることを指摘している。すなわち、①何番船の船

主が、どの港から出航してどの年に入港する船割にさせるのか、②定高を前提に、一年だけ出港地を変更するよう命じられた場合、船の出港地をどのように調整して船の定数に符合させるのか、③船の定数以外に、臨時に変更することを指示された場合、どのように取り替えて船割を調整するのか。これらの問題を、文平のような若者が間違えて処理してしまうことが心配されると、元成は述べている。

以上見てきたように、元成は、定められた「年割」と「港割」に照らして、信牌を作成し朱印を押すなどの信牌関係の事務を担当していたのである。

第二節　信牌方の人員構成と職務分担

1　信牌方の人員構成

前に述べたように、新例発布の際には、通事方より選ばれた二人の書記役が付けられたが、享保四(一七一九)年二月に通事方出身の書記役はともに元職に復職した[16]。その時に何か変革があったように見える。その詳細は分からないが、次の史料[17]から、のちの信牌方の人員構成が窺える。

［史料3］

奉願口上書

一、信牌［掛］(抹消)方諸御用向之儀者、代々私方江被仰付候ニ付、信牌掛り加役之儀も、私より願立、当時右加役、田辺啓右衛門江被仰付置候、然ル処、同人壱人ニ而者、若病気・故障等御座候而、御用向御間欠ニ相成候節ハ、恐入儀ニ奉存候間、前々被仰付候信牌掛り助、此節河本紀十郎へ願立候旨、啓右衛門為心得相達候処、右者書記役一手ニ相勤申度旨申聞候得共、元来右加役之義ハ、書記役・書物改手伝之内より相勤之筋合申

諭候得共、同人儀不相弁罷在候ニ付、右助勤之儀者、可然相応之者双方之内より当節御目鑑を以被仰付度奉願
候、以上、
文化十一年戌八月　向井元仲　印
御代官所

［史料3］の内容を要約すると、次のようになる。信牌方の関連事務は、代々幕府から向井家へ委任されている。信牌掛加役も、元仲の願いにより、田辺啓右衛門に命じられている。しかし、啓右衛門一人だけで担当する場合、病気や事故があると職務に支障が生じる。そのため元仲は、かねていわれた信牌掛助のことを、この度河本紀十郎に願いたいという旨を啓右衛門へ伝えた。啓右衛門は、書記役独自でこの職務を勤めたい意思を示した。もともと信牌掛加役は、書記役・書物改役手伝が務めるはずであることを説明したが、啓右衛門は承知しなかった。そのため、信牌方助の件については、代官高木氏が書物改方から適任者を選定するよう、元仲は願っている。

ここでの信牌掛加役は信牌掛助と同じで、信牌方の補佐役に相当すると考えられる。元仲の主張から考えると、書記役と書物改手伝役が信牌掛加役を担当するのは、幕府の指示であった。向井家が幕府から正式に任命された職務は書物改役であり、そして書物改役の配下には、書記役三人（田辺・村岡・野間）と書物改手伝役四人（小原・副島・河本・那須）がいた。これを含めて考えると、信牌方の主任担当者は書物改役向井氏であり、書記役と書物改手伝役から選ばれた二、三人はその補佐を務めていたのである。

ちなみに信牌方は、史料上では信牌掛・信牌割方とも呼ばれており、正規の職名でないようにみえる。時には向井氏本人、時にはその補佐役、時には両者を指していると考えられる。以下、混乱を避けるため、呼び方を統一し、向井氏を「信牌方」と称し、信牌掛加役や信牌掛助などを「信牌方加役」と称す。

2 信牌方加役の職務

さて、信牌方加役の勤務内容については、次の史料が参考になる。この史料は、書物改手伝役が記した「勤方書之覚」[18]の第一三条と第一四条である。

［史料4］

一、信牌掛り加役被仰付候者ハ、唐船入津之節、向井鷹之助同様、御役所ニ罷出、持来之信牌・配銅証文・約定等之儀、相違無之哉相改、且又唐船出帆之節者、前広其船之港・牌主名前・支干等之儀御伺申上候信牌支度仕、出帆当日於御役所割印仕候事、

一、信牌掛り之者、兼而長崎志書継方相勤候ニ付、月々諸向江問合、御記録江書載仕候事、

この二条は、書物改手伝役が信牌方加役に任命される場合の職務を示している。すなわち、唐船入港の際に、向井氏と同様に奉行所へ出勤し、唐船商人が持参してきた信牌・配銅証文[19]・「約定」[20]などの食い違いの有無をチェックし、唐船出港の際に、予め船の港、「牌主」（信牌名義人）の名前、干支（入港予定年）などについて奉行所に伺い、信牌を作成し、また出港する日に、奉行所で信牌に割印を押すという職務を担当するようになる。さらに、信牌方加役は、かねてより「長崎志」を継続して編纂する事務を勤めているので、毎月諸役所に照会して「長崎志」に記録する。

ちなみに「長崎志」は後の『長崎実録大成』であり、田辺茂啓（通称八右衛門）が明和元（一七六四）年に編纂を遂げ長崎奉行に進呈した、長崎貿易の出来事を簡略に記録した史料集であった。明和五年に小原克紹（小原勘八）、文政四（一八二一）年に村岡東吉郎が、信牌方加役を命じられた際、いずれも「長崎志」の編纂を続けることを奉行から指示されている。[21]

総じていえば、信牌関係の事務は主に、書物改役向井氏が兼任する信牌方と、同書記役・書物改手伝役から選ばれた信牌方加役によって担当されていた。

第三節　信牌事務のプロセス

［史料4］に見られるように、信牌の記載については信牌方から奉行への伺いが必要とされた。では、信牌方はどのような形で奉行へ伺っていたのか。また、唐船の入港から出港までの間、信牌はどのような手順を踏まえてチェック・更新・発給がなされたのか。これについて、以下に実例を引いて見てみよう。

1　奉行所への伺い

信牌更新の際には、中国商人から名義人変更や出港地変更などの願いが出される場合も少なくなかった。こうした願いが奉行所に認められると、信牌方は、まず草案を作成し、さらに用人を通じて奉行に伺書を提出し、後は奉行の決定を待つ。

では、具体的な事例を踏まえて伺書の形を見てみよう。次の史料は、信牌方向井雅次郎らから奉行所への伺書である[22]。日付は「午九月」とある。中村質氏が整理した「日本来航唐船一覧」によれば、次の史料に出てきた王雲帆・沈晋伯・沈萍香は、それぞれ弘化三(一八四六、丙午)年に来航した一番・二番・三番の船主だった[23]。この点から、当該史料の作成年は弘化三年であることが推定される。

［史料5］

信牌割窺書

一、南京庚子牌　［午壱番船牌主］　范継宗、

右者午壱番船主王雲帆出帆之節、御渡ニ相成候信牌、

南京辛丑牌〔同二番船牌主〕程益凡、
　右者午弐番船主沈晋伯出帆之節、御渡ニ相成候信牌、
寧波辛丑牌〔同三番船牌主〕沈万珍、
　右者午三番船主沈萍香出帆之節、御渡ニ相成候信牌、
右之通支度可仕候哉奉窺候、尤此度ニ而、去ル子年入津当り前信牌拾枚御渡数相揃、去丑年入津当り前信牌弐
枚御渡始ニ相成申候、以上、
　　午九月
　　　　　　　　　　　　　　　　向井雅次郎　印
　　　　　　　　　　　　　　　　田辺啓右衛門　印
　　　　　　　　　　　　　　　　村岡東吉郎　印

この史料によれば、午年一番船の船主王雲帆へ、名義人が范継宗、出港地が南京、入港予定年が「庚子」（天保一一、一八四〇）年である信牌を渡し、同二番船の船主沈晋伯へ、名義人が程益凡、出港地が南京、入港予定年が「辛丑」（天保一二）年の信牌を渡し、さらに同三番船の船主沈萍香へ、名義人が沈万珍、出港地が寧波、入港年が「辛丑」年の信牌を渡す、という信牌発行の案を作成し、これに対する奉行の意見を伺っている。また、このようにすれば、「庚子」年に当たる信牌一〇枚が揃い、「辛丑」年に当たる信牌も出始めるようになると奉行へ報告した。

寛政期（一七八九―一八〇一年）から、幕府は、唐船の年間来航定数を一〇隻にした。信牌方はこの定数を念頭に信牌発行の案を作成したと考えられる。そして、天保期（一八三〇―四四年）以後、特にアヘン戦争の影響により、来航船数が指定された一〇隻に満たない年度が続いた。これを背景に、来航予定年が発行年より前の信牌が発行されるようになった。弘化三年に、来航予定年を天保一一年と同一二年とする信牌の発行が提案された背景に、こうした事情が存在したものと考えられる。

2　信牌事務のプロセス

『分類雑載』には、唐船入港と出港の手続きに関する記録がある。まず「唐船入津之御注進有之候節之事」[24]によれば、唐船入港の注進が奉行所に届くと、奉行の用人は、翌日に信牌チェックのための打ち合わせとして、例の通り出勤するよう、向井元仲へ伝える。そして翌日、唐船入港後、奉行所から派遣された検使が、唐通事などの役人を率いて唐船から信牌を受け取る。さらに、「信牌卸シ之事」[25]によると、検使は信牌及び荷物帳を奉行へ提出する。奉行が目を通した後、用人は信牌と配銅証文を御用部屋で元仲へ渡す。さらに、元仲は信牌方書記役から手伝ってもらい、信牌と配銅証文を割符帳と突き合わせたり書き入れたりする。そして「聖堂文庫」に収録されている、向井家の職務日記である「閑斎日乗」には、用人の呼び出しに応じて奉行所へ信牌の検査に行く記事が多く記されている。つまり、信牌方にとっては、唐船入港後の信牌チェックは慣例的な仕事であった。

続いて、唐船出港の際における信牌関係の事務を整理してみる。その第一歩は「信牌用意之事」[26]である。すなわち、唐船を出帆状態に用意してさらにその出発情報を諸藩の聞役などに伝えた後、信牌方向井元仲より、近いうち船が出帆するので、信牌を用意する必要があるという旨の伺書を奉行所へ提出する。奉行は聞き入れたうえで、例の通り用意すべきと、用人を通じて元仲へ指示する。さらに「出帆前日之事」[27]によれば、唐船出港の前日、元仲は書記役とともに、出港予定船の隻数に応じる枚数の信牌と、割符帳の下書きを用人へ提出する。同時に、年番通事は年行司を遣わして、出船隻数に応じる枚数の配銅証文と、その日本語訳文と、翌日出勤する大小通事の名前書一通を用人へ提出する。用人は元仲と、翌日唐船の出港時刻について相談する。

次に、「出帆当日幷信牌受領之事」[28]という部分を取り上げよう。

［史料6］

一、向井元仲幷書記役罷出、昨日差上置候信牌相下ケ呉候様、御用人江申上ル、被仰上御渡、同人共御用場江持

参、取調之上、御用部屋江差出、尤年番通事より差出候配銅証文、一同向井元仲江被為取調子候事、
　但、通事名前書兼而差出候ニ付、御用部屋ニ而割符帳江御認置、日付者当日御認入之事、
一、右相済候上、御前江被仰上、於書院信牌江割符印取調有之、御次之間江元仲幷書記役罷出、此時御用人御壱人、右信牌・配銅証文・割符帳小広蓋江御載セ御持参、御先立上之間江御着座之上、御壱人之御用人御印箱幷鍵御持添御出、錠前御明ヶ箱共書記役江御渡、調印相済、元仲より御用人江差出、御用人より被入御覧候上、元仲江御渡、同人取揃、広蓋江元之通載セ差出、御用人御請取、御先立被成候而御引、
一、出帆当日信牌為領受、船主共御役所江罷出候、途中御役所付、其外例之役々付添罷越、唐人者御用場江扣居候事、
一、右唐人共罷出候段、御広間御当番より御前江被仰上、唐人御白州莚之上下座敷江差出置、其外唐年番通事・目付・大小・並・末席一同落椽ニ並ひ、年番町年寄まいら戸際ニ罷出、入側柱之際に左右ニ御用人御居り、尤御先立之御用人者、信牌載せ広蓋御持参、御前御着座候得者、唐人姓名大通事名披露いたし候上、御直ニ被仰渡、通事御請答申上候事、
　其方共儀、無滞商売遂候ニ付、渡来之割符与之、帰帆申付候、弥日本之国法を相守、積荷物入念年限無遅滞
　　可令再渡もの也、
右之趣被仰渡候得者、直ニ大通事通弁ニ而申渡、御請申上候ニ付、信牌幷配銅証文、御用人より右二通共広蓋ニ載セ候儘、通事江御渡候得者、船主江相渡、直載セ唐人読候而、其上御請申上相済、御前御入（中略）、右相済、御用人信牌之割符帳御広間江御持出シ、唐通事同所拭板江罷出致印形、
　但唐通事名前書は、前日年行司を以御用部屋江差出ス、
この史料はやや長文なので、次のようにその大意をまとめてみる。

①元仲と書記役は奉行所に赴き、前日奉行へ提出した信牌を用人から渡され、御用場でこれらの信牌と、年番通事が用意した配銅証文を取り調べたうえで御用部屋へ出す。ただし、すでに出された通事名前書に照らして割符帳へ通事の名前を書き込む。②元仲と書記役は、書院の次の間で、用人の一人から広蓋に載せられた信牌・配銅証文・割符帳を受け、もう一人の用人から印鑑を受け、これで三つの書類に捺印し、さらにこれらの書類と印鑑を、それぞれ持ってきた用人へ返す。③信牌を受ける予定の唐船商人たちは、奉行所に赴いて御用場で控える。④奉行の命令に応じて、白州に入り着席する。そして年番町年寄と唐通事などの役人も列席する。用人は先に捺印された信牌を持参し、奉行も着席する。大通事は商人たちの名前を披露し、さらに奉行は唐通事を通じて、日本の国法を守り予定通り渡航するよう商人たちへ言い渡す。⑤商人たちは、用人より唐通事を通じて信牌と配銅証文を受け取り、ただちに信牌を読んだうえで承諾する。⑥その後、用人は割符帳を広間へ持ち出し、そこで唐通事は割符帳に捺印する。

こうした手順を簡潔に示した記事は、「閑斎日乗」にも散見される。信牌方はもちろん、唐通事・町年寄、ひいては奉行にとっても、信牌の発行は、厳粛に執り行うべき儀式的な性格の職務であった。先に指摘した通り、信牌は、唐人へ伝える法令の遵守を唐船商人が唐通事へ約諾した証明書として認識されていた。しかし、ここで検討した信牌発行の手続きが示している通り、実際には奉行所を通じて発行される公的文書としての性格を持っていたと考えられるのである。

おわりに

本章は、本職が書物改役の向井氏が、「正徳新例」以後代々信牌方として、最初は通事方から転任した信牌書記役と、後は配下の書記役と書物改手伝役から選ばれた信牌方加役とともに、信牌の作成・チェック・更新・発行などの一連の事務を担当していたことを明らかにした。以下、この結論を得たうえで、信牌制度に関する議論を敷衍しつつ、今後の課題を提示する。

まず、注目したいのは信牌の性格である。冒頭で述べたように、新例では、幕府が発行したもの、いわば「公験」でなく、唐人が通事との談合のうえで通事より与えられたもの、いわば「私験」として、信牌を位置づけている。そして中国で倭照事件が起こった時、幕府は、信牌の性格が「私験」である点を強調した。(29) ところが、本章で論じてきたように、信牌に通事の苗字を書いて「訳司会同之印」を押すことが幕府より指示されたが、実際のところ、唐通事は信牌授受の際の通訳だけを務め、信牌担当から外されていた。その代わりに、信牌方向井氏とその補佐役が、信牌の作成・チェック・更新・発行などの一連の事務において、中心的な役割を果たしていた。そして、信牌の発給が奉行所で奉行及び諸役人の前で行われたという点を含めて考えると、信牌は、建前は「私験」と扱われているにもかかわらず、実質は公的文書としての性格を有していたと考えられる。

次に、信牌制度の機能について少し考えたい。第一章第一節で述べたように、信牌の機能は主に、①通商許可証として唐船商人の貿易資格の有無をチェックすることと、②年間入港船数・年間貿易額・輸入品の種類などをコントロールすることである。そのため、信牌には、入港予定年・出港地・貿易額などの未定の記載要項を斟酌して書き込む必要があった。本章で見てきた通り、信牌方は信牌作成の事務を担当しており、特に初代信牌方向井元成は、倭照事件発生の際、信牌制度の存立において重要な役割を果たしていた。一方、信牌方はあくまで信牌の起草者に過ぎず、信牌の効力発生には長崎奉行の判断が決定的だった。また、本章で確認できていないものの、信牌作成のため、信牌方が町年寄や長崎会所の諸役人と頻繁に情報交換・意見交換を行うことも不可欠だったと推測される。

一方、信牌制度実施後、その機能に影響を与える要素もいくつか現れた。その一つは、定高外の取引増加である。すなわち、中村質氏が指摘したように、信牌に記入してある貿易高により、信牌商人と取引するという規定が、定高外の取引増加につれて形骸化した[30]。もう一つは、一八世紀半ば頃における、東南アジア諸国から来航する唐船の減少・断絶と、中国における対日貿易の独占組織の成立である[31]。これにより、唐船の出港地は次第に浙江省の乍浦一港に集中し、その結果「港割」を指定する意義はほとんどなくなった。その他、国内産銅の減少に伴い、幕府は年間入港唐船の隻数を減らす一方であった。したがって、信牌方の職務は単純化し、その仕事量も減少したと考えられる。

また、第一章第三節で検討したように、享保期において信牌所有権をめぐる商人間の紛争が多かった。信牌の持参者が名義人と異なる場合は、奉行所側は、「暗符」や印鑑など証明するものをチェックしたうえで、信牌の所属権をめぐる訴訟に判決を下した。その中で信牌方はどのような役割を果たしていたのか。この問題点は今後の課題としたい。

（1）矢野仁一『長崎市史――通交貿易編・東洋諸国部』（清文堂、一九六七年、初版は一九三八年）三三〇―三三五頁、三八二―三八七頁、五三五―五四七頁。山脇悌二郎『長崎の唐人貿易』（吉川弘文館、一九六四年）一四五―一四七頁、菊地義美「正徳新例における信牌制度の実態」（『日本歴史』一八五、一九六三年）、中村質「正徳新例体制と長崎会所」（同『近世長崎貿易史の研究』吉川弘文館、一九八八年）三三七―三四六頁、太田勝也『鎖国時代長崎貿易史の研究』（思文閣出版、一九九二年）四五四―六二八頁。

（2）佐伯富「康熙雍正時代における日清貿易」（東洋史研究会編『雍正時代の研究』同朋舎出版、一九八六年、初出は一九五八年）、前注1菊地論文、大庭脩「享保時代の来航唐人の研究」（同『江戸時代における中国文化受容の研究』同朋舎出版、一九八四年、初出は一九七四年）、中村質「東アジアと鎖国日本――唐船貿易を中心に」（加藤栄一・北島万次・深谷克己編『幕藩制国家と異域・異国』校倉書房、一九八九年）三五八―三六六頁。

（3）前注1菊地論文、前注1太田書。

（4）中村質「近世の日本華僑――鎖国と華僑社会の変容」（福岡ユネスコ協会編『外来文化と九州』平凡社、一九七三年）二一一―二二三頁。

(5) 長崎歴史文化博物館所蔵「信牌方記録」。この史料について詳しくは第一章注11を参照。
(6) 大庭脩編『享保時代の日中関係資料』(関西大学東西学術研究所、一九八六年)。
(7) 「信牌方記録」(前注5) 正徳五年三月条。
(8) 『長崎奉行所分類雑載』(長崎県立図書館、二〇〇五年)。
(9) 長崎歴史文化博物館所蔵「聖堂文庫」(長崎市立博物館旧蔵)。「聖堂文庫」の史料は主に、長崎聖堂と書物改役の関連事務を中心とする向井家の文書である。筆者は東京大学史料編纂所蔵の写真帳「聖堂文庫資料」を利用。以下の史料所蔵番号の表記もその写真帳に見られる旧蔵番号によるものである。
(10) 藪田貫・若木太一編『長崎聖堂祭酒日記』(関西大学出版部、二〇一〇年)。吉川潤「長崎聖堂と長崎奉行所」と藪田貫「聖堂と奉行・学校と奉行――長崎と大坂の比較」(同書)。
(11) 安政三年三月に向井雅次郎が作成した向井家由緒(「聖堂文庫」210-47) と、慶応三年七月に作成された向井鷹之助扶持に関する覚書 (同 280-26) により整理。
(12) 「聖堂文庫」660-732。
(13) 「聖堂文庫」210-28。
(14) 「聖堂文庫」660-729。日付は「寅八月」としか書いていない。達しには「元仲年若候付」とある。元仲は享保一二年に向井家の当主を継いだ。この時に最も近い寅年は享保一九年 (甲寅) である (その時、元仲は二二歳である)。
(15) 「聖堂文庫」660-732。
(16) 「信牌方記録」(前注5) 享保四年二月条。
(17) 「聖堂文庫」660-731。
(18) 「聖堂文庫」370-18。
(19) 「聖堂文庫」にある「配銅帳」などを考えると、配銅証文は、唐船側が長崎で、幕府の銅輸出量に関する規定を遵守することを約束した証明書だったと考えられる。「長崎志」寛延二(一七四九)年条によれば、幕府は、入港唐船の数を年間一五隻に定めた一方、船主に配銅証文を提出させることを命じた (田辺茂啓『長崎実録大成』正編、丹羽漢吉・森永種夫校訂、長崎文献社、一九七三年、二七四頁)。管見の限り、これは配銅証文に関する最初の規定であった。
(20) 明和七(一七七〇)年に来航した一一番唐船の船主の口述に関する記録によれば、この船は信牌を持たず、「積荷物御約定御手印書」だけを持参したという（「聖堂文庫」660-35）。このことからすれば、［史料4］での「約定」は、この「積荷物御約定御手印書」、つまり積荷の種類や数量などに関する幕府の規定を守ることを、手印を押して承諾した書類だった可能性がある。また、第九章で検討する「約条」貿易を参考にすれば、この「約定」は、「約条」の証文（「憑文」と称されている）だった可能性もある。

(21)「聖堂文庫」280-55。「閑斎日乗」文政四年三月一四日条（「聖堂文庫」210-11）。

(22)「聖堂文庫」660-733。その他、「元仲日記」にも、享保二〇年と思われる信牌伺書の覚がある（前注10藪田・若木編書、一六一―一七頁）。

(23) 中村質「日本来航唐船一覧　明和元―文久元（一七六四―一八六一）年」（『九州文化史研究所紀要』四一、一九九七年）一四四頁。

(24)『分類雑載』（前注8）一三五―一三六頁。

(25) 同、一三六―一三七頁。

(26) 同、一四八頁。

(27) 同、一五〇―一五三頁。

(28) 同、一五三―一五四頁。

(29) 前注1菊地論文、九一頁。

(30) 前注2中村論文、三五八―三六六頁。

(31) この独占貿易組織とは、官商・額商がそれぞれ率いる商人グループを指している。詳しくは本書第三部を参照。

第三章　清朝の日本銅調達と信牌対策
――「倭照」関係史料の分析から

はじめに

信牌制度に関する研究史の整理は、すでに第一章で詳しく行っている。それによれば、信牌制度の研究には相当な蓄積ができたものの、倭照事件が落着したのち、清政府が信牌をどのように日本銅の調達に利用したのかという点に関して、先行研究はほとんど触れるところがない。日本産の銅は清政府の銅銭鋳造の重要な原料であり、そのため清政府は、長崎からの唐船による日本銅の輸入に深く関与していた。信牌制度の成立により、信牌がなければ日本銅の輸入はできなくなったが、日本銅に対する需要がある限り、清政府は必ずや何らかの形で信牌を利用せざるをえなかった。言い換えれば、信牌の利用方式は、清政府の長崎の唐船貿易への関与の仕方と深く関わっており、近世日清貿易の特徴を理解するうえで重要な問題点であるといっても過言ではない。

以上の確認に基づき、本章は『雍正朝漢文硃批奏摺彙編』(1)所収の硃批奏摺と、未刊行の乾隆朝硃批奏摺・内閣題本などの信牌関係史料を活用し、日本側の信牌制度に対する清政府の姿勢を検討したい。

なお、乾隆朝の初頭（主に一七三七・三八年前後）において清政府の銅調達仕法の改革が行われた。この時期から、銅調達の仕組みはほぼ定着した。したがって、本章は主として、倭照事件が落着した康熙朝後期から乾隆朝初期までの時期を取り扱うこととする。

第一節　康熙・雍正朝清政府の信牌対策

まず本章の前提として、先行研究の成果[2]を踏まえつつ、信牌制度成立前後の、「銅政」と呼ばれる清政府の銅調達制度を簡単に紹介したい。

清朝中央政府には、戸部の宝泉局と工部の宝源局という二つの銅銭鋳造所があった。両局の鋳銭に必要な銅は、初めは各地の税関に割り当てて調達させ、のちには内務府商人を中心とする商人集団に調達を請け負わせたが、十分な量を確保できず、康熙五五(一七一六)年、清政府は、銅調達を江蘇・安徽・江西・浙江・福建・広東・湖南・湖北八省に分担させる新しい制度(「八省分弁制」と称される)を実施した。

当時調達が可能な銅として、主には「滇銅」(雲南産銅)と「洋銅」(日本産銅)の二つがあった。日本銅については、康熙二三(一六八四)年に清政府が海禁政策を解除したため、多くの中国商人が長崎に赴き銅貿易を行うようになった。日本銅は雲南銅に比べるとよく精錬されており、運送に要する時間も短かったので、清政府の銅調達は次第に日本銅に依存するようになっていった。

第一章で述べたように、信牌制度実施直後に中国で倭照事件が発生した。この事件は康熙帝の親裁で落着し、一時没収された信牌はすべて商人に返却された。しかし同時に清政府は、信牌所持の商人と不所持の商人との対立を解消するための対策をも講じていた。岩井茂樹氏によれば、清政府は、事件を解決する手立てとして、信牌を相互に「融通」する、共同出資の船を仕立てる、輪番制で信牌を行使する、などの案を示したとされている[3]。ここで信牌の「融通」とは、商人たちが協議したうえで信牌を共同使用するということであろう。第一章第二節で述べた通り、信牌は、譲渡可能という特徴を帯びており、特定商人に日清貿易を独占させる意図がないことを清朝側に示すため、幕府は、この点について再三説明を行っていた。この特徴があるからこそ、清政府が示した信牌「融通」策は実行可能になったと考えられる。また、大庭脩氏の研究も、清政府の行政指導のもとで、商人は商売仲間を組み、信牌を融通し合っていたと指摘している[4]。

実際の信牌の扱い方は、必ずしも政府側が提示した方法と完全に一致はしないものの、政府の関与によって、多くの商人が信牌を利用し長崎貿易に参加することが可能になったといえる。

先に述べた諸省の銅調達制度が導入されたのち、具体的にどの省が銅調達を担当するのかは、頻繁に変更されていた。しかし、乾隆元(一七三六)年までは、各省の総督・巡撫が中央政府から定額の銅調達を引き受け、さらに時期を定めて所属の地方官に担当させるという点は、ほとんど変わらなかった。銅調達を請け負う地方官（以下、銅調達官と称す）は、銅調達が委任されると、蘇州に赴いて裕福な商人を選び、貨物の仕入れを監督することになる[5]。

これらの銅調達官がどのように信牌を扱ったのかは、次の雍正一〇(一七三二)年一〇月福建総督郝玉麟らの奏摺[6]から窺える。

［史料1］

先例により、予め順番に道員や知府に委任し、蘇州に赴かせ、洋銅（日本銅）を買い付けさせ、〔買い付けた銅を北京に〕運送して〔戸部・工部に〕納入すべきである。洋銅を調達するには、必ず先に倭照を購入したうえ、商人を撰び資金（銅買付銀）を与えざるをえない。〔それらの商人は資金を受け取った後〕貨物を仕入れて出港する[7]。

この史料から、銅調達官が日本銅を調達するために蘇州で信牌購入・商人募集を行っていたことが明らかとなる。さらに大庭氏によると、特定の信牌商人が長期にわたり貿易を行う例もあれば、信牌商人の親戚や商売仲間と思われるほかの商人がその信牌を持って長崎貿易を行う例もあったという[8]。これらを合わせて考えると、①信牌商人から信牌を買い取り、さらに別途選んだ商人へ交付する方式と、②信牌商人に直接委託する方式とが併存していた可能性が高い。また、信牌購入の費用と手数を省くために、銅調達官は可能な限り日本銅の輸入を信牌商人に下請けさせていたと推測される。

以上の検討から、倭照事件が落着した時点で、清政府は信牌「融通」策、すなわち商人たちが協議したうえで信牌を共同使用するという政策を提示し実施したと思われる。その結果、実際に商人間の信牌譲渡・売買が行われるようになり、銅調達官も商人間の信牌の柔軟な運用に依拠して、スムーズな銅調達を計ろうとしていたと思われる。

第二節　銅調達の滞納問題と官照

第一章の第二節で述べたように、倭照事件による長崎貿易の不振に対して、幕府は唐船隻数・貿易額を増やすなどの臨時措置をとった。享保四(一七一九)年になると、長崎の唐船貿易はようやく安定を迎えた。これを受けて幕府は、また唐船隻数を四〇隻から「正徳新例」での三〇隻に戻した。それは、日本からの銅輸出量の削減を意味した。その影響により、日本銅の調達を請け負い、すでに銅調達官から買い付け資金を前金として受け取っていた商人たちは、目標としていた量を確保できず、したがって銅調達官も、省と約束した調達定額が達成できなくなった。この時以降、下請け商人は、当該年度の輸入不足分を、次年度の輸入分で補うこととし、銅調達官も同様に、当該年度の調達不足分を次年度分で補うようになった。こうしていわゆる「挪新掩旧」という悪循環が始まった。

こうした日本銅調達の遅滞に対し、雍正帝は雲南銅の調達額を増やすことにより対応しようとした。一方各地で行った徴税不足の調査は銅調達の「挪新掩旧」問題にも波及し、銅調達官の責任追及が始まった。これにより、江蘇省の蘇州府同知趙光謨(銅調達の担当期間は康熙六一―雍正二、一七二二―二四年)・蘇州府知府蔡永清(雍正三年)らは、いずれも銅調達遅滞の責任を問われることになった。[9] このことは、清政府の信牌の扱いにどのような影響を与えたのか。この点について、本節では趙光謨銅滞納一件（以下、「趙光謨案」と略記）を取り上げて検討したい。

雍正五（一七二七）年九月、江蘇巡撫陳時夏は「趙光謨案」に対して次の措置を取ったことを雍正帝に報告した。[10]

［史料2］

臣（上奏者の自称）は「直ちに陳啓登らの商人三九人を連れてきて、刑具を使って厳しく尋問を加え、そして趙光謨と共に取り調べよ」と布政使張坦麟に面諭した。陳啓登らの供述によると、〔彼らは〕銅貿易のため仕入れた貨物があり、九・一〇月に届くはずという。〔彼らは〕期限を延長して、今年一〇月から来年一〇月までの一年以内に、続々と銅を完納することを考えている。そして、それぞれ房産（家屋敷）・田地・船貨・倭照などを登録する帳簿を作り〔銅滞納による〕債務を償うために、〔資産を〕売却して〔債務を〕完済しようとしている。[11]

ここで特に注目すべきは、商人が銅滞納による債務を弁済するために、信牌をほかの財産とともに帳簿に登録して官府に渡したことである。これらの信牌は、後日に「官照」と呼ばれるようになった。こうした措置に対し、雍正帝は硃批で「為此方是」と書き、処置の妥当性を評価した。

翌月、前任山東巡撫陳世倌が江蘇省に転勤し、陳時夏と協力して江蘇省の財政整理に参与し始めた。陳世倌は、財政整理の諸問題について、箇条書き奏摺で意見を述べた。この奏摺の原本は見つかっていないが、その内容は雍正六年正月陳時夏奏摺[12]から窺える。その第一条は、奸商から信牌を没収し、別途裕福な商人を募集し、銀をとって信牌を与え、銅滞納による政府の財政損失を補うということであった。しかし陳時夏は、自分がすでに奸商から信牌を取り上げ、一年以内に滞納分を納めることを商人に承諾させ、その措置が諭旨で許可されたので、この陳世倌の意見を検討する必要はないと述べた。

しかし翌年七月、署江蘇巡撫張坦麟は奏摺で、一年間の期限を設けて滞納分を納めることを承諾した商人が、一年をかけて三〇余万斤を納めたが、まだ二七〇余万斤の未納分があると報告した[13]。さらに一一月、新任の江蘇巡撫尹継善は、前任巡撫陳時夏の「趙光謨案」に対する処理が不首尾に終わったことを、次のように雍正帝へ訴えた[14]。

［史料3（前）］

雍正五年、前任巡撫陳時夏は、かつて「趙光謨案」に関わる各商人に対し〔債務の〕審査と〔責任の〕追及とを行い、題本では、〔商人らの滞納銅の〕完納の期限を一年延すよう〔朝廷に〕請うた。しかし、〔陳時夏による〕〔債務の〕審査・〔責任の〕追及は、有名無実なものだったに過ぎない。〔商人らの〕財産額の登録については〔確認する作業を行わずに、ただ商人らの〕申告のみに任せ、〔商人らの〕債務については〔商人らから〕担保を取ることもしなかった。船照（信牌）は、単に取り上げてから倉庫に保管するにとどめた。甚だしきに至っては、各商人は続々と遠いところに行き姿が消え、貨物（日本からの輸入品か）も少しずつ密売しているようである。今年、期限になったところ、〔商人らが〕納めた銅の量はまだ〔滞納量の〕十分の一に達していない[15]。

ここでは、陳時夏の債務追及の問題点として、商人の財産申告が正しいかどうかを確認しなかったこと、商人から債務履行の担保を取らなかったこと、負債商人から「船照」（信牌）を取り上げたもののただ倉庫に預けたままどのように利用すればよいのかを考えなかったこと、負債商人の移動や商売活動などを監督しなかったことなどが挙げられている。これらの問題点に対し、上奏文の続きで尹継善は、自分が巡撫を務めてから採りはじめた対策を紹介している。

［史料3（後）］

臣（上奏者の自称）が思うに、〔元請負商人が政府への債務を返済すべきとされた〕期限を緩めたのは、もともと〔請負商人に前渡しした〕国庫の銀が返還されることを期待したためだったが、このようにぐずぐずするならば、延期すればするほど〔債務返済期間が〕長くなってしまい、〔債務返済は〕いつまでも終わることがないと思われる。臣は現在、以前〔商人たちが〕申告した財産と債務を逐一確認し、徹底的に取り調べており、そして遠くへ逃れた負債商人を逐一拿捕し、密かに売っている貨物をすべて取り上げることなどを行っている。倉庫に保管している船照（信牌）については、一年過ぎると、洋例（日本の制度）では再び渡航することが許されなくなり、さらに遅れると、もう廃物になってしまう。現在、方策を講じて商人を募集し、〔船照の〕賃貸しまたは売り出しを行っている。他方、〔負債した元請負商人への〕審問でほかに隠匿財産の有無を確かめ、〔あればそれらの財産を〕捜し出して〔銅滞納による債務を〕償わせる。[16]

尹継善の対策は次の三点にまとめられる。①信牌には年限があるため、保管だけをして利用しないなら信牌が失効する、②銅滞納商人の完納を期待できない以上、新たに商人を募集し、信牌を賃貸ししたり売り出したりし、銅輸入を継続する、③これこそが銅滞納による損失を埋め合わせる良策である。

ここで注意すべきは、信牌の年限に関する尹の説明である。「正徳新例」の一部である「唐人共に新例可申渡次第」には、「定の期を違へす渡来るへき由」とある。[17] しかし「唐船進港回棹録」[18] によれば、享保期（一七一六―三六年）において、来航が二、三年遅れても取引を許された例が多く見られる。この点については、乾隆七（一七四二）年前後に出された考えられる江蘇巡撫陳大受題本[19] にある蘇州府の報告には明確な説明があり、これによると、信牌の渡航年より一年遅れる場合は、配銅額より銅一割を罰として減らし、二年遅れる場合は二割を減らすという幕府の規定があったとしている。

また山脇氏によれば、寛保三（一七四三）年から、入港を指定された年を三年過ぎれば、信牌は無効とされたとしている。[20] ただし、実際にはそれ以後も、古い信牌の利用が特別に許可される例があり、[21] この点に関する詳しい整理は、今後の課題としたい。

こうした尹の奏摺に対し、雍正帝は「題到有旨」（題本が届くと諭旨を下す）という硃批を書いた。この尹の題本にせよ、雍正帝の諭旨にせよ、何れも見つかっていないが、乾隆三(一七三八)年戸部官員の題本[22]（以下、「戸部題本」と略記）から、その後の官照の利用に関する清政府の方針が窺える。

次の史料は、戸部題本に見える江寧駅伝道副使（署布政使）孔傳煥の詳文（上官の指示に従い調査したことの詳細を上官へ報告する公文）である。

［史料4］

趙光謨・蔡永清（元銅調達官）の銅滞納問題を処理するにあたっては、負債商人らの申告により、〔商人財産の一部としてそれぞれ持っている〕倭照を取り上げて官府で保管している。それらの倭照については、〔官府から〕買い入れる人がいなければ、賃貸すべきである。海外渡航した銅買付船が戻ってきたならば、倭照の借り賃にあたる「条銅」を納めさせ、部（戸部か、工部か）に運送する。もし「条銅」が足りなければ、持ち帰った「珠銅」を換金して〔債務の返済に〕充てさせる。[23]

この史料には、「条銅」と「珠銅」という用語が見られる。江戸時代において、日本からの輸出用の銅は主に、「長崎御用銅」と呼ばれる、大坂の銅吹屋で精錬された棹銅だった。棹銅は史料上では「竿銅」や「条銅」とも書かれている。一方、棹銅が不足するため、地売用の銅で補う例も多く見られる。正徳・享保期の輸出銅のデータを見れば、棹銅の不足分を補うのは、精錬されていない荒銅と、銀座での銀貨鋳造材料とする玉銅であった。[24] おそらく、玉銅の輸出は享保期以後も続いたと思われるので、［史料4］に見える「珠銅」は、こうした玉銅だったのではなかろうか。

［史料4］によれば、清政府は銅滞納の一件で没収された信牌を売り出すが、もし購入する者がいなければ貸し出すこととし、その賃貸料は棹銅で納めさせ、棹銅が不足する場合は、相当する「珠銅」で支払わせることにした。

以上のような経緯で、銅滞納の商人から取り上げた信牌、すなわち官照は、商人へ売り渡されたり、賃貸されるようになったと考えられる。

享保一八（一七三三）年、西日本各地の蝗害による飢饉に対し、長崎奉行大森時長が銅買入資金を米の購入に流用して飢饉の救済を行ったため、大坂廻銅は遅滞し、唐船は滞留し、唐船による中国への銅輸出は減少した[25]。このような状況下、清政府では二つの「銅政」改革案が相前後して提出された。

第三節　「銅政」改革案と官照

その一つは、雍正一三（一七三五）年四月に福建巡撫盧焯が行った提案で[26]、それは、各省の地方官が銅調達を兼任することを止め、蘇州に設けた「銅政道員」一名に、各省の銅調達をすべて委任するというものである。また盧焯の提案の一ヵ月半後に、直隷総督李衛が別の提案を行った[27]。この提案によると、李は前述の盧の提案を否定し、「銅政道員」を新設するより、長崎に赴く船のチェックを以前から担当している浙江・江蘇海関の監督に委任することが適切だと主張した。その理由の一つは、海関役人が信牌に関わる情報を熟知していることであった。これらの提案に対し雍正帝は、李の提案に対しては詳しく検討したうえでまた指示を出すと硃批で書いているが、蘆の提案についてはどのような決定を行ったのか明らかではない。

それから二ヵ月後、雍正帝は病死し、乾隆帝が即位した。翌年乾隆元（一七三六）年の二月、漕運総督（江蘇巡撫兼任）顧琮は、銅調達仕法に関する五ヵ条の奏摺を提出した[28]。その第二条には、海関に銅調達の専任道員を設けると規定しており、つまり顧琮の提案は、盧焯の意見と李衛の意見を合わせて作成されたものであるといえる。同年五月二四日江蘇布政使張渠奏摺[29]から、この案が戸部の審議を経て採用されたことが判明する。

一方、「銅政」改革は、信牌の管理にも影響を及ぼした。これについては、同年（乾隆元）一〇月一三日の大学士（浙江総督兼任）嵇曾筠と江蘇巡撫邵基の連名奏摺[30]が重要である。この奏摺は、銅調達制度に関する四ヵ条の意見書であった。その第四条は、信牌の扱いに直接関わるので、次に内容を紹介する。まずこの条の前半を見てみよう。

［史料5（前）］

銅調達用の倭照を、詳しく調査したうえで〔政府が一括して〕保管すべきである。商人が〔日本から〕銅の調達を行う際には、〔日本で貿易が許可される〕証明書として倭照を〔日本に〕持参する必要がある。従来各省が〔銅の〕調達を担当する場合、商人が裕福か否かを問わず、倭照さえ持っていれば〔銅調達の資金にあたる〕「帑銀」（国庫銀）を〔商人に〕支給するという状況であった。そのため、裕福な商人は、〔政府から〕「帑銀」を受け取ると〔銅調達がうまく行かない時には〕面倒（政府への債務）が生じることを心配するため、あまり倭照を多く購入しない（倭照の枚数が多ければ多いほど、政府が求める銅調達量も多く、したがって政府から前渡しされる銅買付銀も多くなる）。一方、資金力の乏しい商人は、〔政府から予め銅調達の〕資金を受け取ってから商売に使うことを図るため、逆に倭照を多く購入しようとしている。また、小照というものがあり、浮照と名付けられている。一枚ごとに〔配当量が〕銅百、二百箱と書いてあり、二、三年間使ってから無効になる。これは、商人が倭人に媚びて求めることにより、〔倭人から〕定額外に臨時に交付されたものである。倭人は「正額」（正規信牌による配銅量）により銅を配当しない。銅調達官は〔それを〕察知せず、いつもその術中に陥るようになってしまう。〔銅調達の〕不足・遅延は概ねこれにより発生する。(31)

この部分では、雍正朝以来、乾隆元年までの信牌に関わる諸問題を指摘している。その一つは、貧困な商人が銅買付け銀を受け取って商売を維持・拡大するために、担当能力を超えて多くの信牌を購入していたという問題。(32)もう一つは、「小照」に関する問題である。正規ではない点と、二、三回しか使えない点から、「小照」は臨時信牌だったと考えられる。(33)この時期、銅一箱は一〇〇斤にあたる。つまり、臨時信牌で調達できる銅の量は一、二万斤に過ぎなかった。一方この時期によく見られる正規信牌の配銅額は七万六〇〇〇斤であった。(34)したがって、銅調達官が臨時信牌を正規信牌と混同していたならば、当然大きな問題を引き起こすことになる。

これらの問題に対し、この条の後半で嵇曾筠・邵基は、政府による信牌の統一管理案を提示した。

［史料5（後）］

現在では、〔銅の調達を〕海関に責任を持たせることにより、〔海関が調達すべきと定められた〕銅の量は倍にもなった。もし商照（倭照）の状況を確認しなければ、深刻な問題を将来に残してしまう。私たちの提案は次のようなものである。すなわち、以後、官照・民照を問わず、確認・登録したうえ、すべてを両関（浙海関・江海関）に分けて預けさせる。裕福な商人を募集し、銀を支給して〔銅の〕調達を請け負わせる。〔それらの商人が〕貨物をそろえて出港する際に、〔海関は、彼らが〕調達すべき銅の量を計算して定め、それにより倭照を交付し、海外に渡航させる。〔倭照に記載された〕渡航年により〔それらの請負商人を〕交替して〔銅の〕調達・運送を行わせる。倭照の貸し賃を箱ごと（銅詰めの箱）にいくらにすべきかを酌量して定める。民照の貸し賃は元の持ち主に返す。官照の貸し賃で元の〔請負商人の〕債務を返済させる。小照の使用は一律に禁止せよ。そうすれば、〔海関に募集された請負〕商人はみな裕福な者で、資金の不足は心配されない。そして、〔政府から銅買付銀を〕調達能力より多めに受け取ることにより、〔政府に約束した銅調達の量を達成することができなく政府に〕債務を負うようになることは、当然少なくなるだろう。[35]

この提案の要点は四つにまとめられる。すなわち、①すべての信牌は政府によって保管される、②料金を定めて信牌を裕福な商人に貸し出す、③信牌の所有権に応じて料金を配分する、④臨時信牌の使用を禁止する、という四点である。史料では、所有権により、信牌は官照と民照とに分けられた。

前述の、雍正中期における銅調達遅滞に対する責任追及の問題を合わせて考えると、官照は、納銅不足の賠償として商人から取り上げられて政府の倉庫に保管されていた信牌（つまり政府所有の信牌）、民照は、商人が信牌名義人として長崎で受け取った、あるいは売買や譲渡などの形で取得した信牌（つまり商人所有の信牌）である。このように嵇・邵の提案は、所有権を変更せずに信牌を政府の統一管理下に置くものだったといえる。

　こうした提案に対して乾隆帝は、九卿が審議したうえで上奏するよう指示した。翌年（乾隆二年）五月三日嵇・邵連名奏摺[36]によれば、戸部は、信牌は価値のあるものなので、すべて公有にすれば、商人が損失を受けるのではないかと質問した。これに対し嵇・邵は、民照の貸し賃を商人に与えるので、商人の損失が出るわけではないと答えた。

　一方、乾隆四（一七三九）年両江総督那蘇図題本[37]では、乾隆初年に嵇が戸部へ提出した咨文（同等官間の往復公文）が紹介されている。この咨文は、信牌賃貸について次のような見解を述べている。

［史料6］

〔上奏者としては〕各商人は合わせて倭照一一〇枚を所持していたが、そのうちすでに官府に引き渡して債務に充てたの〔官照〕は二七枚。残りの八三枚は民照として、現在も各商人が所持している。〔現時点で商人が持っている倭照つまり民照も官照と〕ともに官府に引き渡させて〔商人に〕賃貸することを提案したい。官照の場合は貸し賃を先例に従い官府に納めさせ、民照の場合は貸し賃をすべて元の所有者に与えるべきである。また、〔貸出の際は〕官照一枚と民照三枚という割合により、バランスよく配当すべきである[38]。

　これによれば、官照・民照の割合に応じて、「官一民三」という配分率により、下請け商人に賃貸することが提案されている。つまり、官照だけではなく、民照も含めてすべての倭照が政府によって統一的に保管・利用されるということである。

　それでは、こうした信牌の統一管理案が実行に移されたのであろうか。その点は、次の乾隆三（一七三八）年一二月六日戸部題本[39]を見てみたい。

［史料7］

戊午（乾隆三）年の〔調達すべき〕銅については、部（戸部）の公文を受け取り、雲南省に赴いて調達を行うこととなった。また洋銅については、商人が自ら海外渡航して買い入れることを許した以上、すべての官民洋照（官照と民照）を海関に預けさせる案について議論する必要はない。(40)

実は、乾隆二年五月、雲南総督に昇進した尹継善は、乾隆三年から中央の鋳銭用銅をすべて雲南銅に切り替えることを提案し、(41)そしてこの提案は総理王大臣をはじめ朝廷各部門の審議を経て採用された。(42)さらに［史料7］に見られるように、これとともに清政府は、これ以後の日本銅の輸入を商人の自由に任せることにした。信牌の統一管理案についても実施しないこととなった。

第四節　官商銅調達の開始と官照

前述のように、乾隆三（一七三八）年から、清朝中央の鋳銭用銅はすべて雲南銅に切り替えることとなった。この結果、清政府にとって日本銅輸入の重要性は低下したといえるが、しかしこれ以後も、清政府は日本銅の輸入に関与し続けた。その一因としては、地方の銅銭鋳造局が日本銅を原料として利用していたことが挙げられる。

こうした地方の需要に関連した日本銅を確保するためか、乾隆三年に官員身分の商人范毓馪が、中央政府の許可を得て、日本銅の輸入に参加し始めた。その後具体的な担当者は幾度も交代したが、官商が乾隆二〇（一七五五）年に成立した額商「十二家」(43)と連携して日本向け貿易を独占する体制は、一九世紀半ば頃まで続いた。本節では、銅調達関係の題本を取り上げて、官商の信牌利用について検討したい。

まず取り上げたい史料は、前節で述べた乾隆四年の那蘇図題本(44)で引用されている、同年に江蘇按察使（署布政使）孔傳煥と浙江布政使張若震が両江総督那蘇図に宛てた詳文である。

〔史料8〕

〔私たちの〕調査によると、以前、海関が倭照を管理すべきとの意見について議論した際、「官一民三」という割合によりバランスよく配当すべきと提案された。それは江蘇・浙江両海関が日本銅を合同調達するには、倭照を必要とするためであった。今は、洋銅の調達についてすでに公文に従い、「官弁」（政府資金による銅調達）は停止し、商人が自ら資本を携えて海外渡航して取引・運送を行うようにさせている。そうである以上、商人が民照を使い海外渡航するのが必然的であり、金を払って官照を借りることはしないであろう。官照を無理に商人に賃借りさせるのは難しくなり、〔官照を〕民照と合わせて配当することをこれ以上審議する必要はなかろう。なおかつ、官府によって取り上げられた倭照（官照）はわずかしかなく、民間で〔商人自身が〕購入・保管している倭照（民照）はかなり多い。民商が民照を使う以上、范毓馪の洋銅（日本銅）調達を際にして、〔范氏が〕可能な限り官照を賃借りして使用しないならば、官照は紙くずのようなものになってしまう。当然ながら、官照を〔范氏に〕賃貸して、〔日本に〕赴いて〔銅を〕買い付けることに使わせるべきであろう。しかし一方、〔私たちの〕調査によると、倭照の利用については、必ずや年限（倭照に記載されている渡航年）により順番に渡航せざるをえず、年限が過ぎると使用できないようである。恐らく、すべての官照は〔文面に記載された渡航年がちょうど、范氏仕立ての銅買付船が渡航する〕その年にあたるものとは限らないであろう。〔利用できる官照が〕足りない場合は、不足分を補うため、また〔范氏が自由に〕民照を賃借りすることに任せる。とにかく、まず官府が保管している、その年に利用可能な倭照（官照）を先に〔范氏に〕使わせ、あとはその年に利用可能な民照を〔范氏に〕使わせるべきである。そうすれば、官府に取り上げられた倭照（官照）は死蔵されることにならず、民間で〔商人自身が〕購入・保存している倭照（民照）も利用されるようになる。官民両者にとってよいことであろう。[45]

これによれば、孔・張の意見は、官照を優先して官商范氏に賃貸し、利用年限内の官照が不足する場合は、民照を賃借りさせるということである。官照優先の理由は三点にまとめられる。その一つは、海関による信牌の統一管理案の廃案に伴い、「官一民三」という配分率をめぐる意見が検討不要となったこと。もう一つは、民商は民照を持つ以上、料金を出して官照を借りるわけではないこと。また一つは、官照を直ちに利用しないと廃物になってしまうことである。一方、民照で補充する理由は、同じ年限の官照が必ずしも官商の需要数を満たすとは限らないためであった。

この意見は那蘇図題本を通じて戸部に出されたが、これに対する戸部の審議結果は分からない。しかし乾隆七(一七四二)年前後に出されたと考えられる江蘇巡撫陳大受題本(46)には、実際に官照を利用していたことを示す蘇州府の調査報告がある。この報告では、官商范氏の官照利用について述べられている。

[史料9]

乾隆四(一七三九)年、京商（北京の商人）范清注は、蘇州に来て洋銅（日本銅）を調達する際に、〔文面に〕戊午（元文三、一七三八）年に渡航すべきとされた倭照三枚を〔官府から〕賃借りした。〔日本では、その三枚〕すべては、壬戌(寛保二、一七四二）年に渡航すべきとされた倭照に更新された。〔渡海した商人は、それらの更新された倭照三枚を中国に〕持ち帰り、〔官府に〕預けた。また、己未(元文四)年に渡航すべきとされた倭照二枚も〔官府から〕賃借りした。〔日本では、その三枚〕すべては、癸亥(寛保三)年に渡航すべき倭照に更新された。〔渡航した商人は、それらの更新された倭照三枚を中国に〕持ち帰り、〔官府に〕預けた。(47)

この史料から、官商范清注(48)が官照を受け取って銅輸入を行い、そしてこれらの官照が順調に更新されて持ち帰られたことが読み取れる。

なお、官照賃貸料金の具体額については、戸部題本(49)によると、配銅額が七万六〇〇〇斤である信牌一枚を賃借りする場合、その料金は棹銅一万斤である。棹銅がなければ、銀一七〇〇両に相当する、「珠銅」を料金として納める。乾隆元年、前節で述べた海関による信牌の統一管理案が出された。この案は官照の料金を改正し、銅（棹銅）一〇〇斤につき銀一両にしようとした。これはほぼ料金の半減を意味したが、この案の廃案に伴い、その一環としての料金改正も実行に移されなかった。その後、官照を賃貸した民商鄭大山は、銅輸入の減少を訴え、料金改正案の通りに料金を納めさせるよう蘇州府へ願書を提出した。これについて、戸部の官員は共同審議を経て、ずっと実施している料金の規定を個別商人の事情で改正してはいけないという結論を出した。おそらく、鄭大山の願いは却下されたと考えられる。

おわりに

本章は、康熙朝後期から乾隆朝初期まで、つまり信牌制度成立後の二十数年間に焦点を絞って、清政府がどのように信牌を利用していたのかについて考察を行った。

信牌制度の成立期（一七一五年）は、康熙朝末期にあたる。清政府は二年をかけて、信牌受領の可否をめぐって議論し、最終的には商人が日本から信牌を受け取ることを承認した。しかし一方で、信牌商人が長崎の唐船貿易を独占する可能性を懸念し、信牌を共同使用するという信牌「通融」策を提示した。こうした政府の方針の下で、商人間の信牌譲渡が実施された。この時点から乾隆三（一七三八）年まで、銅調達官は商人の信牌所有権を尊重し、信牌の購入か信牌商人の直接募集の形で信牌を柔軟に利用し、目標の達成を期待していた。

雍正年間（一七二三—三六年）中期において、銅調達遅滞が問題視された。清政府は、銅滞納の商人から信牌を没収して保管する措置をとった。これにより、最初は長崎で配分されてさらに中国へ持ち帰られた信牌は、政府所有の官照と商人個人所有の民照に二分されるようになった。さらに江蘇巡撫尹継善は、銅輸入の遅滞による損失を最小限に抑えるため、官照を商人に売り出す、または賃貸する案を示した。

雍正朝末期になると、日本銅の輸入が減少したことから、銅調達仕法の改革案が出された。さらに乾隆元(一七三六)年には、すべての信牌を海関の管理下に置き、「官一民三」の配分率で商人へ賃貸して銅輸入を行わせ、官照の貸し賃を国庫に納め、民照の貸し賃を元の持ち主に与えるという案も検討された。しかし乾隆三年以後、中央の鋳銭用銅の調達は雲南産銅へ切り替え、日本銅の輸入と販売は商人の自由に任せるという政策が出された。これにより、海関による信牌の統一管理案は結局実行されることはなかった。

しかしその直後、官商范氏は日本銅の輸入貿易に乗り出した。官商の信牌需要に応じるため、清政府は官照を優先に范氏へ賃貸し、不足の場合は民照を賃借りさせることにした。これ以後、官照は官商の銅調達に利用され、長崎で更新されるようになったのである。

総じていえば、清政府は、日本側の信牌制度にある、信牌による貿易高制限・利用年限などの規定に則りつつ、基本的には商人の信牌に対する所有権を尊重し、日本銅の輸入がスムーズになるように信牌を柔軟に利用していたといえる。

(1)　一史館編『雍正朝漢文硃批奏摺彙編』(江蘇古籍出版社、一九八九―一九九一年)、以下『雍正奏摺』と略記。

(2)　矢野仁一『長崎市史――通交貿易編・東洋諸国部』(清文堂、一九六七年、初出は一九三八年)、傅衣凌『明清時代商人及商業資本』(人民出版社、一九五六年)、佐伯富「清代雍正朝の通貨問題」(東洋史研究会編『雍正時代の研究』同朋舎出版、一九八六年)、香坂昌紀「清代前期の関差弁銅制及び商人弁銅制について」(『東北学院大学論集　歴史学・地理学』一一、一九八一年)、劉序楓「清日貿易の洋銅商について――乾隆～咸豊期の官商・民商を中心に」(『九州大学東洋史論集』一五、一九八六年)、同「享保年間の唐船貿易と日本銅」(中村質編『鎖国と国際関係』吉川弘文館、一九九七年)、同「清康熙～乾隆年間洋銅的進口與流通問題」(『中国海洋発展史論文集』七、中央研究院中山人文社会科学研究所、一九九九年)など。

(3)　岩井茂樹「十八世紀前半東アジアの海防と通商」(井上徹編『海域交流と政治権力の対応』汲古書院、二〇一一年、初出

は二〇〇七年)、同「「華夷変態」後の国際社会」(荒野泰典・石井正敏・村井章介編『日本の対外関係6　近世的世界の成熟』吉川弘文館、二〇一〇年)。

(4) 大庭脩「享保時代の来航唐人の研究」(同編『唐船進港回棹録・島原本唐人風説書・割符留帳』関西大学東西学術研究所、一九七四年)三一・三五頁。

(5) 雍正八年六月三日江蘇巡撫尹継善奏摺(『雍正奏摺』一八)、八三〇—八三一頁。

(6) 同一〇年一〇月二一日福建総督郝玉麟等奏摺(同二二)、四八二頁。

(7) 同奏摺、「例応先期輪委道府、前往蘇州、採弁洋銅交解。第弁洋銅、必須先購倭照、選商給価、置貨出口」。

(8) 前注4大庭論文、二三—三三頁。

(9) 雍正二年一一月二五日署江蘇巡撫何天培奏摺(『雍正奏摺』四、八一頁)・同五年一月二八日江蘇巡撫陳時夏奏摺(同八、九六〇—九六一頁)・同六年一一月九日江蘇巡撫尹継善奏摺(同一三、八八六—八八七頁)など。

(10) 同五年九月二五日蘇州巡撫陳時夏奏摺(同一〇)、七二〇頁。

(11) 同奏摺、「臣面諭布政司張坦麟、立提各商陳啓登等参拾玖人、厳加刑訊、幷同趙光謨質審。拠陳啓登等各供、現有貨物換買銅斤、於玖・拾月可到。情願立限、於今年拾月起、至明年拾月、壱年之内、陸続繳完銅斤。並各将房産・田地・船貨・倭照等項、開冊抵欠、変売全完」。

(12) 雍正六年一月二九日江蘇巡撫陳時夏奏摺(同一一)、五二八頁。

(13) 同年七月三日署江蘇巡撫張坦麟奏摺(同一二)、八一九頁。

(14) 同年一一月九日江蘇巡撫尹継善奏摺(同一三)、八八七頁。

(15) 同奏摺、「雍正五年、前撫臣陳時夏曾将趙光謨案内各商審追、題請寛限一年完補。其如審追、亦務虚文。所供産価、任其浮開。所供借欠、不行提質。船照但追貯庫。甚至各商陸続遠颺、貨物漸次私売。今年限已届、完補十不及一」。

(16) 同奏摺、「臣思、寛限原期銭糧有著。似此因循、愈寛愈久、於何底止。臣現将原報之産業・借欠、逐一確估清査。遠颺之欠商・私売之貨物、逐一提拿究比。至貯庫船照、超過一年洋例不准復往、再遅便成棄物。亦現在設法招商、或賃或買。一面、再審此外有無隠匿財産捜抵」。

(17) 『通航一覧』四(国書刊行会、一九一三年)、三六四頁。

(18) 長崎歴史文化博物館所蔵「唐船進港回棹録」。

(19) 日付不明江蘇巡撫陳大受題本（一史館14541-001）。題本の内容を考えると、乾隆七（一七四二）年前後に出された可能性が高い。
(20) 山脇悌二郎『長崎の唐人貿易』（吉川弘文館、一九六四年）一四六頁。
(21) たとえば、延享三（一七四六）年、古い信牌一〇枚の利用が許可された（田辺茂啓『長崎実録大成』正編、丹羽漢吉・森永種夫校訂、長崎文献社、一九七三年）。
(22) 乾隆三年一二月六日協理戸部尚書訥親・戸部尚書海望等連署題本（一史館13050-010）。
(23) 同題本、「趙光謨・蔡永清未完銅斤案内、各欠商開報入官抵帑倭照、如無人承買、原応賃租、出洋弁銅船回、完繳租照条銅解部。如無条銅余剰、即将帯回珠銅、変価解抵」。
(24) 住友修史室「第一次銅座と住友――銅貿易と幕府の銅政策」（『泉屋叢考』一八、住友修史室、一九八〇年、九八―一七三頁）と山脇悌二郎『長崎の唐人貿易』（前注20、一七七頁）を参照。
(25) 鈴木康子『長崎奉行の研究』（思文閣、二〇〇七年）一〇六・一〇七頁。
(26) 雍正一三年閏四月二〇日福建巡撫盧焯奏摺（『雍正奏摺』二八）、二七一頁。
(27) 同年六月四日直隷総督李衛奏摺（同）、五二二頁。
(28) 乾隆元年二月二五日署理江蘇巡撫顧琮奏摺（一史館35-1226-030）。
(29) 同年五月二四日江蘇布政使張渠奏摺（同35-1227-001）。
(30) 同年一〇月一三日大学士嵆曾筠・江蘇巡撫邵基奏摺（同35-1227-005）。
(31) 同奏摺、「弁銅倭照、応清査存貯也。商人領弁銅斤、必藉倭照、以為憑験。向来各省分弁、不計商人殷乏、止拠倭照発銀。於是、殷実之商、惟恐領帑貽累、不敢多購倭照。其疲乏之商、希図領価営運、所購倭照反多。又有小照一項、名為浮照。毎照開写銅斤一・二百箱、弁用両・三年、即行停止。此係行商媚求倭人、額外浮給、倭人不作正額支銅。弁員不察、毎致堕其術中。虧欠遅延、率由於此」。
(32) 大庭氏によると、臨時の牌は、御用物が注文され、その注文を実現するために必要な場合、あるいは実現したことの褒賞として与えられる信牌である。幕府は、医者・僧侶・儒者を招聘するため、あるいは珍しい動物や植物を獲得するために、臨時信牌を商人に与えた。前注4大庭論文を参照。
(33) 前注10「陳時夏奏摺」には「毎船載銅柒百陸拾箱、計柒万陸千斤」とある。さらに、官照賃貸の料金については、前注22

「戸部題本」にある商人鄭大山の願書と蘇州府の詳文には「毎銅壱箱繳銀壱両」とあり、同題本で引用されている署蘇州布政司事江寧駅伝道副使孔傳煥の詳文と署理蘇州巡撫印務布政使許容の題本には「毎銅百斤繳銀壱両」とある。これらの史料から、この時期には銅（棹銅）一箱は一〇〇斤にあたると考えられる。

(34) 前注22「戸部題本」に見える、大学士嵇曾筠と蘇州巡撫邵基から戸部に宛てた咨文によれば、倭照は配銅額によって大・中・小に分けられる。大照の配銅額は八万八〇〇〇―一四万四〇〇〇斤、中照は七万六〇〇〇―一二万五〇〇〇斤、小照は七万八〇〇〇―九万三〇〇〇斤であった。先行研究によれば、享保期後半において唐船の大多数を占める南京船・寧波船の配銅額はほぼ七万六〇〇〇斤前後であった（前注2劉論文。永積洋子編『唐船輸出入品数量一覧　一六三七―一八三三』創文社、一九八七年）。

(35) 前注30嵇・邵奏摺、「今帰海関承弁、銅数倍多。若不稽査商照、貽誤匪浅。臣等請、嗣後不論官照・民照、悉行清出造冊、分貯両関。招募殷実商人、領銀承弁。於貨斉出口之時、按算応弁銅斤、給与倭照、開船出洋。分別年次、輪班弁運。酌定照租、毎箱若干。民照之租、給還照主。官照之租、弥補無着旧欠。一応小照、均行禁止。則商皆殷実、不致貧疲、冒領虧欠自少」。

(36) 乾隆二年五月三日大学士嵇曾筠・江蘇巡撫邵基奏摺（一史館 35-1227-009）。

(37) 同四年三月一七日両江総督署江蘇巡撫那蘇図題本（同 13202-013）。

(38) 同題本、「各商共有倭照壱百壱拾張、已交官抵帑弐拾柒張、余存民照捌拾参張、現在各商収執。請一併交官租用、官照租銀、照例充公、民照租銀、全給照主。応用官照壱張、民照参張、均匀搭配」。

(39) 前注22「戸部題本」。

(40) 同題本、「戊午年銅斤、奉准部文、赴滇採弁。而洋銅、又聴商自行出洋採買、所有官民洋照、毋庸題請帰関収貯」。

(41) 乾隆二年五月二七日雲南総督尹継善奏摺（一史館 35-1227-001）。

(42) 同年七月一〇日総理事務和碩荘親王允禄等奏摺（同 35-1227-013）。

(43) 額商「十二家」とは、官許を得て民間商人の対日貿易を一手に引き受ける組織であった。詳細は本書第七章を参照。

(44) 前注37「那蘇図題本」。

(45) 同題本、「査倭照帰関案内、前議官壱民参、均匀配搭行用、原因江・浙両海関並弁洋銅、需照必多之故。今洋銅既已奉文停止官弁、聴商自携資本出洋販運、則商人自必倶用民照出洋、未必再肯出息認租官照。是官照已難強商租賃、無庸再議以民照配用、且入官之照無幾、民間購存之照頗多、民商既用民照、今范毓馪採弁洋銅、若不再尽官照租用、則官照幾成廃紙。自応租給官照赴買。但査倭照出洋、必須挨年輪番、不能越次、官照恐非俱係当年輪番之照、倘有不敷応用之時、応聴其再租民照湊用。則先尽在官当年之照、後及於民照之当年輪番者。庶入官抵帑之照不致積滞、而民間購存之照亦得流通、官民両便」。

(46) 前注19「陳大受題本」。

(47) 同題本、「乾隆肆年間、京商范清注来蘇採弁洋銅、領租戊午年倭照参張、俱換回壬戌年当番倭照繳貯。又領租己未年倭照弐張、俱換回癸亥年当番倭照繳貯」。

(48) 范清注は范毓馪の次男である。本書第六章を参照。

(49) 前注22「戸部題本」。

第二部　通商関係の法的規制

第四章　享保期の唐船「打ち払い」と幕藩制国家

はじめに

「正徳新例」発布（正徳五、一七一五）の直後、船数削減・信牌発行などの貿易制限の強化措置が講じられたことにより、唐船の「密貿易」が激増した。それを対外貿易統制の秩序を大きく揺るがす行為として警戒した享保期（一七一六―三六年）の幕府は、九州・四国の諸藩に唐船「打ち払い」（「密貿易」と疑われた唐船を武力行使で追い出すこと）の指令を出した。それに応じて、長崎の近隣地域や北九州の沿海地域において、諸藩による唐船「打ち払い」が実行されるようになったのである。本章は、唐船「密貿易」対策であった幕藩制国家の唐船「打ち払い」を、通商関係の視点から検討したい。

享保期の唐船「打ち払い」については、一九八〇年代半ば頃まではその専論はなく、概ね「密貿易」の研究に包摂されていた(1)。その後、吉積久年氏は、長門国須佐湾での唐船撃沈一件について実証的研究を行った(2)。さらに近年、八百啓介氏は、福岡藩の事例から、「打ち払い」の実態及び藩側の姿勢を考察した(3)。また山本英貴氏と松尾晋一氏は、沿岸防備体制の一環として、幕府の「打ち払い」政策の成立と展開を検討した(4)。これらの研究によって、幕府・藩が唐船「密貿易」の根絶に全力を挙げ、唐船を「打潰」すまでに厳しい「打ち払い」を行ったというイメージが描かれている。一方、劉序楓氏は、唐船側の視角から、中国商人が藩側の唐船「打潰」を批判し、無差別な唐船打ち払いをしないよう幕府に求めたことを明らかにした[5]。

では、幕府は、強硬な唐船攻撃による日清貿易への悪影響をまったく考えていなかったのか。これは、「正徳新例」実施以後、幕府が信牌制度に基づく新たな唐船貿易の秩序をどのように築こうとしたのかに深く関わる重要な問題であるが、先行研究ではほとんど検討されていない。これを解明するためには、まず幕藩制国家の唐船「打ち払い」が無差別・無制限なものだったのかという問題を徹底的に追究しなければならない。

以上の問題意識に基づき、本章は、享保期の唐船「打ち払い」に関する萩・小倉・福岡三藩及び長崎側の史料を照らし合わせて批判的に利用し、幕府の「打ち払い」政策の分析と諸藩による「打ち払い」の実態を追究する。そのうえで、唐船の「密貿易」に対する幕府・藩の姿勢について全面的に考察を行いたい。

なお本論に入る前に、予め説明したい点が三つある。第一点は、近世日本の「密貿易」問題をどう考えるべきか、ということである。近世日本の「密貿易」問題、いわば「抜荷」は、幕府が限定した対外貿易の枠組みの外で発生した、異国商人と日本民間人との私的取引であり、幕府から違法視されていたが、異国側及び日本の民間人から見れば必ずしもそうではなかった。日本国内と海外の物産に対する需要が相互にある限り、「密貿易」の発生は必然であったといえる。まさに荒野泰典氏が指摘した如く、「抜荷」は幕藩制国家の海禁政策に対する最もラディカルな抵抗形態であった[6]。

二点目は、唐船「打ち払い」政策と幕府のほかの異国船対策との関係である。一七世紀半ば頃において、幕府はキリシタン禁制の一環として、ポルトガル船を追放し、さらにポルトガル船来航の対策を打ち出し、その後この対策をオランダ以外の西洋諸国の船、いわば「南蛮船」へ拡大した[7]。一方、海難に遭った、唐船を含む異国船を救援する政策、いわば異国漂流船対策も、ほぼ同じ時期に成立し、その後次第に系統化した[8]。この二つの政策と比べると、唐船の「抜荷」「違法」に対する明確な対策の成立は大幅に遅れた。後で詳しく述べるように、正徳四(一七一四)年において、武力行使を中心とする「違法」唐船取締令が出され、享保期に入ると、これに基づく唐船「打ち払い」政策が確立された。つまり、享保期の唐船「打ち払い」政策は、この時期の唯一の明確な「抜荷」「違法」唐船対策として、すでに成立した南蛮船対策・異国漂流船対策と並行して機能していたのである。

三点目は、唐船「打ち払い」政策の範疇に関してである。先行研究は、唐船を退去させるために鉄砲や大筒を放ち、攻撃を行うことを唐船「打ち払い」とし、それに関連する幕府の政策を「打ち払い」政策と称している。本章は、基本的にこれを受け継いでいく。ここで特に注意すべきは、史料に見られる「打潰」という用語である。これは、字面の如く、唐船を激しく攻撃して沈めるという意味である。「打ち払い」とは異なるものであるが、「打ち払い」を中心とする幕府の指示や法令によく現れる。そこで本章では、「打潰」に関する規定をも「打ち払い」政策のなかに含めて検討する。

第一節　唐船打ち払い政策の成立と実行——享保二・三年

1　打ち払い政策の確立過程とその背景

まず、考察の前提として、前述した先行研究の成果を踏まえて、唐船「打ち払い」政策が成立した背景と過程を簡単に紹介する。そのうえで、若干の今まであまり注目されていない史料を加えて、享保二(一七一七)・三年の段階において、幕府の打ち払い政策には、唐船の性格と出方により区別して取り扱う規定があったのか、武力行使には制限があったのかという点について分析する。

一六八四年に清政府は「展海令」を出して海禁政策を解除した。これによる唐船来航の激増に対し、幕府は定高制

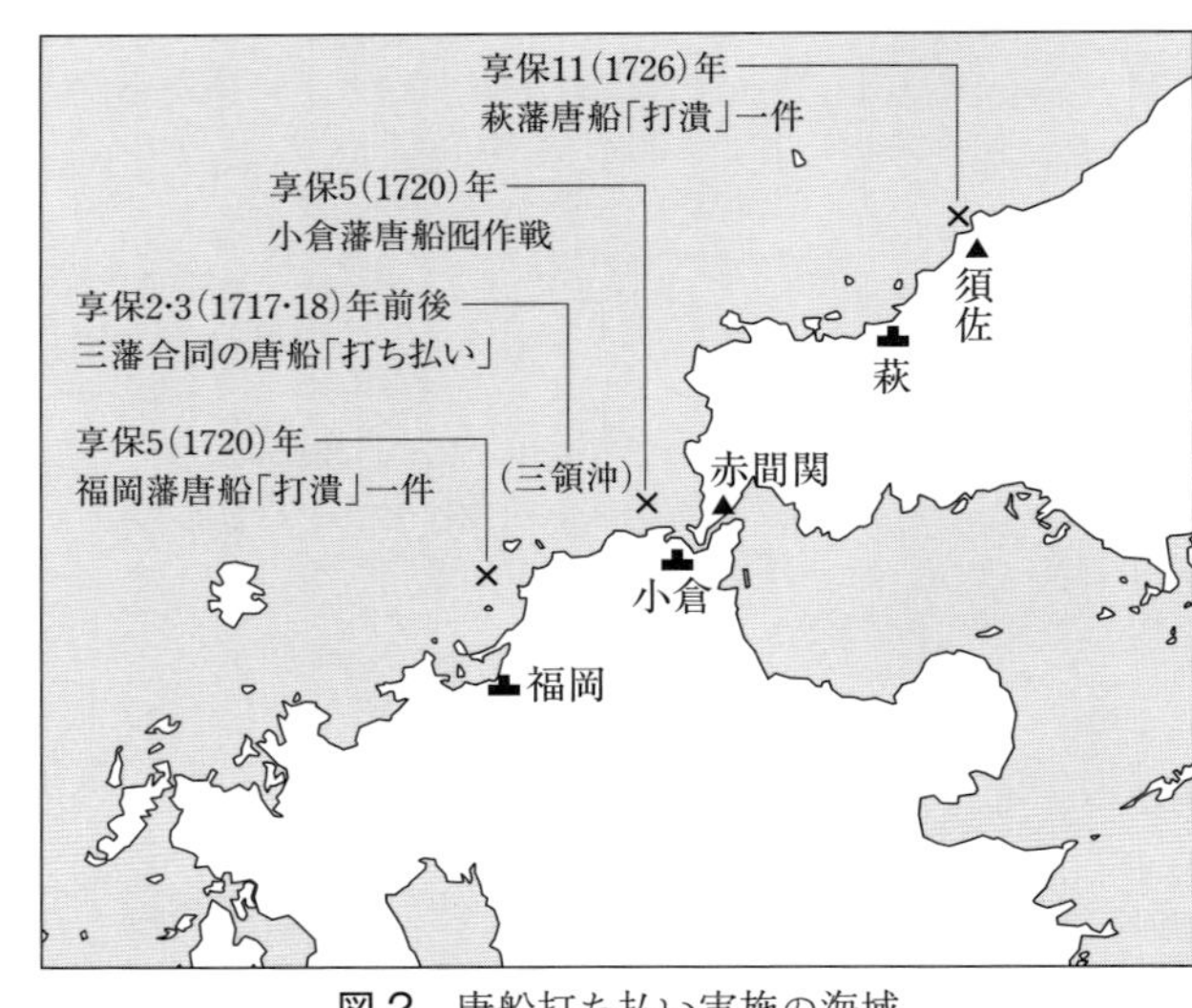

図２　唐船打ち払い実施の海域

を取り入れ、貿易制限を図った。さらに元禄元(一六八八)年、唐船の入港数を七〇隻に制限する措置を加えた。これによって、唐船貿易は先着順となり、定められた入港数に達したあとに来航した唐船は「積戻し」(取引なき帰航)を命じられることになった。「積戻し」による損失を避けるため、一部の唐船はあえて「密貿易」を行った。同一一年、唐船の入港数は八〇隻までに増やされたが、宝永六(一七〇九)年にまた五九隻に改められた[9]。その結果、唐船の「密貿易」は、さらに増大する傾向を見せた。

松尾氏が究明したように、こうした「抜荷」を含む「違法」唐船の問題に対し、幕府は、正徳四(一七一四)年五月に西国・中国の大名へ、同六月には長崎奉行へ、「違法」唐船への対策に関する書付を出した。この書付は、「抜荷」を行い、上陸して竹木を伐り、日本人から魚などを奪い、暴力を振るう唐船を海賊船として扱い、その船を乗っ取り、その乗組員を切り捨てるべきという武力行使の方針を示した[10]。

翌年に幕府は「正徳新例」を発布し、その実施後の二、三年間で、「積戻し」の船が増加し、それらの船が帰帆する際に「密貿易」を行う可能性を想定し、沿岸防備を強化するよう諸藩に注意を促した[11]。劉氏が指摘した如く、正徳五、六年において、長崎で「積戻し」の命令を受けて出航したのち、福岡・小倉・萩三藩の海域に現れた唐船が実際に「密貿易」を試みた可能性が高い[12]。

享保二(一七一七)年の春に入ると、三藩の領域が錯綜する海域(「三領沖」とも呼ばれる)[13]に唐船が相次いで現れ、三月には一五隻に達した。これに対し、三藩は儒者を遣わして筆談を行った。これらの船は、逆風に遭い漂流し、一時的に停泊しているだけで出帆すると返答したが、実際には「抜荷」に従事していたことが発覚した。これに関する注進を受けた幕府は、四月に唐船追い払いの指示として五ヵ条の書付を三藩へ下した。

この書付は、三藩の唐船打ち払い関係史料集の何れにも収録されており[14]、また八百氏・松尾氏などの先学も引用している[15]。これは、打ち払い政策に関する、幕府が出した最初の明確な命令といえる。その主な内容は、「抜荷」唐船を警固し、鉄砲・大筒を見せて追い払うことである。ここで特に注目すべきは、「万一唐人共より手むかひ候節は、大筒ニ而打つふし候而も不苦候、逃散候ハヽ追払、船を留候には不及候事」という第五条である。つまり、追い払われた唐船が退去した場合は放置し、抵抗した場合は「打潰」してもよいとの内容である。この指示は、打ち払い政策の原則を提示したものと考えられる。

さらに異国船対策に関する先行研究によれば、正保期(一六四四—四八)における幕府の南蛮船対策は、①来航した南蛮船を日本から退去させることが最大の目的であり、②攻撃された場合には反撃すべきであるという方針を示している[16]。そして承応三(一六五四)年、幕府は長崎奉行宛下知状を出し、①来航した南蛮船が「不義之働」をしたならば打ち沈めること、②逃げた場合は逃すことになっても構わないことの二点を指示した[17]。これらの点から、打ち払い政策が従来の南蛮船対策の方針を継承した形跡が窺える。

しかし、こうした単なる威嚇的な追い払いは、ほとんど効果が得られなかった。唐船は一時的には退散したが、再び戻ってきた。こうした情勢に対し、幕府は享保二年一二月、萩藩の支藩である長府藩を含む四藩と相談したうえで作成した九ヵ条の書付を出した[18]。前述した四月の指示と比較すれば、この書付は、新たに二〇・三〇目玉の鉄砲を実射して唐船の船具に損傷を与えよという命令を加えた。

さらに、三藩合同の打ち払いを監督するために、幕府は目付渡辺永倫を派遣した。翌年二月、渡辺の監督下で唐船打ち払いは行われたが、効果は上がらなかった。このため、幕府はついに鉄砲で唐人を傷つけ射殺してもかまわないという指示を下した[19]。その結果、同年四月、三藩は死傷者を伴う厳しい打ち払いを実行した。

これにより、唐船側は大きな打撃を受けた。同年五月、三領沖で攻撃され、逃亡途中で船具損壊のために平戸へ漂着した李華夫の船が長崎へ回送され、生き残った乗組員四三人が長崎の牢舎に拘束された。同年一〇月、長崎奉行所は、唐人屋敷の中国商人の嘆願を受けて李らの釈放を決めた一方、幕府の唐船対策及び実施状況を唐船商人全体へ通達した。次の史料は、こうした通達を記録した覚書の一部である[20]。

［史料1］

長崎往来之唐船逆風に逢漂流候時ハ、日本国いつ方ニても、浦々より船を出、随分介抱致し、或は船具なと損失候時ハ、調え遣し帰帆致事ニ候、さも無之に猥に船を寄滞留候事、堅ク御制禁ニて、兼々此段唐人共能乍存、近年長門・豊前・筑前の国々江唐船度々船を寄、数日滞留候ニ付、浦々之者共罷出、帰帆候様ニさひそく致候得共、曾而不入聞、剰無礼之儀共有之、其上番船之隙を伺ひ内証売買をいたし、国法を犯し、重畳不届之仕方に依て、国々之守護之大名唐船を追払、若異儀ニ及候ハヽ、人数を出し悉ク打潰候様に被　仰付候処、当春已来又々唐船数艘滞留に付て、張番之者共小舟にてまつ鉄砲少々打懸候処、唐船驚早速退散候故、不及打潰、其通に差置候、

（後略）

これによれば、従来は、海難による漂流の場合は、損壊した船具を修理し、帰帆させていたが、海難による漂流でない場合の滞船は禁じてきた。このことを、唐人はよく知っているはずだが、近年三領沖における滞船がたびたび起きている。現地の者が帰帆を催促しても、唐船は従わず、無礼な行いをし、密貿易を行っている。このような違法行為に対し、幕府は唐船の追い払いを命じ、唐船が抵抗、または帰帆しない場合にはその船を「打潰」すように、かね

て諸藩へ指示を出していた。その結果、同年の春、不法に滞留している唐船に対し、諸藩は番船を出し、鉄砲で打ちかけたが、唐船がすぐ逃げたため、「打潰」までに及ばなかった、ということである。つまり、幕府はこうした通達を通じて、打ち払い政策の成立及びその原則を、一括して唐船側へ示したのである。

2　筆談をめぐる藩相互の議論

本章の冒頭で述べた如く、打ち払い政策は、従来の異国漂流船対策を否定したわけではない。つまり、原則的には、長崎以外の日本沿海地域に現れるあらゆる唐船ではなく、あくまで「抜荷」船のみに武力行使を許可したのである。しかし、海難船か「抜荷」船か否かは、どのように判断されたのか。異国漂流船対策に関する研究によれば、海難に遭った唐船は、海岸に近づき、救援信号として石火矢を放つ。沿岸警備の役人は、番船を出して警固し、さらに儒者らを遣わして筆談を行う。唐船が長崎行きを望む場合は、人質を取り、船を長崎に護送する。帰国を望む場合は、損壊の船具を修繕し帰帆させる[21]。このうち、唐船の性格を確認する最も重要な手続きは、筆談といえよう。

前述した通り、唐船が大規模に現れた享保二年には、筆談が行われていた。それらの船はいずれも海難に遭った漂流船と称したが、公然と「密貿易」を行ったため、「抜荷」船であることがすぐに露呈した。翌年の厳しい打ち払いにより、大規模な唐船「漂流」は見えなくなった。しかしその代わりに、二、三隻の唐船が遠海で「漂流」することが多発した。これによって、「漂流」唐船の性格は判断しにくくなった。

享保三年八月、小倉・萩両藩の役人は打ち払いについて相談を行った。この時、小倉藩の役人は、筆談に関する意見と、それに対する藩主の指示を萩藩の役人に伝えた。これに基づいて、萩藩側は次のような記録を残している[22]。

［史料2］

筆談之儀小倉ニ茂各別御聞請之筋も無御座、外記様江被得御内意候儀ニても無御座、小倉之吟味被相聞候弥惣右衛門・庄三郎申候者、悪船ニて無之舟、実ニ風波ニ依て漂泊仕候を、早速打払仕候時、日本ニて無体之致方有之与申儀ニ相成候てハ不宜候、下之少事より発り、上之御わさわひ出来仕候儀も世々有之儀ニ付、先筆談を懸、信牌所持之舟ニて候哉之段承之、早々出帆仕候様ニと申聞せ候迄ニて、前々之筆談之様ニ者不仕心得ニ御座候由申候、左候而再往参り候節申候者、筆談之儀右近将監も、年々一通り申渡之様ニ筆談を懸候迄ニて、船之様子尋候儀茂無用ニ候、尋かけ候ハヽ、悪舟も偽りニて信牌所持之船と申儀も可有儀候間、此所者唐船来り候儀堅禁制之所ニて候、少茂滞船仕候ハヽ、鉄砲ニ而打破り可申と申聞、出帆不仕候ハヽ、早速ニ打払申付可然之由申事ニ御座候、其通御心得候様ニとの挨拶ニて御座候、

前半の傍線部は、小倉藩の船奉行青柳弥惣右衛門と長崎聞役西田庄三郎が述べた、「漂流」唐船との筆談に関する小倉藩側の意見である。すなわち、「抜荷」船ではなく、海難で漂流しているだけの唐船を筆談もせずに打ち払ってしまえば、日本は漂流船を理不尽に取り扱うと異国人に思われる可能性があり、それは宜しくない。地方の小さなことが、公儀全体の災いとなることも、よくあることだ。そこで、まず筆談を行い、信牌を持つ船か否かを尋ね、早く出帆するよう唐船へ催促するという程度のものでよい。従来のような「筆談」を行う必要はない。

しかしその後、小倉藩の態度は少し変化したように見える。史料後半の傍線部は、青柳と西田が二回目の会談で萩藩の役人に伝えた、筆談に関する小倉藩藩主小笠原右近将監忠雄の指示である。すなわち、筆談を通じて船の情況を尋ねる必要もない。なぜなら、「抜荷」船も信牌を持つ船と偽る可能性があるためである。この海域（三領沖）は、唐船の渡来が厳禁されているところである。少しでも滞留すれば鉄砲で船を打ち破ると唐船に言い聞かせ、唐船が出帆しないならば、直ちに打ち払うべきである。

このように、最初は、筆談で唐船の性格を確認すべきという穏便な意見が、藩の内部にあった。それにもかかわらず、小倉藩主忠雄は、唐船の性格を確認する必要性を否定し、信牌の所持・不所持を問わず、「漂流」唐船の退去を

催促し、退去しない限り即座に打ち払いを行うよう指示したのである。

それに加えて、同月二四日、唐津藩が漂流唐船に筆談を行ったところ、唐船より大筒で脅された事件があった[23]。これによって、筆談は一層困難になったと考えられる。

また、同年八月、唐船一隻が海難に遭い、船具が損壊し福岡藩領に漂着するという事件が起こっている。これについては、松尾氏が考察を行っている。それによれば、福岡藩から注進を受けた長崎奉行日下部博貞と長崎目付渡辺は、信牌を所持していない場合に直ちに打ち払うべきか否かについて議論を行った。最初は両者の意見に食い違いがあったが、最後は長崎町年寄の意見を受けて、難破船の場合には、長崎へ護送することで合意した[24]。しかしその後、長崎奉行日下部が直ちにこの方針を諸藩へ指示したかどうかは分からない。

一一月、小倉藩の船奉行青柳は、赤間関に赴き、再び筆談について萩藩の役人と相談した。その結果、唐船からの攻撃を防ぐため、射手船を三隻派遣し、出帆を催促する書面を唐船に投げ込み、早速戻らせるという方式を決めた[25]。残念なことに、こうした筆談の方式が、藩間協議の結論として定着したのか、また福岡藩側もこれを認めたのかは、明らかではない。とはいえ、この時期においては、藩側は、筆談に消極的な態度をとったにもかかわらず、幕府からの明確な指示がない限り、「漂流」唐船を見かけ次第に打ち払うことはできなかったことが窺える。

以上検討してきたように、幕府の打ち払い政策の原則は、「漂流」唐船に対し、「抜荷」の場合は打ち払い、抵抗の場合は「打潰」すというものであった。つまり、幕府は、唐船の性格・出方を考慮して柔軟に対応することを望んだのである。しかし実際は、「抜荷」船か否かを明確に判断する有効な手段がなかった。そのため、藩側は、「漂流」唐船の出帆を催促し、唐船が「漂流」した事情を探る手順を省くことを協議のうえで決めようとした。これによって、筆談も有名無実化し、三領沖での唐船攻撃は無差別に近い形で行われるようになったのである。

第二節　攻撃の強化に対する幕府・藩の姿勢——享保四・五年

1　攻撃の強化をめぐる幕府から三藩への諮問

享保三(一七一八)年三・四月の死傷者を伴う打ち払いを経て、近海の大規模な唐船「漂流」は抑えられたが、遠海での小規模な唐船「漂流」が頻発するようになった。これに対し、幕府は、長崎奉行・目付を通じて、唐船に有効な打撃を与える手段について三藩の打ち払い担当役人へ幾度も尋ねた。以下、三つの例を取り上げ、この時期における打ち払いの強化に対する幕府・藩の姿勢をうかがってみる。

享保四年二月、帰府する予定の目付渡辺は、幕府から書付を受け取った。この書付を見た萩藩の役人は、抜書きを作成した。(26) その内容は、幕府が打ち払いの状況と手段について尋ねたものであるが、そのなかに、百目玉の筒を使って唐船の喫水線付近に二、三発命中することができたら、唐船は浸水状態になるのかという諮問があった。渡辺は、小倉の旅宿で小倉藩家老渋田見舎人を呼び寄せて、幕府からの諮問に対する意見を聞いた。舎人は、百目玉の抱筒では唐船の喫水線付近を打ち抜くのは難しいとする一方で、唐船に対し、「五百目・壱貫目之其上にも段々大筒数々にて、遠なから打候而も、中(あたり)候は、唐船壱艘なとは微塵に打潰申候」と述べた。こうした意見が渡辺から幕府へ伝わることを藩側は期待した。(27)

さらに七月、渡辺と交代した長崎目付筧新太郎は、打ち払いに不案内なため、三藩の長崎聞役を通じて、各藩の打ち払い担当役人の代表者を長崎に招いて諮問を行うことにした。(28) 八月、萩藩は、物頭村上又右衛門を遣わして、筧の諮問に応じさせた。この諮問に関する萩藩の詳しい記録が残されている。(29) それによると、筧は、唐船へのより有効な打撃手段がないかと質問した。これに対し、村上は、唐船を「打潰」せと命じられたならば、唐船「漂流」を根絶させることができると答えた。これを聞いた筧は、今まで出された指示に従って打ち払うべきと述べた。

その後、一〇月一四日に、長崎奉行日下部は、交代のため長崎へ下向する際、途中の小倉で、小倉藩家老渋田見舎人をはじめとする三藩の打ち払い担当役人を呼び寄せ、諮問を行った。小倉藩の記録によると、日下部は、二百目・三百目の大筒で唐船の喫水線部分を打ち抜くことができるかどうかという質問を出した。これについて、三藩側の役人は、小船に乗りながら射撃する場合、百目玉の抱筒に特に火薬を込めると逆に効力が低下すること、海上で百目玉の筒を使うとねらいが定めにくいことを理由として、唐船の喫水線部分を打ち抜くのは難しいと指摘しながら、「此段ハ打潰申候而も不苦候と被仰出候ハヽ、いか様にも可仕」と述べた(30)。これに対して日下部がどのような態度を示したのかは、この史料からは読み取れない。

しかし、その直後、福岡藩は、藩内詮議の結果をまとめた覚書を日下部へ送った。この覚書の趣旨は、日下部と対談した時の三藩役人の言い分とほとんど変わらなかった。これを読んだ日下部の返答は、福岡藩家老吉田治年によると、次のようなものである(31)。

［史料3］

（前略）唐船近寄ラズ候テハ、慥ナル打払ヒ成リ難キ段察シラレ候、五十目・百目筒ヲ以丈夫ニ打セ、唐船ニ潮入リ候程ニ之レ有リ度候、一向乗沈候ヘトノ儀ニ候ヘバ、手短ク仰出サルヽ儀ニ候ヘドモ、必乗沈メ候様ニトノ儀ニテハ之レ無ク候、此意味料簡仕ベキ由、（後略）

すなわち、唐船が海岸に近寄らない限り、確実な打ち払いは難しいということは、察知した。唐船が浸水するほどで、五〇目・百目玉の筒でしっかり射撃することが、幕府の望みである。ただ唐船を沈めるという意味であれば、簡単であるが、必ずや唐船を沈めなければならないという意味ではない。この意味を察してほしい、との返答である。

このように、遠海の唐船「漂流」に対し、幕府は、船が浸水するほどの、より厳しい攻撃を藩に求めたが、従来の打ち払い原則を破ることにならず、敵対しない唐船に対する「打潰」の指示は出さなかった。しかし一方、藩側は、「打潰」の指示がない限り、より有効な打ち払いは難しいという主張を繰り返し幕府に示したのである。

2　享保五年「打潰」一件と幕府指示の有無

遠海「漂流」の唐船に対し、享保五(一七二〇)年四月前後、幕府は、シャンシイ金右衛門ら三人の元「抜荷犯」からヒントを得て、「囮作戦」の計画を生み出した。その詳細は、①金右衛門ら三人を目明しとして、三人が唐人と偽装取引を行い、唐船を沿岸部へ誘う、②事前に役人が潜伏し、大筒を撃ち、唐船へ大きな打撃を与える、③だまして海岸に近づかせることが無理ならば、頭立つ唐人を生け捕りにしてもいいというものである。六月、この三人は計画を実行し、小倉藩の協力で唐船に乗り込み、その船の船主・財副・総官三人を小倉藩に連れてきた。[32][33]

さらに同月、筑前領沖における唐船「打潰」一件が起きた。この事件については、八百氏の研究がある。[34]氏によれば、幕府から唐船「打潰」の指示を受けた福岡藩は、出勤しようとする無足頭加藤直右衛門らの打ち払い担当役人にこの指示を伝えた。加藤らは、最初小倉藩の唐船攻撃作戦の予備軍として待機していたが、小倉藩の作戦終了後に筑前沖で唐船「漂流」の情報を入手した後、筒役などを集め、唐船「打潰」を決意し、唐船に近づき大筒を打ちかけ、船に乗り込み、乗組員を殺し、船を焼き捨てた、とされている。しかし、前述した幕府の態度から考えると、幕府が無差別な「打潰」の指示を三藩に下したという点は疑わしい。そこで、八百氏の論拠とする史料[35]を読み直すことにする。

［史料4］

今度大音六左衛門御先ニ被差下、三領役人申談、唐船稠敷打潰し唐人打殺可申候、万一唐船致退去候得ハ、唐船御仕合ニ候、何とそ打潰し可申旨、於江戸井上河内守様六左衛門江被仰付、萩・小倉より茂中老番頭罷出、六左

衛門殿同前ニ承り罷下候由、

［史料4］は、唐船「打潰」に参加した福岡藩藩士加藤成昌が事件後、自らの経験に基づいて作成した記録である。ここで取り上げた部分は、四月一三日の老中井上河内守正岑からの指示について加藤が家老大音六左衛門から聞いたものと考えられる。傍線部は、大音が伝達した幕府の指示である。すなわち、唐船を厳しく「打潰」し唐人を打ち殺すべきである。万が一唐船が退去したならば、それは唐船の幸せであり、なんとかして「打潰」しなさい、との指示である。

しかし、これは、加藤が家老大音の伝達に基づいて記録したものなので、どれほど幕府の本意を示しているのかは問題になる。ほかの史料と対照しつつ論じるべきであろう。四月一三日に老中井上から指示を受けたのは、福岡藩の大音だけではない。萩藩家老野島要人・小倉藩物頭渡辺太郎左衛門も同様な指示を受けていた。この指示に関する覚書が、萩藩・小倉藩の史料に見られる。[36]両藩のものとも、ほぼ同じ文面である。つまり、この二つの史料こそが、［史料4］傍線部に見える、家老大音が口頭伝達した幕府の指示と考えられるのである。次に挙げよう。

［史料5］

一、唐船打払之儀兼々被　仰出候通、唐船を打破候得者、打払之仕合に候、若又唐船退去候ヘハ、唐人之仕合ニて候と心得、つよく痛候様ニ打可申事、

すなわち、以前指示した通り、唐船に致命的な損傷を与えたならば、打ち払ったことになり、もし唐船が逃げ出したならば、それは唐人の都合だと心得て、唐船に重大な損傷を与えるまで攻撃しなさいとの趣旨である。ここから、唐船に相当な打撃を与えることが、幕府の狙いであったことが分かるが、「打潰」については特に触れられていない。

それでは、こうした幕府の指示を、福岡藩の家老たちはどのように受け止めたのか。これについては、家老吉田（式部）の回想録[37]が参考になる。

［史料6］
（前略）然ル処、公儀ノ御下知顕ハニ打潰シ候ヘトハ之レ無ク候ヘトモ、誤ツテ打潰シ候テモ苦シカルベカラザル趣ニ候由、先達大音六左衛門江戸ヨリ罷下リ演説ス（中略）、又云、唐船打潰シノ儀江戸ヘ仰上ラレ候訳有リ体ニ仰上ラレ然ルベキ哉ト、家老中ノ内ニモ申ス人之レ有リ候、式部申候ハ、公儀ヨリ御下知最初二・三十目筒ヲ以打払フベキ由仰出サレ、其ノ後終ニ打潰シ候ヘトノ御下知之レ無ク候、然レバ工ミ候テ打潰シ候趣仰上ラレ候テハ間違ヒ申儀モ之レ有ルベキ歟、只厳シク大筒打候ヘバ唐船ヨリ自然ニ火燃出候ト計リ仰上ラレ然ルベキ哉ト遮テ申候故、其ノ通仰上ラレ事済ミ候、

まず、史料の前半によれば、江戸から国元に戻った大音は、幕府が唐船を「打潰」せと明確に指示していないが、誤って唐船を「打潰」しても問題がないということだと説明した。

次に、史料の後半によれば、事件終了後、家老たちのうちには、唐船「打潰」をそのまま幕府に報告すべきと考える人がいた。その時、吉田は反対意見を述べた。すなわち、幕府は、二〇・三〇目玉の筒で唐船を打ち払うよう指示したが、「打潰」の指示は最後まで出していないので、計画的に「打潰」を行ったと幕府に報告すると、問題になる可能性がある。ただ大筒で厳しい砲撃したら唐船から出火したとだけ報告すべきといった。結局、藩側は幕府にこうした吉田の意見に即して報告した。このようにして「打潰」一件は落着した。

残念なことには、唐船「打潰」に関する藩側から幕府への注進の原文は、いまだ見つけられていない。しかし、長崎地役人田辺茂啓の記録[38]は、二次史料とはいえ、福岡藩から長崎奉行への報告の概要を示している。

［史料7］
一、同年筑前海上ニ唐船一艘漂流セシ故、初ハ鉄砲ニテ軽ク打払ノ処、少モ不立退故、仕掛ケノ火矢ヲ放チ掛シニ、船具ニ燃付キ、一船唐人荷物共ニ不残焼沈タリ、此旨筑前ヨリ当表ニ相届ラル、（後略）

この史料によれば、福岡藩は、最初、唐船を「打潰」す意図を持っていなかったが、唐船が退かなかったので、攻撃を強化したところ、唐船は船具に火がつき焼失したと、長崎奉行へ注進した。以上の経緯を踏まえて考えれば、藩は、幕府から出された唐船打ち払いの原則に忠実に従い適切な対応をしたというイメージを作ろうとした。

以上の論述をまとめると、幕府は、船体が損傷するまで厳しく打ち払うよう指示したが、「打潰」について明言しなかった。藩側は、計画的に「打潰」を実行したが、予想外の「打潰」になったとして幕府に報告したのである。

なお、［史料4］には、幕府からの「打潰」の指示があったと記されているが、これをどう考えるべきか。この点を詰めることが今後の課題となるが、現時点では二つの可能性を考えている。一つの可能性は、家老大音はほかの家老と相談したうえで「打潰」を幕府の指示として加藤たちに伝えたこと。もう一つの可能性は、加藤は幕府の指示に従い行動したことを後世に示すために意図的に事実を曲げて記録したということである。

3　唐船「打潰」に対する幕府の態度

さて、この「打潰」一件に対する幕府の態度がどのようなものだったのか。これについては、［史料8］から窺える。［史料8］は、同年一〇月、幕府が長崎へ下向する長崎奉行石河政郷を通じて三藩に渡した、唐船打ち払い政策に関する書付である。[39]

［史料8］

（前略）

一、万一唐船より鉄炮ニ而打出し、手むかひいたし候時者、其儘にても難捨置候間、其節ハ、此方よりも唐船打潰候程ニも可致哉、此儀もこのましからさる事ニ候故、唐船よりハ鉄炮打かたく、此方よりハ唐船の痛候様に打候いたし方ハ兼々被仰付候通、小船五・六艘、又ハ十艘程も出し、夜中に二三十間程ニ近付キ、こまか成目当ハ不入申事ニ候、めくら打と申ニ打候而も、雲すきに大き成唐船者見江可申候条、船江者たしかに打入可申候、小玉にてハ船痛申間敷候、又大キ成鉄炮ハ小船ニ而抱打候事難成可有之候故、廿目卅目可然と被仰出候、其内しかと船の痛候ハ、五十目・百目程之玉ニ而、是ハ数ハ打レ申間敷候間、打はつさぬ様に唐船拾間之内に乗付、二ツ三ツ打あて候ハヽ、船板殊之外痛可申候事、右之通船殊外痛候体ニ候ハヽ、夫ニ而能候事、但洋中ニ而、夜打候事難成様に相聞、其通ニ候ハヽ、洋中ニ而ハ日中に打可申候哉之事

一、唐船打候程らひの事、右之通船板にても、又ハ帆或ハ柱ニ而もしかと打破、帰帆も難成体ニ而追払候事、

　但、右之鉄炮唐人ニ中り候而も不苦事、　上

一、右之通打候時、積りよりハ船痛強ク破船いたし候而も其通之事、　中

一、遠かけに鉄炮打かけ、さのミ船之痛ニも不成、乗にけ候事、　下

　九月

ここで取り上げた史料は、石河が三藩の役人へ伝えた書付七箇条の後半（第四・五・六・七条）に当る。第四条は、唐船が抵抗した場合、そのような行為を放置することはできず、「打潰」すほどに攻撃することになるが、そうなることは好ましくないと指摘し、幕府が幾度も指示した対処方法を重ねて説明した。

そして、第五・六・七条では、打ち払い結果を幕府にとっての優劣順に沿って示した。最も良いのは、船板や柱や帆が壊れ、唐船が帰航できない程度まで打撃を行うことである。こうして打ち払おうとしたが、攻撃が強すぎて、唐船が沈むことは、中の評価となっている。遠いところから鉄砲を撃ちかけ、唐船に大きな損害を与えることができずに逃げられることは下の結果である。

このように、幕府は、唐船「打潰」は優先の選択ではないことを諸藩に説明する一方、予想外の「打潰」は、無傷で逃すよりは上の結果として認めた。

本節の論述をまとめると、遠海「漂流」の唐船への有効な対策が求められた藩側は、「打潰」を提案し、なおかつ実行したが、幕府は、打ち払いの原則を守る姿勢を示し、無制限な武力行使は避けようとした。

第三節　打ち払いの過激化と幕府の抑制策――享保一一年

1　享保一一年「打潰」一件と萩藩の報告

三藩側の史料を見ると、享保六(一七二一)年以後、三領沖の唐船「密貿易」はほぼ抑えられたようである。その直接の理由は、享保五年六月の「囮作戦」と唐船「打潰」から、「抜荷」に従事した中国商人が相当な打撃を受けたことによると考えられる。加えて、清政府は、康熙五六(一七一七)年以後、中国商人に日本から信牌をもらうことを許可した。(40) そして、信牌は清政府が長崎渡航の唐船をチェックするためにも利用していた。(41) 言い換えれば、中国側の「抜荷」商人は、清政府の取り締まりをも受けるようになった。第三章で解明したように、清政府は、信牌の所持・不所持による商人間の対立を解消するために、信牌の共同利用策を講じた。これは、信牌を持たない商人でも合法手段で長崎貿易に参与する可能性が与えられたことを意味する。また、清政府が日本からの輸入銅の定額を減らしたこともあり、(42) 長崎貿易は、「正徳新例」実施後の一時的な混乱を経て安定した。

しかし、幕府は、これまでの打ち払いの成果を失わないために、「漂流」唐船への警戒心を弛ませないよう諸藩に頻繁に呼びかけた。享保五年一二月、幕府老中戸田忠真は、三領沖における「漂流」唐船の見かけ次第打ち払いを指示した。(43) さらに同八年六月、老中水野忠之はこうした指示を重ねて強調した。(44) その後、暫く唐船の「密貿易」は沈静化したが、同一一年に唐船「打潰」一件が萩藩の須佐湾で再び起こった。

この事件の経緯は吉積氏によって解明されている。(45) 氏によれば、八月七日、唐船一艘が須佐湾の近海に漂流してきた。翌日、須佐の益田家は儒者を呼び寄せ、唐人と筆談を行い、さらに信牌の提示を要請し、人質二人を取った。しかし原因は明らかでないが、打ち払い担当役人は九日から、唐船攻撃を始め、人質をひそかに殺した。その後、様々な手段を使い、断続的に攻撃を行い、一一日に唐船を全焼させた。しかし萩藩は、唐船を見かけ次第に攻撃を行い、唐船が出帆せずひいては抵抗したため、攻撃を強化したうえでその船を焼き捨てたと、事実を歪曲して幕府へ報告したという。しかし、最初はこの唐船を海難に遭った漂流船として取り扱ったにもかかわらず、なぜその後突然打ち払いを行ったのかは、明らかではない。

こうした数年ぶりに唐船を攻撃、なおかつ「打潰」までしてしまった萩藩は、二回にわたり江戸・長崎へ使者を派遣し、幕府老中の事情聴取を受けた(46)。使者は出発する直前に、想定問答を「問ヶ条」の形で家老へ伺い、家老は箇条の前に意見や指示を書き、「肩書」(47)として使者へ与えた。家老益田家の史料である「益田家文書」には、こうした「問ヶ条」と「肩書」が収録されている(48)。まずは、第一次使者派遣の直前の想定質問にあたる［史料9］から、本章の論点と直接に関わる箇条を取り上げて分析してみる。

［史料9-1］

（肩書）「此段浦近ク漂流ニ付、打方船差出候物振唐船江茂移、出帆可仕様子ニ相見候故、早速稠敷打払候付、定而舟具打破出帆難成体ニ相成哉と相見申候」

一、唐船一通り稠敷打掛ヶ候て茂出帆不仕候、其後弥稠敷打掛、死人等有之候て茂出帆不仕候儀者、いか様之趣ニ候哉と御尋之候事、

この史料によると、なぜ一通り激しく射撃しても唐船が出帆せず、その後死者が出るまで打ち払われても唐船が出帆しなかったのかという想定質問に対し、藩側は、唐船が海岸の近くに漂流し、番船の動きを見かけて出帆しようとする様子を見せたため、早速激しく打ち払いを行ったこと、船具損壊のためか、唐船が出帆しなかったことを回答と

した。

［史料9-2］

（肩書）「此段段々稠敷打払候て茂出帆不仕候上者、其分ニて難擱儀ニ候へハ、打潰申候外無之儀ニ付、其通申付候、尤問合も可有之儀と被仰候時者、右之通りニ参掛り、難擱趣を延引仕申伺、御差図を請候様ニ者難仕儀ニ御座候」

一、唐船弥出帆不仕候ハヽ、不得止事、打つふし申候外有之間敷候間、其通可申付と之御事、此度御注進ニ相見候所も、十一日朝ニ至候て茂出帆不仕候故、打潰申心得候て、舟数相増、昼ニ至候迄稠敷打掛申候処、唐舟より出火之由ニ御座候、最前死人有之、唐船打破、船具等取上候得者、唐人手向仕候付、稠敷打掛候段者、左様茂可有之候、何となしニ、十一日之朝迄出帆不仕候処を、打潰候様ニと被仰付候段者、いか様之趣候哉と御尋可有之候哉之事、

この史料を見ると、想定質問は、唐船が出帆せずひいては抵抗したので「打潰」を行ったと報告したが、一一日朝まで何もせず、ただ出帆しなかったことに対し「打潰」を命じたのはどのような考えからなのか、ということである。つまり、一一日まで数日が経ったのになぜ幕府や長崎奉行の指図を求めなかったのか、という幕府からの詰問が予想された。これに対し、家老は、激しく打ち払ったが唐船が出帆しなかったことを放置できず、その船を「打潰」す外には方法がなかった。幕府・長崎からの指図を待ち、打ち払いを引きのばすことができなかったというような回答を提示した。

こうした回答を用意した理由としては、幕府・長崎奉行の指図が届くのはかなり時間がかかるので、そのまま放置すれば、日本の優柔不断さを露呈する恐れがある、と幕府に理解させようという家老の意図が「肩書」に含まれている可能性もある。

2 「打潰」一件をめぐる幕府の質問と藩使者の回答

八月における老中松平乗邑の用人と萩藩使者村上又右衛門との問答、及び九月における老中水野忠之の用人と萩藩使者兼重五郎兵衛との問答を、萩藩の「唐船事御書付」などの史料で見ることができる。(49) これらの史料を見ると、幕府の質問は唐船の状況及び唐船の動き、打ち払いの方式・過程などの面にわたる。

八月末、老中松平乗邑は用人を遣わして村上に質問を行った。出発前の想定質問と似た質問が、老中松平の用人から出された。

［史料10-1］

一、打払仕候節も出帆仕候趣ニ而者無御座候哉との御事、

此段鉄炮打懸候而者、成程四・五丁、又者其余も退候儀ニ有之候得共、先達而申上候様、唐船より茂鉄炮段々打出申候付而、弥稠敷打立申之由御座候事、

すなわち、幕府への報告で触れた、唐船が打ち払われても出帆しなかったという異例な事態(50)の確認が問われた。村上は、鉄砲で射撃したところ、唐船がたしかに少し退いたが鉄砲で反撃したため、打ち払い側はより激しく攻撃したと答えた。つまり、萩藩は、唐船が出帆しなかったのみならず武力で反抗したため、「打潰」しかできなかったとし、対応の正当性を主張した。

続いて、そのように打ち払われても唐船が出帆しなかったのはなぜか、という質問が出された。これに対し、村上は次のように答えた。

［史料10-2］

（前略）右出帆不仕儀者、最前打払之節、唐人弐人打落申候故、右生死之境無心元存、只様漂流仕候歟、又ハ肝要船具なと損候故、右之通漂居申候歟、ヶ様之儀共ニ而可有御座哉と於城下茂申儀御座候、（後略）

すなわち、打ち落とされた二人のことを心配したことと、肝要な船具が損じたことと、という二つの可能性が推測されていることを述べた。

翌月、老中水野忠之の用人から類似の質問が出され、兼重は村上と概ね同様の答えを述べた。さらに、次のように、唐船の性格を確認したのかどうかというような質問もされた。

〔史料11〕

一、打払被仰付候而茂出帆不仕段ニ付、長崎より帰帆之船か、又者外国商売船なとニ而者御座有間敷哉、一里程之間相御座候ハヽ、程近ク候間、唐船江御通達ニて、被掛御問候事ハ不被為成候哉之事、
此段八幡船と無紛相決候、無別条船ニ御座候へ者、入津之時分大筒なと打、早速碇を入、其上漂着之節、小船を以書翰通達仕、水・木を乞申候、此度者碇茂不入、其所ニて漂ひ居、書翰通達茂無御座候、長崎表帰帆之船ニ御座候へハ、筑前御領・小倉御領・此方領海上段々通達不仕候てハ、右須佐江ハ不被参所柄御座候、前廉御三領之海上通船仕候通承不申故、長崎より帰帆之唐船とハ不被存候、且又御三領之沖ハ別而打払手堅被仰付候故、其段及承、此度之船儀ハ、所を替北之方へ参たると相見、決而八幡船ニ御座候付、打払仕候、且又已前者、通達・筆談なと仕、其上ニ而長崎江差送候へ共、打払被仰付候已後ハ、唐船磯近寄候ハヽ、打払仕候様との御事御座候故、筆談等も不仕、八幡船を見懸候得者、早速打払仕候、就夫兼々無油断手当仕置候事、

この史料によると、老中水野は唐船が打ち払われても出帆しなかったという異例な事態に対し、打ち払い担当役人が唐船と一里程の近くの船に乗っていたのに、なぜその唐船が長崎より帰帆した船か、外国の貿易船である可能性を確かめなかったのかと尋ねた。つまり、藩側がその唐船の性格（「抜商売筋之船」か「無別条船」か）に関する確認作業をしなかった理由についての質問である。

それに対し、兼重は、その唐船が「八幡船」[51]であるに決まっていると答え、さらに判断理由を三点に分けて述べた。第一点は、従来の漂流船を救援する手順に基づくものである。すなわち、海難に遭った漂流船の場合には、唐船はしきたりに従い、石火矢を放ち、碇を下ろし、小船で書簡を海岸の役人へ提出して、水や薪を請求し、救援を求める。しかし、今回の唐船は碇を下ろさずに海面に漂っていた。第二点は、福岡藩・小倉藩、そして萩藩自身からの知らせがなかったので、長崎から帰帆する船が海難に遭い漂流した可能性はないということ。第三点は、その船は三領沖で唐船打ち払いが厳しく行われているということを知っていたため、故意により北の須佐湾に運航した可能性があるということである。なお最後には、打ち払い政策実施前後の唐船取り扱いの相違が述べられている。具体的には、唐船打ち払いが実行される以前には「漂流」する唐船と筆談を行ったが、それ以後には「漂流」船を見かけ次第油断なく早速打ち払うということである。

これらの史料から考えれば、幕府は、かねて指示していた通りに藩側が唐船打ち払いを行ったか否かに注目した。萩藩は、「漂流」船の性格が「抜荷」船に間違いないと判断したうえで打ち払いを行い、そしてこの唐船が打ち払われても出帆せず、ひいては抵抗の姿勢を見せたことに対し、やむを得ずその船を「打潰」したと説明し、すべて幕府の打ち払い政策に従い、適切に対応したと主張した。その結果、たとえ幕府がこうした対処には不適切なところがあったと認識したとしても、藩には責任を負わせず、政策の不備に原因を求めざるをえなかったのであろう。

吉積氏の研究によれば、使者兼重は、九月一三日に老中水野から、萩藩の目付・物頭への褒美の目録を渡された[52]。それによって、幕府が萩藩の対応の適切さを基本的に認めたことが分かる。しかし一方で、使者への問答を通じて、幕府は、敵対する唐船を「打潰」してよいという従来の枠組みでは対応できない場合があると認識し、打ち払われても出帆しなかった場合の対応を具体的に規定しようとした。

3　享保一一年令の発布と打ち払い政策の補完

享保一一年九月、幕府は、九州・中国の一五ヵ国の大名に対して唐船打ち払い令を発布した（以下、「一一年令」と略称）[53]。この史料は、『御触書寛保集成』・『通航一覧』などの基本的な史料集に収録されている、享保期の唐船打ち払いに直接関連する唯一の法令である。重要な意味を持つといえるが、ほとんど注目されていない。では、この法令は一体どのようなものだったのか。

［史料12］

一、近年唐船漂流之沙汰無之候得共、打払之儀弥以前々申達候通、別て無油断可被相心得候、

一、唐船漂流之刻、抜買筋之船ニ相見え申候ハヽ、打払之儀兼て申達候通可被心得候、併打払候ても出帆不仕候ハヽ、船具等ニても打損し、出帆難成儀も難計候間、左様之節は、二・三日も様子見合、船をよせ、弥船具等を損し、出帆難成趣ニ候ハヽ、長崎え送り候様可被仕候、

一、打払之刻出帆仕候ハヽ、先達て申達候通、打払之儀見合、尤少々は追掛ケ、長く追懸ケ申儀は無用ニ可被致候、

九月

松平　出羽守（松江藩・松平宣維）	松平　大隅守（薩摩藩・島津継豊）
松平　丹後守（佐賀藩・鍋島吉茂）	松平　長門守（萩　藩・毛利吉元）
細川　越中守（熊本藩・細川宣紀）	松平　筑前守（福岡藩・黒田継高）
小笠原遠江守（小倉藩・小笠原忠基）	土井　大炊頭（唐津藩・土井利実）
松平　主殿頭（島原藩・松平忠雄）	松平　肥前守（平戸藩・松浦篤信）
松平　周防守（浜田藩・松平康豊）	亀井　隠岐守（津和野藩・亀井茲親）

大村　伊勢守（大村藩・大村純庸）　　毛利　讃岐守（長府藩・毛利匡広）
五嶋　大和守（福江藩・五嶋盛佳）

「一一年令」の第一条は、唐船「漂流」の情報がないとしても、打ち払いは以前命じた通り、決して疎かにしてはならないということである。ここから、幕府は唐船の「密貿易」を概ね抑圧したことを、勝利宣言に近い形で諸藩に示し、次の箇条でこれ以後の「漂流」唐船対策を規定しようとしていることが窺える。

第二条の前半は、唐船が「漂流」する時、それが「抜荷」船と判断できた場合は、以前命じた通り、打ち払いを行うべしと指摘した。さらに、傍線部のような新たな規定を加えた。すなわち、打ち払っても唐船が出帆しない場合、船具損壊で出帆できない可能性があるため、打ち払いを一時控え、二、三日かけて唐船の様子を観察し、番船を唐船へ寄せ、船具損壊で出帆できない場合には、破損した船を長崎へ回送するということである。

第三条は、従来の指示と一致する。すなわち、打ち払いを行って唐船が出帆する場合には、打ち払いを見合わせ、少々追いかけるだけにし、長く追撃するのは無用である。

これによれば、「一一年令」は、概ね従来の打ち払い原則を継続する一方、傍線部で船具損壊により退去できない場合の規定を加え、無差別な「打潰」の抑制を図り、打ち払い政策を補完したのである。

それでは、なぜ幕府が唐船「打潰」を抑制しようとしたのか。これについては、［史料13］(54)が参考になる。この史料は翌月、長崎奉行三宅康敬が、長崎へ下向する途中、小倉で「一一年令」の趣旨について三藩側の打ち払い担当役人へ詳しく説明した内容に関する記録である。

［史料13］

周防守殿御演説之趣

一、此度被差出候御書付之内、唐船打払候而茂出帆不仕候ハヽ、二・三日茂様子見合、船具等ニ而も打損出帆難

成様子ニ候ハヽ、長崎差送候様ニと有之候、打方衆右之様子見分計ニ而茂難分可有之様ニ被存候、其上自然無別条船乗筋を違へ、不案内ニ而漂流仕候を、無二無三ニ打潰候様有之候而茂、異国江之聞江茂いかか敷事ニ候、左候時者、船具等損候儀計ニ茂不限、いか様之趣茂有之ニて歟、出帆不仕候得者、其様子相尋申度事候、左候時者、書翰なと不仕候ハヽ、委細相分り申間敷候間、打方衆心持を以、書翰なと被仕、具ニ様子被相尋候様有之可然存候、此段被仰付候而者、兼而被仰出候旨ニ茂違申様ニ有之候へ者、其儀無之、尤表方ニ而申渡ニ而茂無之、拙者存寄を以申達儀ニ候、然共拙者一存計ニても無之候、右之通書翰ニ而様子被相尋候ハヽ、被入御念置候御仕方之様ニ相見可申様ニ存候、（後略）

この史料では、奉行三宅は「一一年令」の第二条を取り上げ、この新規箇条について説明を加えた。すなわち、打ち払い担当役人が唐船の状況を明らかに見分けにくい場合もあるが、「抜荷」に無関係な唐船が航路を勘違いし、この水域へ漂流する可能性もあるため、船の状況を考えずに「打潰」を行うことは、異国への外聞が悪いとしている。さらに、三宅は、唐船が出帆しない原因を究明するために、筆談を行うべきと指摘し、また、この点がかつての指示と違うようであるから、「一一年令」に加えないものの、単なる個人としての意見ではないと説明した。

ここで特に注目すべきは、「無二無三」の「打潰」が異国へ伝わると外聞が悪いという幕府の懸念である。ここでの異国への外聞は、一体何を指したのか。関連史料の欠如のために、確実な解釈は付けられない。しかし、当時の幕府の対外関係を考えると、唐船打ち払いによって影響される可能性の最も高いのは、もちろん日清関係であろう。実際、劉氏が明らかにしたように、享保五年の唐船「打潰」直後も、同一一年の唐船「打潰」直後も、唐人屋敷の中国商人は、「打潰」された唐船が実は「合法」貿易船であると主張し、藩側の対応を批判し、区別せずに唐船を「打潰」しないよう幕府に願書を出した(55)。こうした中国商人の態度から考えれば、幕府が懸念したのは、中国商人の集団的な抗議の拡大による日清貿易の不安定化だった可能性が高い。

一方［史料13］では、筆談は、唐船が出帆しない事情を把握する手段とされ、そしてこの点はかつての指示と違うから「一一年令」に加えないと説明した。ここでのかつての指示とはどのようなものだったのか。享保一一年以前に幕府が筆談をしなくてよいと明らかに指示したことに関する史料はいまだ見つかっていないが、前述した享保五年一二月からいく度も出された、三領沖の見かけ次第打ち払いという幕府指示のことなのかもしれない。

なお、「一一年令」も長崎奉行の追加説明も、信牌の所持・不所持については全く触れていない。信牌の有無は、幕府にとって、打ち払うべきかどうかの判断基準にならなかったのか。これについては、次に簡単な説明を加える。

本章第一節で述べたように、享保三年八月に、信牌を所持しない難破船にどう対処すべきかをめぐる議論が起こった。議論の結果、長崎奉行日下部は、その船を長崎に回送するよう福岡藩に伝えた。さらに同七年には、日下部は、「信牌不致所持唐船、風ニ被吹放、船具等損し、出帆難成、磯近流寄候有之候ハヽ、船幷唐人共ニ召捕被差送候様ニ」[56]と書簡で萩藩に指示した（以下、「七年指示」と略称）。すなわち、信牌を所持しない唐船が、難破した場合は、船と唐人を召し捕らえて、長崎へ回送するということである。

また同一五年、長崎奉行三宅は、「信牌所持之船、長崎入津・帰帆之船とても此方江乗筋ニ而茂無之候故、其差別なしに見掛次第打払候様」[57]と三藩に指示した（以下、「一五年指示」と略称）。すなわち、信牌を所持する船、いわば「合法」貿易船が、長崎に来航、または出航するにあたり、三領沖を経由するはずがないので、このような船は、見かけ次第に打ち払うべきということである。

山本氏は、「一五年指示」が「七年指示」に示された従来の方針と大きく相違すると指摘している[58]。しかし先述したように、幕府の老中戸田は、享保五年の段階で、三領沖での見かけ次第打ち払いという命令を出した。「一五年指示」は、ただ従来の方針を再確認し、信牌を持つかどうかを問わずに打ち払うべきと強調しただけであり、難破船の場合の対応について触れていない。一方、「七年指示」は、難破船の場合の対応だけを取り扱っているので、両者は決して相違するものではない。つまり、幕府の唐船対策は、信牌の所持・不所持を問わず、三領沖に現われた唐船を打ち払い、唐船が難破したと明らかに判断できる場合、あるいは攻撃されて船具損壊で運航できない場合、その船と乗組員を長崎へ回送するということであった。

では、なぜ幕府は穏便な姿勢をとりながらも、信牌有無の確認をしないことにしたのか。その原因は、本章第一節で述べた小倉藩主小笠原忠雄の主張が示しているように、「抜荷」船も信牌を持つ船と偽称することがあるためだったと考えられる。目明し金右衛門の供述によれば、「抜荷」船の商人のうちには信牌を持つ者もいた(59)。唐通事や信牌方などの、信牌発給・更新の事務を具体的に担当する長崎地役人が立ち会わなければ、筆談しても信牌の真偽を直ちに判断することはできない。そして、信牌を持ち長崎貿易を許可された唐船が「密貿易」にも従事する可能性も否定できないであろう。

以上、本節の論述をまとめると、享保一一年「打潰」一件に対し、幕府は、藩側の使者への詳しい質問を通じて、船具損壊で唐船が打ち払われても出帆できない場合があるという問題を認識し、無差別・無制限な唐船攻撃による異国への外聞を懸念し、打ち払いの過激化の抑制を図ったのである。

おわりに

まず、本章の論点を簡単に整理しておく。

享保二・三(一七一七・一八)年は、打ち払い政策の確立期である。正徳四(一七一四)年に定められた武力行使の方針に基づく幕府の打ち払い政策には、唐船が「抜荷」を行う場合は打ち払い、抵抗する場合は「打潰」してもよいという原則があった。しかしこの段階で、幕府は、「密貿易」の根絶を第一とし、「抜荷」船と海難に遭った漂流船を区別して取り扱う有効な措置を加えていなかった。

同四・五年、唐船の遠海「漂流」に対し、幕府は、より有効な打撃手段を諸藩に求めたが、無制限な唐船攻撃は許可せず、打ち払いの原則を守ろうとした。そして、福岡藩の「打潰」に対し、「打潰」が好ましくないことを三藩に明示した。同五年後半から、唐船「漂流」はほぼ収まったように見えた。幕府は、打ち払いの成果を維持するために、見かけ次第の打ち払いを指示した。しかし同一一年、唐船「打潰」が再び起こった。幕府は、萩藩の使者への質問を通じて、打ち払われた唐船が船具損壊で出帆できない場合があることを認識し、「一一年令」を打ち出して、無制限な唐船攻撃の抑制を図った。

総じていえば、幕府の唐船打ち払い政策は、無差別・無制限なものではなかった。藩側の実際の打ち払いは、幕府の既定方針を超えて、一時的に無差別・無制限の方向に向かって走ったが、幕府は実態の変化に応じて政策の調整を行い、柔軟な対策を講じたのである。

以上の整理で明らかなように、幕府と藩とで、打ち払いに対する姿勢に齟齬が見られた。その原因は、やはり双方の利害の不一致にあったと推測される。幕府の意図は対外貿易の統制にあった。具体的には、直轄の鉱山から産出する、国の富とされる銅の海外流出を抑制し、貿易利金を長崎への地下配分金と長崎会所の運営金などを除いて全て収公することが、幕府の政治課題であった。こうした貿易統制を伴った唐船「抜荷」の増大に対し、幕府は打ち払いの実行を決めた。しかし一方、藩側の「打潰」までの過激化した「打払」は、唐船貿易・対外関係の安定に悪影響を与える危険性をもたらした。異国への外聞を懸念した幕府は、無差別・無制限な唐船攻撃を抑制し、穏便な措置を加えた。

一方、藩の課題は一般的には、自藩の財源創出と、幕府からの信頼を保つことにあった。すでに指摘されている通り、薩摩藩をはじめ、加賀藩・松前藩などは、「抜荷」商人の逆用による藩財政の危機打開という点に着目し、「抜荷」の取締りを等閑にした。[60]しかし享保期において、幕府からの圧力を受けた諸藩は、領内の「抜荷」取締りを強化した。その結果、「密貿易」の拠点となった薩摩藩の坊津で、商人が没落し、商船も焼き払われるという「享保の唐物崩れ」も起こった。[61]同時に、幕府の監督下で、諸藩は唐船打ち払いを実行した。しかし、唐船への警備・攻撃による負担は相当大きかった。[62]藩側が幕府より強硬な姿勢をとったのは、唐船「漂流」を早期解決し、それによる負担を減らすことを期したためではないか。これらの点は推測にとどまるが、詳しくは今後の課題としたい。

(1)　主な「抜荷」研究の成果としては、服藤弘司「「抜荷」罪雑考」(『法制史研究』六、一九五六年)、板沢武雄「鎖国時代における密貿易の実態」(『法政大学文学部紀要』七、一九六一年)、菊地義美「鎖国下の密貿易」上・下(『歴史教育』一〇―九・一〇、一九六二年)、山脇悌二郎『抜け荷　鎖国時代の密貿易』(日本経済新聞社、一九六五年)、西村圭子「江戸幕府の抜荷取締令をめぐる法意識の変遷」(『日本女子大学紀要　文学部』二三、一九七三年)、清水紘一「抜荷考――享保期の抜荷対策を中心として」(『中央大学文学部紀要』九二、一九七九年)、荒野泰典「近世中期の長崎貿易体制と抜荷」(同『近世日本と東アジア』東京大学出版会、一九八八年、初出一九八四年)などが挙げられる。
(2)　吉積久年「須佐の唐人墓――唐船打攘事件始末」(『山口県地方史研究』五八、一九八七年)。
(3)　八百啓介「「鎖国」下の福岡藩と環東シナ海域社会」(『福岡県史　通史編福岡藩(二)』財団法人西日本文化協会、二〇〇二年)。
(4)　山本英貴①「享保期における抜荷取締対策の展開――「唐船打払」目付渡辺外記永倫を中心に」(『外政史研究』三、二〇〇四年)、同②「唐船打ち払い体制の成立と展開――享保期の抜荷取締対策を中心に」(森安彦編『地域社会の展開と幕藩制支配』名著出版、二〇〇五年)、松尾晋一「幕府対外政策における「唐船」打ち払いの意義」(『長崎歴史文化博物館研究紀要』創刊号、二〇〇六年)。
(5)　劉序楓「享保年間の唐船貿易と日本銅」(中村質編『鎖国と国際関係』吉川弘文館、一九九七年)。
(6)　前注1荒野書、一一一頁。
(7)　山本博文「幕藩権力の編成と東アジア」(同『幕藩制の成立と近世の国制』校倉書房、一九九〇年)、松尾晋一①「家光政権期の沿岸警備体制について」（『白山史学』三五、一九九九年）、同②「正保四年のポルトガル使節船来航をめぐる対応」（『日本歴史』六四三、二〇〇一年）、同③「家綱政権期の南蛮船対応策」（『歴史評論』六四四、二〇〇三年）、木村直樹「一七世紀中葉の幕藩制国家の異国船対策」（同『幕藩制国家と東アジア世界』吉川弘文館、二〇〇九年）を参照。

（8）金指正三『近世海難救助制度の研究』（吉川弘文館、一九六八年）二四七―三二四頁、岡田信子「近世異国漂着船について――特に唐・朝鮮船の処遇」（『法政史学』二六、一九七四年）、中村質「漂着唐船の長崎回送規定と実態――日向漂着船の場合」（『近世近代史論集』吉川弘文館、一九九〇年）を参照。

（9）山脇悌二郎『長崎の唐人貿易』（吉川弘文館、一九六四年）七一―七二・一〇三頁。

（10）松尾晋一「幕藩制国家における「唐人」「唐船」問題の推移――「宥和」政策から「強硬」政策への転換過程とその論理」（『東アジアと日本　交流と変容』創刊号、二〇〇四年）。

（11）『通航一覧』四（国書刊行会、一九一三年）、三六四・三六七頁。

（12）前注5劉論文。

（13）なぜこの海域が「抜荷」の盛行する場所となったのかについて、山本英貴氏は、a西廻海運と大坂・長崎間の航路が交差する重要交易路であること、b萩・小倉・福岡の領域が錯綜する「三不管」の地域であることという二点が原因だったと指摘している（前注4山本論文②）。

（14）三藩の史料とは、萩藩の「唐船事御書付一」（山口県文書館所蔵毛利家文庫二八、防倭一八）享保二年四月条、小倉藩の『唐船漂流記』（北九州大学古文書研究会、一九七九年、一六―一七頁）、福岡藩の『吉田家伝録』中巻（太宰府天満宮、一九八一年、四〇七―四〇八頁）である。「唐船事御書付」（全五巻）の作成者と作成時期は不明。『唐船漂流記』の原本は、福岡県京都郡みやこ町歴史民俗博物館小笠原文庫所蔵。その作成者と作成時期は不明。この二つの史料に所収されている幕府からの指示や三藩側の相談に関する書付・覚書・書簡などは、文面が一致するところが多いので、信憑性が高いと考えられる。『吉田家伝録』は、九州大学記録資料館九州文化史資料部門蔵「吉田家文書」の「吉田家伝録」・「吉田続家伝録」・「此君居秘録」三つの史料からなる。「吉田家伝録」は、福岡藩の当職などの要職を歴任した吉田家五代式部治年が、享保六年に隠退してのち、翌年より編纂をはじめ、同一八年に完成した家伝録である。

（15）前注4松尾論文、前注3八百論文。

（16）前注7木村論文。

(17) 前注7松尾論文③。
(18) 「唐船事御書付一」(前注14) 享保二年一二月条。『唐船漂流記』(同) 六二―六三頁。『吉田家伝録』中巻 (同)、四五一―四五二頁。
(19) 「唐船事御書付一」(前注14) 享保三年三月条。『唐船漂流記』(同) 一〇三頁。『吉田家伝録』中巻 (同)、四七七頁。
(20) 「和漢寄文」巻一 (大庭脩編『享保時代の日中関係資料一』関西大学東西学術研究所、一九八六年、一三七―一三八頁)。史料の作成については、第一章注19を参照。
(21) 前注8中村論文と黒木國泰「延岡内藤藩の幕府領細嶋漂着唐船対処マニュアルについて (上)・(下)」(『宮崎女子短期大学紀要』二七・二八、二〇〇〇・二〇〇一年) を参照。
(22) 「唐船事御書付一」(前注14) 享保三年八月条。
(23) 同、享保三年九月条。
(24) 前注4松尾論文。
(25) 「唐船事御書付一」(前注14) 享保三年一一月条。
(26) 同二、享保四年二月条。
(27) 『唐船漂流記』(前注14) 一一三―一一四頁。
(28) 同、一二〇頁。
(29) 「唐船事御書付二」(前注14) 享保四年八月条。
(30) 『唐船漂流記』(前注14) 一二二―一二四頁。
(31) 『吉田家伝録』中巻 (前注14) 五九〇頁。
(32) 船主は、船頭ともいい、船の最高責任者。財副は、唐船乗組員グループの経済収支・貿易勘定などの事務をつかさどる商人、船主の次の地位に居る。総官は、船の水手を率い、船の庶務を務める役。唐船の船役について詳しくは、松浦章「清代対日貿易船の経営構造」(同『清代海外貿易史の研究』朋友書店、二〇〇二年) と大庭脩「長崎唐館の建設と江戸時代の日中関係」(同編『長崎唐館図集成』関西大学出版部、二〇〇三年) を参照。
(33) 前注4山本論文②、前注4松尾論文。
(34) 前注3八百論文。

(35) 八百氏は、引用した史料の出典について、九州文化史研究所（九州大学記録資料館九州文化史資料部門の前身）所蔵「唐船漂流記」と『新訂黒田家譜』四と注記している（前注3八百論文）。これらの史料集で確認すると、引用文と同じような文章は、確かに『新訂黒田家譜』（文献出版、一九八二年）にあるが、「唐船漂流記」には類似する文章さえ見られない。しかし、同様に八百論文が参照した、同所所蔵「唐船打払記」には、文面が八百氏の引用文と同様な文言が見つかる。これから、八百氏は「唐船打払記」を「唐船漂流記」と間違えて注記したと考えられる。「唐船打払記」は、享保五年一一月に加藤成昌が作成した、享保五年福岡藩唐船「打潰」一件に関する記録である。「唐船打払記」の跋文から、加藤は、同藩儒者竹田定直に序を求めたことが分かる。竹田は「黒田家譜」の編修者であり、そして、「黒田家譜」の「新続家譜第二編」にある享保期唐船打ち払いの関連記録は、文章表現上、「唐船打払記」と一致するところが多い。これらの点を合わせて考えると、「黒田家譜」の編纂者は、「唐船打払記」を参考にしたのである。以上から、本章は「唐船打払記」の史料を引用することにした。ちなみに当該史料集の跋文によれば、加藤は唐船「打潰」の指揮者の一人であり、幕府から褒美をも受けた。さらにこの史料から見れば、幕府から褒美を受けた福岡側の打ち払い担当役人三人のうちには、無足頭加藤直右衛門という人物がいた。また、当該史料が加藤直右衛門の活動を中心に書かれているという点を含めて考えると、作成者の加藤成昌と加藤直右衛門とは同一人物だった可能性が高い。

(36) 「唐船事御書付二」（前注14）享保五年四月条、『唐船漂流記』（同）一四二頁。

(37) 『吉田家伝録』中巻（前注14）七〇六—七〇七頁。

(38) 田辺茂啓『長崎実録大成』正編（丹羽漢吉・森永種夫校訂、長崎文献社、一九七三年）、二六五頁。編纂の経緯などについては、本書第二章の第二節を参照。

(39) 長崎奉行石河は、一〇月一日に赤間関で萩藩の役人に口上を述べ、江戸から持ってきたこの書付を書き写させた（「唐船事御書付三」前注14、享保五年一〇月条）。同日小倉に移り、小笠原忠雄と会談し、同じ書付を家老渋田見に書き写させた（『唐船漂流記』同、二〇九—二一一頁）。その後福岡藩へ入り、五日山家宿茶屋で黒田継高と対談し、この書付を福岡藩に渡した（『吉田家伝録』同、七四二頁）。

(40) 松浦章「康熙帝と正徳新例」（同『江戸時代唐船による日中文化交流』思文閣出版、二〇〇七年）。

(41) 信牌は清政府が長崎来航の唐船をチェックするためにも利用された形跡のあることがすでに山脇氏・荒木氏に指摘されている。前注1山脇書、八三頁。前注1荒野書、三八頁。それを裏づける中国側の史料もある。本書第七章第三節の［史料2］

を参照。

(42) 清政府は、中央政府の銅銭鋳造に原料である銅を供給するため、一七一六年に洋銅調達の「八省分辦」制を導入し、銅調達の定額を約四四〇万斤にした。一七二五年に銅調達制度を調整し、その定額を約三三〇万斤に減らした。詳しくは、劉序楓「清日貿易の洋銅商について——乾隆〜咸豊期の官商・民商を中心に」(『九州大学東洋史論集』一五、一九八六年)を参照。

(43) 前注4松尾論文。

(44) 「唐船事御書付三」(前注14) 享保五年一二月条。

(45) 前注2吉積論文。

(46) 享保五年の「囮作戦」後、小倉藩は家老野島要人を使者として江戸へ派遣し、江戸で野島は老中井上の質問を受けた(『唐船漂流記』前注14、一九九—二〇一頁)。そして、同年「打潰」一件後、福岡藩も筒役林作左衛門を江戸へ派遣した(「唐船漂流記」前注35)。それから考えると、唐船打ち払いが終わる、または一段落を告げた際に、藩側が江戸へ使者を派遣し、幕府に報告するのは通例のようであった。

(47) 「肩書」とは、萩藩の藩政文書の一書式である。一般的には、「問ケ条」とペアにして現れる。藩外、特に幕府の質問に備えるため、質問に応じる予定の役人は、想定質問を「問ケ条」の形で書いて提出し、家老などの藩政担当者は、それを読んで、「問ケ条」の条文の前に回答の意見を書く。これは「肩書」と呼ばれている。

(48) 「唐船之儀ニ付江戸の御注進幷江戸・長崎へ被差越候衆より御問ケ条・御肩書相成候写」(「益田家文書」東京大学史料編纂所蔵「所蔵分」)。

(49) 「唐船事御書付四」(前注14) 享保一一年八月条。その他、「唐船打払記録」(山口県文書館所蔵毛利家文庫二八・防寇一五) に本文中に示した使者への質問と、文言がほぼ一致する箇所が見出せる。「唐船打払記録」も、「唐船事御書付」のように藩側によって整理されたものであるように見えるが、その作成者・作成年代は不明である。

(50) 三藩側の唐船打ち払い関連史料を見れば、享保五年福岡藩の唐船「打潰」一件を除いて、この時点までは、「漂流」唐船が打ち払われても出帆しない事例はほとんどなかった。

(51) 八幡(バハン)船は海賊船を指す。板沢氏によれば、倭寇の船が八幡宮または八幡大菩薩の旗をたてていたために、バハン船と明人によって称されるようになった(前注1板沢論文)。ここで、萩藩は、「打潰」の正当性を強調するために、「八幡船」という呼び方を特に選び、「漂流」唐船を説明したと考えられる。

(52) 前注2吉積論文。
(53) 『御触書寛保集成』(高柳真三・石井良助編、岩波書店、一九三四年) 九七八頁。
(54) 「唐船事御書付三」(前注14) 享保一一年一〇月。
(55) 前注5劉論文。
(56) 「唐船事御書付三」(前注14) 享保七年三月。
(57) 同五、享保一五年一一月条。
(58) 前注4山本論文②。
(59) 享保五年唐船「打潰」一件後、福岡藩の役人は、小倉藩に逗留する金右衛門から、「抜荷」唐船に関する情報を受けた。それによると、福州商人林特夫・南京商人凌素言・漳州商人周福官の三人が信牌を持っていた(「唐船漂流記」四、前注35、享保五年六月二三日条)。
(60) 前注1服藤論文。
(61) 坊津町郷土誌編纂委員会『坊津町郷土誌』上巻(坊津町、一九六九年)、三二八—三四一頁。
(62) 八百氏によれば、福岡藩は唐船打ち払いによる過重な負担を負っていた。具体的には、大筒役・筒役などの打ち払い担当役人への手当て(地扶持・旅扶持・辛労銀)の支出、火薬に使う鉛などの資源の消耗、物質運送による人足・馬の不足、一〇〇〇人を越える大量の郡夫の動員による疫病の発生などが挙げられている(前注3八百論文)。

第五章　近世日本の唐人処罰

——「日本之刑罰」の適用をめぐって

はじめに

「鎖国」時代の日本社会は、対外交流が制限された環境にあったが、「通信国」とされる朝鮮・琉球との公的な交流と、「通商国」とされる中国・オランダの商人との貿易は存在していた。日本に長期逗留する異国人がいる限り、彼らが日本の法に違反した場合にどのように対応するのかという問題が生じる。とりわけ、長崎に来航した唐船の中国商人と乗組員は人数が多く、「抜荷」を中心とする唐人の不法行為は頻発していた。日本の法に違反する唐人への処罰原則は、徳川幕府の対外貿易政策の一環と考えられ、広くは、前近代の国際法の一問題とも捉えられる。

このような視点を初めて提起したのは、法制史学者服藤弘司氏である。服藤氏は、「犯科帳」[1]を中心とする史料に基づき、「鎖国」期の幕府は、異国人が「日本之掟」(御国法)を遵守することを貿易許可の前提条件としながらも、異国人には、キリシタン禁令違背以外、原則として「国禁」(再入国禁止)なる独自の刑を科し、日本人に科せられた極めて重い「日本之刑罰」は適用しなかったとした[2]。つまり、「日本之刑罰」を異国人に適用しないという原則があったというのが、氏の基本的な主張である。

さらに近世日本対外関係史の研究者荒野泰典氏は、「海禁」時代の日本においては、「異域民」の処置はその主権者に委ねるという家康以来の原則に忠実だったと述べている。[3] この原則とは、日本における法の属人主義（日本人は日本の法で、外国人は外国人の帰属する国の法で裁くこと）であるという。[4]

服藤氏・荒野氏は主に「密貿易」の事例を考察し、日本人に対する処罰方式と中国人に対する処罰方式との相違を論じた。しかし、「密貿易」以外の違法行為、たとえば唐人同士の喧嘩、唐人と日本側の役人との衝突などの事例も少なくない。

これらの事例を検討した研究として喜多恵氏・熟美保子氏・松尾晋一氏らの仕事がある。[5] 三氏はいずれも、元禄期（一六八八―一七〇四年）から正徳期（一七一一―一六年）に至るまでの間、幕府は唐人に身体刑を適用せず、忍従と懐柔とでもって対処していたとする点では、服藤氏・荒野氏の論点と概ね一致する。熟氏は、正徳期における唐人への取締りの強化に注目し、国家意識の出現にその原因を求めた。喜多氏は、天保六年一二月（一八三六年一月末―二月初め）の騒動に際して幕府は日本の刑罰を適用すると表明したが、結局のところ実施されることはなかったと指摘している。また、松尾氏は、従来の「宥和」政策に対する新井白石の非難と、正徳期の政策転換との関連性を論じている。これらの指摘から、日本刑罰を異国人に適用する意識が幕府に全くなかったわけではないと考えられ、服藤氏・荒野氏の説を疑う余地が残されているといえる。

右のような指摘はなされているが、異国人の違法者に対する幕府の処罰意識を通時的に整理した専論はまだない。そのため、本章は、幕府の唐人に対する取締り政策を通時的に整理・考察し、幕府内部の意見交換、及び清政府・商人との交渉に関する史料を具体的に分析し、日本の法を犯した唐人への刑罰原則を検討してみたい。

ちなみに、注意すべきことは、先行研究で取り上げられた史料でいう「日本之刑罰」は、主に身体刑を指している点である。「過料」「罰減銅」[6]などの財産刑や「入牢」と呼ばれる拘束刑は、量刑の上では異なったが、日本人と中国人に通用されていた。また「国禁」は、服藤氏は外国人独自の処罰とするが、特定地域への立入りを禁止するという内容から見れば日本国内における「追放」刑と類似したものと考えられる。

要するに、これらの史料でいう「日本之刑罰」の適用問題は、日本の身体刑が適用されるかどうかの問題であり、近現代法でいう国内法・国際法といった枠組みとは必ずしも同じではない。本章では、同時代の意識に基づき、「日本之刑罰」の適用を問題とする。財産刑・拘束刑などを含めた外国人処罰の全体像や、近代の法意識との差異については今後の課題としたい。

なお、史料が偏っていて通時的な「違法」行為の分布は不明であるが、従来の研究を参照して、各節ごとに時期の特徴に簡単に触れたい。

第一節　唐人への刑罰原則の形成――貞享―正徳期

康熙二三(一六八四)年、台湾を根拠地とした鄭氏勢力を平定した清政府は、「展海令」[7]を出し、海禁を解除し、長崎での日清貿易を公認した。その結果、翌年に長崎に来航した唐船の数が過去一〇年間の平均より三倍に増え、七三隻に達したのである。[8]

同年、福建総督王国安と福建水師提督施琅によって派遣された清朝の官吏が文官・武官一人ずつ、一三隻の唐船を率いて長崎へ渡来した。その時代の清朝には外交を担当する専門機構がなかったため、朝鮮・安南・琉球などのいわゆる「朝貢国」に関係する事務は、礼部が取り扱い、それ以外の対外事務は、沿海の地方政府の役人や欽差大臣(特命全権大臣)が執行していた。山脇悌二郎氏によれば、鄭氏の活動期は福建商人が活躍していたという。[9] 言い換えれば、長崎貿易に従事していた商人は主に福建商人であった。そして鄭氏を降伏させると、清朝は台湾(当時、東寧とも呼ばれた)に台湾府を設置し、福建省の管轄下に収めさせた。したがって、福建省の地方官が対日貿易を担当したのである。

こうした清朝官吏の初渡来に対し、唐通事らはひそかに「船頭」（唐船の経営責任者、船主とも呼ばれる）に尋ねて、長崎奉行へ報告した。報告の覚書は唐船風説書集成『華夷変態』に所収されている[10]。

それによると、文官は「奉令台湾府督捕船防庁梁爾寿」（台湾府督捕船防庁に所属する、梁爾寿という者）である。そして、この梁爾寿は「東寧支配之副官」（東寧は台湾の別称）であった。武官は「奉令督理興販洋船左都督江君開」（長崎貿易の中国商船を監督・管理する責任を負う、職名が左都督[11]、江君開という者）である。また、この江君開はかつて唐船の「船頭」として数回にわたり長崎へ渡来した経験の持ち主でもある。

こうした官吏派遣の目的が何だったのかについては、覚書で次のように記されている[12]。

［史料1］

（前略）若拾三艘之船共に押之官無之候而は、諸船頭共私欲を構へ、帰唐之節勘定分明に御座有間敷と王国安・施琅存申候、又船々之役者・水手共之儀、始而日本江渡海仕候者多く御座候、於御当地にも御作法を存不申者共に而御座候得者、船頭共支配仕分にては制し兼可申、自然御国法をも違犯仕候而は、第一対日本江慮外と申、且は唐土之外聞不宜候由にて、此押へ之ため武官赴申候、（後略）

これによると、官吏の派遣理由としては、次の二点が挙げられている。その一つは、商人の私欲を抑え、貿易勘定を監督することであり、もう一つは、日本の法を守るように唐船の乗組員を取り締まることである。特に今回の渡航者のなかには、初めて日本に赴く者が多く、皆日本の礼儀やしきたりを知らないため、乗組員に対する「船頭」の取締りも難しくなる。日本の法に違反することは、まず日本側に対して申し訳ないし、なおかつ中国のイメージの悪化も招いてしまう。これを考慮したうえで、福建省総督及び福建水師提督は文武の官吏を日本へ遣わすことにしたという[13]。

このような治外法権的な扱いを幕府は認めたのであろうか。次の史料[14]から、幕府の態度が窺える。

［史料2］

文官梁爾寿、武官江君開申上候は、私共儀早々帰帆仕候様にと段々被仰聞、奉得貴意御尤に奉存候、次向後官職之者差越不申候様にと、急度被仰渡、此段も承届候、帰国仕候節、被仰渡候趣、福州之守護総督王氏、幷に廈門之守護靖海侯施琅江申聞せ、重而官職之者差渡し不申候様に可仕候、（後略）

この史料は、帰帆する前に両官吏が奉行所の検使に述べた内容を唐通事が訳し、奉行所に提出したものである。これから、今後清朝の官職を持つ者が日本に赴いてはならないという旨の命令を幕府が下し、そしてこれを彼らの派遣者である福建省総督及び福建水師提督に伝えるようにと、両官吏に言い渡したことが読み取れる。幕府がどのような理由でこうした命令を出したのかはまだ明らかではないが、結果としては治外法権のような、清朝の役人が在日中国人を取り締まるという方式は実現されなかった。

それから三年後の元禄元（一六八八）年、幕府は来航唐船の数を七〇隻に制限し、さらに長崎に唐人屋敷（唐館ともいう）を設置した。翌年からは、すべての渡来唐人はこの施設に収容され日本での生活を送ることになった。藪田貫氏によると、日本側の管理強化と滞在の長期化によるストレスは、唐人の不法行為が頻発する原因の一つとなった[15]。すなわち、日本側が取締りを強化すればするほど、唐人の不満や反抗も激しくなったのである。

宝永期から正徳期に至るまで（一七〇四―一六年）の唐人の「犯罪」に対する処罰については、松尾氏の史料紹介及び分析がある。本章の論旨上重要であるので、以下松尾氏の論考を踏まえて簡単に経緯を説明しておく[16]。

まず、宝永五（一七〇八）年唐人騒動の処置を見てみよう。宝永五年四月一日、唐人屋敷の商売場で、買い物をした唐人水手と日本人小商人との喧嘩が発生した。それに対して、長崎奉行所は二〇隻の唐船に「積戻し」（積荷を持ち帰らせる、取引不許可）を命じ、達書を下した[17]。

達書の前半には、「唐人共我儘ニ商売人之売物等奪取、打こわし、法度を相背大門之外江も罷出、旁法外成仕形、日本之掟を背、重々不届千万ニ候」とあり、この騒動を日本の法に背く、容赦できない行為としている。そしてその後半には、主としてこの二〇隻の唐船を対象に出された注意事項（四ヵ条）が示されている。その四条目には「無科日本人あたをいたし、又ハ疵付候においてハ可為下死人事」とあり、以後また騒動を起こした場合は死刑に処すこともありうるとした。この達書の対象は、騒動に関与した二〇隻の唐船の唐人に限られ、在留唐人すべてに通用する法令ではなかったが、場合によっては唐人に対しても死刑が適用されうることが示されており、異国人の「犯罪」に対する刑罰原則を検討する意志が、幕府の役人に現れていることが窺える。

宝永六（一七〇九）年、徳川家宣が六代将軍になると、新井白石は側用人間部詮房とともに幕政を補佐するようになり、銅輸出の制限及び貿易秩序の整備などを目指す改革が政治日程にのぼった。白石は長崎貿易の様々な点について長崎奉行たちと頻繁に意見を交換し、その一環として日本の法を犯した唐人の取り扱いの問題にも注目していることが松尾氏に指摘されている。『折りたく柴の記』で「我国は万国にすぐれて、武を尚ぶ国とこそ古より申伝へたれ。しかるに、今かゝる船商等がためにも侮を受けむ事、国体においてもつとも然るべからず[18]」と述べ、唐人の違法行為は幕府の「武威」を傷つける問題として捉え、これまでの「宥和」政策を非難している[19]。

それを背景に、長崎奉行の駒木根政方・大岡清相は正徳三（一七一三）年六月に、来航する唐船が上陸する前に、次のように唐人水手への取締りを強化する旨を、唐通事を介して唐人へ伝えさせた[20]。

［史料3］

（前略）若此以後、或博奕或私成願を以党を結ひ可及騒動儀を企候もの於有之者、捕之、乙名・通事方迄可差出候、其節僉議之上死刑ニ可申付由、勿論致荷担もの又は騒動企るものを押隠し、於不指出ハ、其船之水手共も僉議之上、同罪ニ申付候様ニとの証文認可差出候、於然は、証文指出候船之水手共ハ圍之内ニ可差置候事、すなわち、これ以後博奕や徒党・騒動などを企てた者は、逮捕して唐人屋敷の乙名や唐通事に預け、吟味した上で死刑に処す。そして、それらの「犯罪者」を助けた者にも同罪を科す。これを承知する請書を出す。請書を出した船の水手のみが上陸し唐人屋敷に入ることを許される。要するに、以後は唐人に死刑をも適用する旨を表明している。

しかし、「船頭」らは死刑の適用について、「唐国ニ而も申分ケ難成」[21]ことを理由にして請書の提出を拒否し、死刑の適用に抵抗した。結局、奉行所は「書付之内死刑之二字唐人共方より書入候儀こまり申候由、尤被仰付趣奉畏候と申上候証文取申ニ不及候」[22]と決定を下した。すなわち幕府側は、「死刑」という二字が書き入れられた請書を提出させることを放棄したのである。結果はともかくとして、この一連の事例からは、唐人にいっそう厳しい刑罰を科そうとした幕府の意志が明らかに読み取れる。

正徳五（一七一五）年、長崎貿易を統制することを目的とした、白石起草の「海舶互市新例」（世にいう「正徳新例」）が発布された。その一部分である「通事共唐人の約条草案」（漢文は「訳司與唐商款約」）のなかの「我国の人を殺すものハ下手人を出すへし、傷つけ候ものハ其軽重に随ひ過料を出すへし」（漢文は「殺害我国人者、提出凶身償命。至若創傷者、従其軽重納銀贖罪」）[23]という条目によって、日本人の命を奪った場合に限り、唐人にも死刑が科されることになった。しかし、日本人の命を奪ったのではない限り[24]、身体刑の代わりに経済的処罰が下されるにとどまり、身体刑の適用という点からは極めて限定されたものとなっている。

右のような経緯を、松尾氏は唐人「違法」の厳罰化という論点から説明している。本章は幕府が初めて唐人に対する身体刑の適用原則を正式に定めたことに特に留意したい。

第二節　唐人への刑罰原則の再検討——享保—文化期

新例が発布された一年後の四月に将軍家継が死去し、五月には紀州徳川家の吉宗が将軍職を継ぎ、年号を「享保」に改元した。それに伴い、白石とその有力な支持者であった間部詮房は相次いで政治の舞台から退けられ、白石の政策はその是非を問われることになった。栗田元次氏の研究によれば、老中井上正岑は新例の廃止を唱え、久世重之は存続を主張した。(25) さらに山脇悌二郎氏によると、新例の起草に関係の深かった長崎奉行大岡清相が進言した結果、吉宗は信牌制度・値組商法などの新例の骨子を継承した。(26) また前章で考察したように、唐船問題に対する強硬化の傾向に沿って、死傷者を伴う厳しい唐船打ち払いも実施された。

一方、吉宗は「公事方御定書」の作成を中心とする法制改革を行った。高塩博氏によれば、この「御定書」で定められた二〇種類の刑罰のうち、「入墨」「敲」は享保期に創出された刑罰であり、以後幕府崩壊を迎えるまで用いられていた。そして、適用する犯罪については、軽微な盗犯とその再犯に対する処罰として「敲」と「入墨」とが採用されている。(27) このような刑罰体系の改革が、唐人の「犯罪」の取締りにも及んだかどうかについては、次の史料が参考になる。これは宝暦三(一七五三)年に発布された、日本の法を犯した唐人・唐船に対する処罰の指示である。(28)

［史料4］

一、国禁之者於令再渡者、船主は銅三千斤之罰減、当人は入墨幷国禁可申付旨申渡置候得共、以来当人之入墨令用捨、連渡り候船主不吟味之至に付、銅千斤づゝ可為罰減候事、

すなわち、かつては「国禁」(再入国禁止)に処された者が日本に再渡来した場合、その者の乗っている船の船主(「船頭」と同じ、船の責任者に対する呼称)には銅三〇〇〇斤の罰減を科し、本人に「入墨」及び「国禁」に処すべきと

の指示だったが、これ以後は、本人を「入墨」に処さないこととし、その者を連れて渡航した船主に、監督の不行届として、銅一〇〇〇斤の罰減を科すことになった。

　これによると、日本の法を犯した唐人を「入墨」の刑に処す指示がかつて出された。残念なことには、関連史料が不充分なため、この指示の内容と背景は明らかではない。しかし、宝暦三年には「入墨」を唐人に科さないことになったことが分かる。

　宝暦—文化期（一七五一—一八一八年）において、唐人の「抜荷」などの違法行為は依然として頻発した(29)。天明五(一七八五)年以降、唐船乗組員個人の荷物による取引が許可されるとされている(30)。その結果、唐人水手が唐人屋敷から出かけ、市中で密売する事件がまた増えたようである。文化七(一八一〇)年頃になると、日本側の手回り品の改めが限界に達するほど、大量の唐人が市中へ出入りしていた(31)。これを背景に、長崎奉行遠山景晋は文化九年六月一〇日、老中牧野忠精の諮問に応じて、勘定奉行三名との連名で、評議の結果を報告し、老中から裁可を受けた(32)。ちなみに、当時の勘定奉行肥田豊後守と曲淵甲斐守はかつて長崎奉行を務めていた。

［史料5］

　工社共取締之儀ニ付、評議仕候趣申上候書付

「　書面申上候通被仰渡奉承知候、

申七月九日　　柳生主膳正（久通）

肥田豊後守（頼常）

曲淵甲斐守（景露）

遠山左衛門尉　」

長崎表江渡来之工社共、近来不法超過仕候趣、被及御聞、右者御国法背候儀不届之儀ニ付、取計方評議仕、可申

上旨被仰渡候ニ付、評議仕候所、工社共儀者至而下賎之ものニ而法令等辨兼、密買より事起候儀ニ相聞、昨未年中追々厳敷手配申付、諸船主共江も精々利解申聞候所、船役共恐入候旨者申候得共、不行届様子ニ而風儀不宜、工社共帰唐為致候儀も、船主共取計ニ不行届候間、名差を以奉行所より申付有之度旨、内々申立、則帰唐申付、又者工社共自分荷物商売差止可申旨申渡候儀も有之、少々ツヽ追々風儀も宜相成候様ニ相聞候所、又々不法有之由、追々超過仕候而者御国法も立兼候様ニ而者不軽儀ニ御座候間、向後厳重之取極無御座候而者、相慎申間敷、右ニ付外国ものヽ儀、是迄奉行咎と申候而者、国禁申付候外無之、右咎之儀も相辨居候間、以来者不法之始末ニ寄候而者、敲、或ハ入墨、又ハ其品ニ寄、死罪ニ茂可被仰付旨申渡候程ニ無之候而者、相慎申間敷哉、是迄之姿ニ而者、国禁申付候者、再渡仕候而も、多人数之儀ニ付難見分、其儘在留仕候もの有之間敷共難申候間、其節之目印ニ相成候ニ付、入墨申付候方可然奉存候、左候得者、是迄之咎より重く相成、格別相響、取〆ニ相成可申奉存候、右御仕置、是迄無御座候ニ付、御国限ニ者御仕置も被仰付間敷候間、右御制度被立候趣、船主共申渡、両荷主江相達、請書差出候後、右御主法江相成候儀ニ付、在勤之長崎奉行了簡之姿を以、諸船主共江申渡可然奉存候、（後略）

史料の前半は、唐船の工社（水手）の「密買」が増えていること、及び船主を中心とする船役の管理が行き届かないことを述べている。そして傍線部では以下のように述べている。唐人による「犯罪」の増加は日本の国法の権威を傷つけるほどになったため、それに対する取締りを強化せざるをえない。以前は、唐人の違法に対する処罰は「国禁」にとどまった。以後は、事情によって「敲」「入墨」などに、最悪の場合は「死罪」にも処すべきだ。これまでは「国禁」を科した者が再渡航しても、唐人の数が多くて見分けにくいため、「国禁」を科した者に「入墨」を加え、目印を付ける。こうしてより厳しく処罰すれば、唐人の「犯罪」が抑えられるであろう。これらの刑罰はこれまで異国人に適用されておらず、なおかつ日本側が一方的に定められる問題ではない。これらの処罰の唐人に対する適用を制度として確立したことを、在崎の船主たちに申し渡し、さらに中国側の二人の荷主（後出の「在唐荷主」、官局・民局の総商）[33]にも伝え、請書を提出させる。それ以後、在崎の奉行は自分の判断した方法で新たに来航した船主たちへ申し渡す。

これから、次の二点が特に注目される。その一つは、「入墨」「敲」や死罪といった日本の刑罰が唐人にも適用されるようにすべきだと幕府が決定したことであり、もう一つは、こうした変更には、まず船主・荷主の了解を得ることが必要とされたことである。

遠山は上申書の裁可を受けた後、七月下旬に長崎へ出発した。九月上旬に長崎に到着し、同八日に「入墨」などの身体刑の適用及び唐人への伝達について、在崎の奉行土屋廉直と相談した[34]。その後、次のように唐人へ申し渡した[35]。

［史料6］

近来唐人共之内不法有之に付、取締之儀追々申渡候而も、作法不相改候、此以後彌不法致超過候者は、無用捨召捕入牢申付置、吟味之始末に寄、日本之刑罰敲、或は入墨、又は其品に寄死罪にも可申付候、且又検使制し方不相用、手向ひ致し候エ社共は無用捨討捨候間、其段兼而エ社共へも厳敷可申渡置候、

達書の前半は、概ね［史料5］の身体刑適用の方針をそのまま唐人へ伝えるものである。そして傍線部から、検使が唐人違法を取り締まる時、その指示に従わずに抵抗した場合は、抵抗者を容赦せずに切り捨ててよいという規定が加えられたことが分かる。

同年一一月、在唐荷主（財東ともいう、商人グループの経営代表者）が唐通事・町年寄を通じて長崎奉行に宛てた書簡[36]が届いた。その前半で、日本の法を犯した唐人の再渡航を阻止するために船の乗組員を厳しくチェックすることを、在唐荷主が約束した。後半では、次のように、唐人の刑罰に対する荷主の態度を示している。次は、筆者による史料の訳文である。

［史料7］

〔船乗組員の〕人数が多いため、絶対トラブルを起こさないとは保証しかねる。もし前非を改めない者があれば、すでに船主たちに繰り返し言い含めたように、即時に貴国の頭目（唐人屋敷の乙名などの日本側の役人）に通知する。まず〔それらの違法者〕本人を入牢させ、出航時は船主へ引き渡し、〔唐土（中国）に〕連れ帰らせて頂ければ、〔帰国後〕必ずただちに〔彼らを〕官府に引き渡し、法に従って処罰を受けさせる。決して容赦しない。(37)

すなわち、日本側の官憲が治安維持のために「違法者」を拘束することは納得するが、「違法者」の裁判と処罰はやはり中国で行われるべきだと主張している。在唐荷主たちは、日本側の唐人に対する日本刑罰の適用を承諾しなかった。

それから二年後の文化一二（一八一五）年正月、長崎奉行は再び唐人船主に請書を出すよう命じたが、在崎の船主らは、荷主の返答の主旨を奉行所側へ伝えた。(38) 返答書では次の文が注目される。現代語に訳すと、次のようになる。

［史料8］

すでに諭令を蒙り、それにより幾度も衙門（官府）に催促したが、今に至るまで何も裁奪が下されていない。暫く返事の期限を延ばさせて頂くよう〔日本の官憲（長崎奉行所）に〕伏してお願いせよと、財東（在唐荷主）から繰り返し言い含められた。ぜひともお慈悲・ご寛容をくださるよう切にお願いする。(39)

このように、文化一二年までに長崎奉行所は、何度も中国商人に請書を出すことを命じたが、中国商人は清政府からの許可がないという理由で、返事の延期を求めて請書を提出しなかった。結局、この努力は無駄に終わったが、それらのやりとりから、幕府が文化期において異国人への処罰原則を再検討し、日本の法を犯した唐人を日本の刑罰で処罰しようという意志を強く示していたことが明らかとなった。

第三節　唐人への処罰原則の再試行――天保期

天保六(一八三五)年、老中大久保忠真は長崎における貿易秩序の混乱を再度問題視し、「密貿易」の取締りについて、同年閏七月二六日に在府長崎奉行久世広正へ取締強化の命令を下した。大久保は長崎貿易の秩序が弛み、「抜荷」などの違法行為が多発し、その結果、「往々御国威も難立」というほど、幕府の権威が低下してしまったと強調し、「文化之度申渡候趣を以取計」と述べている。[40] そして、日本刑罰の適用に関する請書の提出の再三にわたる遅延に対しては、次のように指示を下した。[41]

［史料9］

一、近年工社共、猥ニ門外不法相働候段、不届ニ候、①文化之度申渡候趣も有之処、今以請書も不差出、是又不束之事ニ候、此上者請書ニ無貪着、掟を背候もの者、文化之度申渡候趣を以取計、其外国禁・罰減銅、或ハ荷物積帰等、其ニ品応(マヽ)し、前々申渡候通、無用捨可申付条、其節異儀申間敷旨、改而唐商共江申渡、②定而今度之請書も延引可致候間、請書ニ不拘取計候段も申渡、其上ニも不埒之働致し候族有之候ハヽ、折々ハ厳重ニ取計、其始末ニより候而者、安永之度被仰出候通、通商可被差止と申程之勢をも含、可取斗申候事、

この史料の傍線部①によると、この時点まで、唐船商人は文化期の申し渡しに対する請書を提出していない。これ以後、請書の提出を処罰実施の前提とせず、唐人の違法行為には文化期の規定によって対処する。さらに傍線部②は、今回も唐人がやはり請書の提出を引きのばすと予想されるため、請書の提出にかかわらずに処置すると唐人へ言い伝えるべきとしている。そして大久保指示の最後では、日本刑罰の適用に対し、唐人が従わない場合は、厳しく対処し、場合によっては安永期（一七七二―八一年）に命じた通り、通商中止に処してもよい。

この史料から、大久保は唐人に対する日本刑罰の適用を断行しようとする姿勢をみせたことが分かる。なお、ここでいう安永期の法令についてはまだ明らかではない。

大久保の指示を受けた奉行久世は、唐船の船主・惣代[42]への「申渡書案」を急いで作成し、二日後の二八日にそれを伺書に添付して大久保に提出し、認可を受けた[43]。

［史料10］

申渡書案

王氏
十二家
船主
惣代　江

近年渡来之工社風儀不宜、従前々申渡置候掟を不相守、不法之儀共有之、猥ニ門外いたし、専ら不正之筋取扱候哉相聞、不届之至ニ候、船主・惣代之もの、常々示し方等閑故之儀と相聞候、一船限り船主・惣代申合、右様不埒之ものハ、不連渡様可致候、畢竟自己之利易(ママ)而已心掛ケ、不実之取計いたし候ニ哉(ママ)相聞、通商之信義を失ひ、不埒之事ニ候、急度穿鑿をも可遂なれとも、格別之宥恕を以、此節迄之儀者不及御沙汰候、以来右様不埒之もの於有之者、当人ハ勿論、船主・惣代とも迄も吟味之上、国禁、又者銅罰減、其外時宜ニ寄、文化度申渡候通、日本之刑罰ニも可申付候、（後略）

この「申渡書案」によると、唐船の水手が日本の法を守らず、勝手に唐人屋敷から外出し、違法行為を行うのは、船主・惣代の監督不行き届きによるものだとされている。奉行所は、法を守らない者を日本へ連れ渡らないよう、すでに船主・惣代に申し付けたが、船主・惣代は自らの利益のみに関心を持ち、船乗組員の監督を等閑に付す。通商の信義を失う不埒なことであり、その責任を追及すべきだが、特別に寛容を施し、これまでは処罰しなかった。これ以後、違法者があれば、船主・惣代たちも詮議し、「国禁」や「銅罰減」などに処し、事情によっては文化期に申し渡したように「日本之刑罰」を下すこともありえるということである。

さらに同日、久世は長崎に赴いたのちに手配すべきことについて、次のように上申し、聞き入れられた。(44)

［史料11］

一、唐人共密売之儀、今度厳敷取計方仕候儀ニ付而者、是迄之仕癖も有之候儀ニ付、此度被仰渡之趣、幷奉行所より之申渡も不相用候上者、文化九年申年、土屋紀伊守・遠山左衛門殿伺済之通、其品其所行ニ寄、日本之刑罪敲、或ハ入墨、又は死罪ニも可申付儀は、其頃唐商共江申渡も有之候、且又検使之もの制し方不相用、手向ひ等致し候エ社共ハ、無用捨討捨候儀も申渡置候付、万一今度御威光ニも相拘候程之儀も候ハ丶、入墨・敲等は申付候様ニも可仕哉ニ奉存候、

この上申書で、久世は文化期の法令の内容（傍線部、［史料6］と一致）を取り上げ、唐人に対する「敲」と「入墨」だけの適用を上申している。ここで、久世の唐人処罰に対する態度が注目される。すなわち、死刑までの「日本之刑罰」を唐人に科すという文化九年の長崎奉行らの強硬な態度と異なり、久世は死刑を除き、「入墨」「敲」のような軽度の刑罰だけを唐人に適用するという比較的穏便な態度をとった。この史料からは死刑を除く理由を直接に読み取ることはできないが、前述したように文化九年の唐人処罰の方式についての請書が取れないことから、死刑に対する唐船商人や清政府の反対を意識したうえで、久世はこうした妥協案を出したのではないかと考えられる。

この後、久世は実際に長崎に赴いて幕府の意志を唐人へ伝えた。次に挙げる史料は、天保六（一八三五）年一一月に「日本之刑罰」を無条件に唐人に科すべきという趣旨の申し渡し（漢文は「諭船主・総管知悉」）を受けた四番船の船主沈耘穀と財副（勘定係）陳逸丹によって提出された請書である。(45)［史料12］は筆者により訳されたものである。

［史料12］

言い聞かせられた法律条款は、私たち商人のみならず、船員も皆すでに承知した。敢えて厳正に遵守しないだろうか。当然ながら法令を守り、決して違背しない。したがって、例の通り貿易を許可してくだされば、感謝の限りである。万が一に船員の中に勘違いして法令を犯す者があれば、法による処置に従い、その時に至って、敢えて一言の異議も唱えない。(46)

史料の前略部分は幕府の命令であり、［史料10］の「申渡書案」とほぼ一致する。その中では、「敲」「入墨」などの言葉には触れておらず、ただ「看其景況、或照文化年間所諭、按照本国法律、厳行正法、亦未可知」（［史料10］の「其外時宜ニ寄、文化度申渡候通、日本之刑罰ニも可申付候」と対応する漢文）と示している。「敲」「入墨」という刑の実態は文化期に申し渡した「本国法律」（日本之刑罰）という言葉に隠されている。そして、最後の「厳行正法、亦未可知」（厳しく死刑を科すこともありえる）という表現は、死刑を執行する可能性を示しているが、極めて曖昧な表現と考えられる。

［史料12］によれば、そのような曖昧な表現に十分に注意していたかどうかは分からないが、請書のなかで商人沈耘穀たちは法令に違反した者が「御国法之通」処罰されても一言も異議を唱えないと承諾している。

その後間もなく、天保六（一八三五）年一二月に未曾有の大騒動が発生した。(47)その時は、事前に手配した通り、長崎勤番中の福岡藩兵が出動して、唐人約一八〇名を逮捕した。奉行所は吟味したうえで、頭目一八名を入牢させた。翌年四月、沈耘穀をはじめとする船主五人が、帰航する前に、唐通事を通じて、長崎会所調役高島四郎兵衛及び奉行久世へ次の連名願書を提出した。(48)次は筆者による現代語訳である。

［史料13］

本人に至っては、自ら法を犯した以上、その罪が許されないのは理の当然である。ただ彼らの在唐家族に配慮し、お慈悲をくださるよう、いまひたすら釈放を乞い願う。我ら商人は帰国次第、ただちにその事情を詳しく官府に伝え、必ずや違法者を〔官府に〕引き渡して裁判を受けさせる。各々罪の軽重により、「唐山」（中国）で法に照らして処罰されるようになるであろう。そうなると、違法者は単に貴国において拘束されるのみならず、「唐山」においても厳しく処罰されるに至り、貴国の法の威厳は言わずと知れるであろう。[49]

前述したように、商人沈耘穀はすでに日本の法を犯した唐人に対する「日本之刑罰」の適用を承知した請書を長崎奉行に提出し、乗組員のなかで法令に背く者があれば、国法によってどのように処置されても、一言の異議もいわないと承諾したが、その直後に起きた騒動で乗組員が逮捕されたことに対し、やはり「日本之刑罰」の免除を求め、帰国してから清朝の法により処置することを申し入れた。

それに対し、幕府は許可せず、入牢させた唐人一八人を大村藩の牢屋で一年間拘束した。その間、在唐荷主の代表楊嗣亨・王宇安から彼らの赦免を求める書簡が届いた。[50]天保八（一八三七）年四月、この一八人はようやく釈放され、唐人屋敷滞在中の商人に引き渡された。同年六月に再び届いた荷主の書簡のなかには、「また法を犯した一八人を、刑罰を与えずに全員を釈放したことは、とくに柔遠の深い恩である」[51]と述べられている。すなわち、逮捕された唐人全員は帰国させられ、死刑どころか、「敲」「入墨」にも処せられなかった。結果的には、やはり唐人に「日本之刑罰」は科せず、騒動の張本人は一年間だけ入牢させるにとどまった。

また、この騒動と日本側の取り扱いには、清朝も関心を示したようである。次の史料は、道光一七（一八三七）年に浙江省嘉興府平湖県の知県胡述之が長崎奉行宛に送達した書簡である。[52]次に掲げるのは、筆者による訳文である。[53]

［史料14］

昨年、目侶（水手）らがわずかの利を追い、身の程知らずに悪事を企み、愚かかつ無知にも国法を犯したため、銅が差し引かれ犯罪者が拘束されたのは理の当然である。春に帰帆する際、お慈悲を蒙り、格別にご容赦を頂き、六百箱の「洋銅」（日本銅）をすべて配給されて、官府に定められた銅調達額を満たすことができるようになった。拘束された一八人も釈放され、それらの罪人らは帰国させられた。公私とも皆ご仁恩を蒙ったことに感謝している。ただ彼ら目侶は性格が狡猾になり、不法の極まりだ。弊国では決して容赦しない。現在すでに官憲に報告し京都（北京）に護送されている。刑部では当然ながら、法に照らしてその罪が問われ、軽重により一律定例に従って処罰され、皆納得させられるであろう。これにより、貴国のご仁慈を明らかに表すことができ、また我が朝の法律を広く示すこともできよう。[54]

史料から考えると、清朝の官吏はこの事件に対する幕府の取扱いに異議を唱えず、唐人が日本の法を厳守すべきとし、事件の解決及び違法者の引渡しに感謝の意を表した。しかし一方、中国人の処罰は「我朝之法律」すなわち清朝の法で裁判・処罰すべきであると再度強調した。最後にある「貴国之仁慈」と「我朝之法律」は対照的な表現と考えられる。

なお、日本人漂流民送還の史料によると、漂流民を送還する唐船が、浙江省嘉興府平湖県や同寧波府鄞県などから書簡を長崎奉行に提出する例は何件もあった。[55] 天保六年騒動の交渉についても、唐船の主な出港地である乍浦が所属する浙江省嘉興府平湖県の知県が担当した。これらの例から、漂流民の送還や「犯罪者」の引き渡しのような、身柄をやりとりする時は、清政府が異国政権との交渉を関係地域の地方官に任せるという慣習が確認される。

おわりに

「鎖国」期における異国人処罰に関しては、前述した服藤氏・荒野氏が主張した、「日本之刑罰」が異国人に適用されないという説が、最も有力である。確かに結果的には、幕府が唐人に処したのは同質な「違法」行為を犯す日本人への処罰と異なり、主に経済的処罰であり、場合によっては「入牢」のような拘束刑を科すこともあったが、死刑はともかく、「敲」「入墨」などの軽度の身体刑も唐人に処した形跡が見えない。

しかし、異国人の処置をすべてその主権者に委ねるという法の属人主義が幕府の意図だったとは思われない。本章で取り上げた史料を合わせて考えると、唐人に対する処罰の原則は次第に形成され、そして身体刑の適用も検討された。

正徳期（一七一一―一六年）において、新井白石と大岡清相らは、「我国の人を殺すものハ下手人を出すへし、傷つけ候ものハ其軽重に随ひ過料を出すへし」という処罰原則を定めた。さらに享保改革の時代、「敲」「入墨」などの軽度の身体刑も一時的に唐人に適用することになったようである。

文化期（一八〇四―一八年）において、長崎奉行遠山景晋らは再度、「敲」「入墨」を唐人への刑罰に取り入れようとしたが、清政府または在唐荷主からの承諾を実施の前提とした。しかし、そのような承諾が容易に得られなかったため、刑罰の導入も長期に棚上げにした。

天保期（一八三〇―四四年）、老中大久保忠真は「密貿易」の横行、騒動の頻発を再び問題視し、清朝の承諾がなくても、文化期と同じような刑罰を適用すべきとしたが、長崎奉行久世広正の案を受けて、「敲」「入墨」だけを唐人に適用するよう指示した。その直後に起きた唐人騒動は厳しく鎮圧され、一部の唐人は一年間拘束された。こうした対応と処罰は未曾有に厳格だったとはいえ、拘束された唐人が何らかの身体刑を受けた記事はない。

このように、上は老中から下は長崎奉行まで、幕府の高官たちは、国の威光を示すために、何回も日本の法を犯した唐人を厳しく処罰し、死刑までの「日本之刑罰」を下すよう主張した。一方、唐人に「日本之刑罰」を導入するにあたり、唐船商人グループの代表者（在唐荷主）を納得させようとし、時には清朝官府の同意をも得ようとした。

つまり、幕府は唐人処罰に関して、統治者の権威の維持、具体的には長崎の治安及び貿易秩序の維持、そして清朝との既存関係の継続、具体的には日清貿易の継続とのバランスを考慮せざるをえなかった。また、両者の軽重に対する判断は幕吏によっても違った。

こうした人的な要素のみならず、「違法」行為の性格・程度も幕府の唐人処罰に影響したようである。もし件数の多い小規模な密売行為に対し、日本人の「抜荷犯」と同様に、過酷な身体刑で応じるならば、幕府は唐船商人と清政府の非難を浴び、ひいては日清貿易に支障が出る可能性もあった。他方、唐人による日本人殺害、あるいは通商秩序に重大な支障をもたらすような騒動が起こる場合、異国人の「違法者」に身体刑を科さずに放置するならば、権威が失墜してしまうと幕府は考えていたのではないかと考えられる。この場合は、死刑はともかく、少なくとも軽度の身体刑を唐人に科すこともありえただろう。

なお、一七世紀から一九世紀中期に至るまで、「海禁」のような保守的な対外政策を採っていた東アジア世界の諸国が、国際法意識または異国人への処罰に何か共通点があったのか、そして他面において、それぞれ特異性を持っていたのか、徳川幕府がオランダ人の違法行為にどのような態度をとっていたのか[56]、唐人と同一に扱ったのかなどは今後の課題としたい。

（1）長崎歴史文化博物館所蔵「犯科帳」（全一四五冊）。刊本としては、森永種夫編『犯科帳——長崎奉行所判決記録』（犯科帳刊行会、一九五八—六一年）がある。
（2）服藤弘司「近世長崎における異国人の刑事上の地位」（宮本又次編『九州経済史研究』三和書房、一九五三年）。
（3）荒野泰典「近世中期の長崎貿易体制と抜荷」（尾藤正英先生還暦記念会編『日本近世史論叢』上巻、吉川弘文館、一九八四年）四二二頁。
（4）荒野泰典「江戸幕府と東アジア」（同編『江戸幕府と東アジア』吉川弘文館、二〇〇三年）二八頁。
（5）喜多恵「文政十年・天保六年における長崎唐人騒動——福岡藩伊丹家資料を中心に見る」（『福岡大学大学院論集』一八—

二、一九八七年）、熟美保子「唐人屋敷の設立と唐人の不法行為」（神戸女学院大学『文化論輯』一二、二〇〇二年）、松尾晋一「幕藩制国家における「唐人」「唐船」問題の推移――「宥和」政策から「強硬」政策への転換過程とその論理」（『東アジアと日本――交流と変容』創刊号、二〇〇四年）。

(6) 「罰減銅」とは船ごとに配給すべき定額の銅を量的に減らすことを指している。「違法者」本人ではなく、乗組員の行動に監督の責任を持つ、「違法者」が所属する船の経営者を対象とした処罰であった。

(7) 台湾を根拠地とした鄭氏勢力が沿海住民と結んで大陸を攻めるのを防ぐため、清政府は順治一八（一六六一）年に「遷界令」を打ち出した。「遷界令」とは、東南沿海住民を内地に強制移住させた政令である。鄭氏勢力が屈服した後、清政府は「遷界令」を撤廃し、海禁を解除した。この政令は「展海令」と呼ばれている。

(8) 田辺茂啓編『長崎実録大成』正編（丹羽漢吉・森永種夫校訂、長崎文献社、一九七三年）、二五九頁。編纂の経緯などについては、本書第二章の第二節を参照。

(9) 山脇悌二郎『近世日中貿易史の研究』（吉川弘文館、一九六〇年）二三頁。

(10) 「申上覚」（林春勝・林信篤編『華夷変態』上冊、東洋文庫、一九五八年）四九二―五〇一頁。同史料によると、清朝に屈服した鄭氏勢力の代表者だった鄭克塽が、康熙帝の勅問に対し、日本との貿易を行ったことを述べた。これを知った康熙帝は、商船を遣わして日本と貿易させる命令を、新設の台湾府が所属する福建省の総督王国安と、廈門（アモイ）に駐在する福建水師提督施琅（水軍を率いて、鄭氏勢力を屈服させた功を立てたため、「靖海侯」という爵位を朝廷から受けた）に出したという。

(11) 同史料には「左都督は官号に而、遊撃並之官に而御座候得共（後略）」（『華夷変態』上冊、前注10、四九六頁）とあり、この左都督という官職は明朝の呼称で、清朝では遊撃（緑営の官名、従三品官）にあたる。清朝初期にあたるこの時期には引き続き用いられたのであろうか。

(12) 「申上覚」（『華夷変態』上冊、前注10）四九三頁。

(13) 官吏の派遣が福建省官庁の意見か清朝中央政府の指示かは、史料からは明らかでない。

(14) 「両官人江以検使帰帆之儀申渡候節返答并検使へ挨拶仕候覚」（『華夷変態』上冊、前注10）四九八頁。

(15) 藪田貫「唐館の内と外――「唐人番日記」について」（大庭脩編『長崎唐館図集成　近世日中交渉資料集六』関西大学東西学術研究所、二〇〇三年）二三三頁。

(16) 前注5松尾論文。
(17) 東京大学史料編纂所編『唐通事会所日録四』(東京大学出版会、一九六二年)三四一—三四二頁。
(18) 新井白石『折りたく柴の記』(岩波書店、一九九九年)三九七頁。
(19) 前注5松尾論文、二四頁。
(20) 東京大学史料編纂所編『唐通事会所日録六』(東京大学出版会、一九六五年)二三一頁。
(21) 同、二三三頁。
(22) 同、二三四頁。
(23) 「和漢寄文」巻一(大庭脩編『享保時代日中関係史料一』関西大学東西学術研究所、一九八六年)一〇八—一〇九頁。
(24) 管見の範囲では唐人による日本人殺害事件は発生しておらず、極めて稀な事態を想定しているといえる。
(25) 栗田元次『新井白石の文治政治』(石崎書店、一九五二年)四三七頁。
(26) 山脇悌二郎『長崎の唐人貿易』(吉川弘文館、一九六四年)一六一頁。
(27) 高塩博「江戸時代の刑罰——笞打ちと入墨」(同『江戸時代の法とその周縁』汲古書院、二〇〇四年)一四八—一四九頁。
(28) 大蔵省編『日本財政経済史料』巻三(財政経済学会、一九二二年)、七〇二頁。
(29) この時期における唐人「違法」行為の頻発は、熱美保子が整理した「不法行為の発生」という表を参照(前注15藪田論文、二三一頁)。
(30) 松浦章「清代対日貿易船乗組員の個人貿易」(同『清代海外貿易史の研究』朋友書店、二〇〇二年)を参照。
(31) 前注5喜多論文、二〇七頁。
(32) 箭内健次編『通航一覧続輯』巻一(清文堂、一九六八年)、一八〇—一八一頁。この史料は遠山景晋らの上申書であるが、後述する天保六年五月に長崎奉行久世広正が上申した「取調書」に「例書」として添付されている。史料の冒頭には、内容について裁可をうけた旨の承付が写されており、この遠山らの上申は幕府によって認められたことが分かる。
(33) 官局・民局の成立と貿易独占については、本書第三部を参照。その時点では、官局の総商は汪永増、民局(公局ともいう)の総商は楊蘭洲であった。
(34) 荒木裕行・戸森麻衣子・藤田覚編『長崎奉行日記』(清文堂、二〇〇五年)六一頁。
(35) 「長崎外交紀略下」(金井俊行編『増補長崎略史』下、長崎市役所、原書房、一九七三年)一三三—一三四頁。

(36)「具呈、官公局坐商汪永増・楊蘭洲為諭呈覆事」、同一三四頁。
(37)原文「人数衆多、難保其必無滋事、倘有不改前轍者、已嘱船主、即時通知貴国頭目、将本人先行牢禁、開棹時交付船主帯回、商等定即送官、按法究治、決無寛貸」。
(38)「具呈、汪公両局沈万珍・譚竹菴等為祈転啓事」、同一三五―一三六頁。
(39)原文「已蒙諭令、是以屢次催及衙門、至今竟無作何裁奪、仰祈暫為祈寛期緩覆等情、財東叮嘱前来、務望従善恩裁是感」。
(40)箭内健次編『通航一覧続輯』巻一（前注32）、一八七頁。
(41)同、一八七頁。
(42)惣代は総管とも呼ばれる。船の水手を率い、船の庶務を務める役。
(43)同、一八八―一八九頁。久世は閏七月にこの「申渡書案」を含めた長崎貿易関係の起草書類を提出し、長崎へ出発する直前の八月にはそれらに対する回答である老中書取を受けた。この書取では、会所の勘定について具体的な修正事項を指示した。その最後に「此外之儀ハ、伺之通可被心得候事」とある。この点から、久世起草の「申渡書案」（［史料10］）は老中に許可されたと考えられる。
(44)箭内健次編『通航一覧続輯』巻一（前注32）、一九七頁。
(45)同、二五四頁。
(46)原文「今奉暁諭法律条款、不独商等、以及通船人等倶已領悉、敢不凜遵。自当愈守法令、決不背違。因此照例准令交易、則感無涯矣。万一通船人内会意差錯有犯法令、憑照律処治。一到其間、不敢一言」。
(47)天保六年一二月一三日、船主孫漁村の葬送が行われた。葬送の際、行列から離れて「市中徘徊」した何名かの水手は阻止に来た役人に手向かい、水手一人が負傷。復讐のために唐人は大勢唐人屋敷から出掛け、役人と衝突。情報を受けて、福岡藩の藩兵が出動して、騒動唐人を唐人屋敷の大門内に追い込み、唐人屋敷を包囲した。そして翌朝、唐人屋敷に入って、騒動唐人一八〇名を逮捕した。天保六年の唐人騒動は記載された騒動のなかで最も大規模な騒動だった。それについては、前注5喜多論文を参照。
(48)箭内健次編『通航一覧続輯』巻一（前注32）、四六八頁。
(49)原文「至于本人、身既犯法、罪在不赦、理所当然。惟望軫念在唐家口、垂慈撫恤、今惟釈放是感。一俟商等回唐之後、即将此情織細報官。必将犯法人等交出審明、各依罪之軽重、自応在唐照律科断。然則犯法之輩、不但貴国牢禁、又在唐山従重懲治、庶使貴国法律之厳不言而喩」。

(50) 箭内健次編『通航一覧続輯』巻一（前注32）、四九一―四九六頁。

(51) 同、五〇九頁。漢文は「又蒙将犯法之十八人不加譴責、概令釈回、尤為柔遠深恩」。

(52) 知県は県の長官、正七品。外国で起きた、中国人が関与した紛争事件に関する対外的な交渉を、こうした格式の低い地方役人が担当したという点も注目される。

(53) 箭内健次編『通航一覧続輯』巻一（前注32）、五〇七頁。

(54) 原文「上年因目侶人等逐蠅頭之利、肆螳臂之頑、愚惷無知、致干国法。扣銅禁犯、理所宜然。春季船回、乃蒙曲賜矜憐、恩施格外、六百箱洋銅全給、既官項之無虧、十八人禁綱皆開、俾罪人之獲返、公私咸感遐邇沾仁。惟此等目侶狡獪性成、不法已極、弊国豈能寛宥。現已稟明上憲、解赴京都。在刑部自有憲草議罪名、須分軽重、一依定例、俾衆咸知。用以彰貴国之仁慈、亦以伸我朝之法律」。

(55) 宝暦元（一七五一）年の漂流民送還船は、福建省泉州府廈門海防庁及び寧波府鄞県から「日本国王」宛に咨文（外国及び同等官の間に往復せる公の文書）を持参した（田辺茂啓編『長崎実録大成』正編、前注8、二九六頁）。宝暦五（一七五五）年の場合は、送還唐船は浙江省嘉興府平湖県の咨文を持参した（同、三〇〇頁）。ほかの例については、春名徹「中国から送還された日本船全覧」（同「漂流民送還制度の形成について」『海事史研究』五二、一九九五年）を参照。

(56) 服藤氏は「多少、唐人に対するよりも、オランダ人に対する方が寛容であったと見なければなるまい」と指摘しているが、それに対する具体的な比較研究を行っていない。前注2服藤論文を参照。

補論　清朝から見た近世日本の対外関係

はじめに

中世後期の長期戦乱を終結させた近世の統一政権は、初めは国内統一の延長線上で海外拡張を企て、東アジアを制覇しようとする勢いを見せたが、朝鮮出兵の挫折後は海外戦略を縮小し、さらに中国の明清交替や東アジアでの西洋勢力の競合などの海外情勢の変動に応じて、次第に国際交流の範囲を制限しようとする傾向を示した。

近世日本史の研究は長い間、ヨーロッパ中心史観の影響で、寛永一六(一六三九)年から嘉永六(一八五三)年のペリー来航までの時期を「鎖国」時代としていた。これにより、「鎖国」以前と以後の日本対外関係の一貫性の部分が見えなくなった。一九六〇年代から、「鎖国」史観の見直しをめぐる議論が盛んに行われている。その一環として、朝尾直弘氏は近世東アジアの国際関係に注目し、日本型華夷意識という概念を提示している(1)。その後、ロナルド・トビ氏は、外交文書から見られる日本型華夷観を整理し(2)、そしてほぼ同時に荒野泰典氏は、意識としての日本型華夷秩序の特徴を分析し、さらにその実体の形成をも検討した(3)。これらの研究により、近世日本が自国を中心とする国際秩序の意識を持っており、そしてこの意識が異国琉球・異域蝦夷地への実質的な支配などの形である程度実体化したことが確認されたといえる。

では、近世日本の対外関係及び日本型華夷秩序は、前近代東アジアの伝統的な華夷秩序の中心に立っていた中国からどのように見られたのか。これについては、近世東アジアにおける日本の位置づけと深く関わっている重要な課題と思われるが、これまでの研究ではほとんど取り扱われていない。

この課題を明らかにするためには、中国側の史料に目を向ける必要がある。従来、矢野仁一氏・佐伯富氏・宮崎市定氏・大庭脩氏・松浦章氏らの先学は、中国側の史料を用い清朝中国人の日本観をめぐって研究を進めてきたが[4]、その問題関心を主として日中関係、日本の内政、長崎貿易などに置いており、日本と朝鮮・琉球・オランダなどの、清朝中国以外の国家との関係、及び近世日本の対外関係の全体像についてはほとんど注目していない[5]。

以上の確認に基づき、本章は中国側の史料を利用し、近世日本の対外関係及び日本中心の国際秩序を構築しようとする動きに対する清朝の官僚と知識人の認識について検討する。

第一節　近世初期日本の海外拡張による中国への衝撃

清朝人の日本観には、同時代に日本から伝わってきた情報に基づく認識もあれば、前代から受け継いだ日本への印象もあった。そこで本節は、先行研究の成果を踏まえて、近世初期における日本の統一政権の海外拡張に対する、明朝人の認識と清朝人の印象について整理してみる。

室町時代の中期においては、勘合貿易とも呼ばれている日明貿易が行われていたが、一六世紀中期になると、日本国内の不安定に伴い、大名側が派遣した使節団の紛争などにより途絶した。こうした合法貿易の扉が閉じられると、日中間の「密貿易」が盛んになり、そして「密貿易」を行う商人集団は海賊の性格を持ち、中国の沿海各地で略奪を繰り返した。こうした「密貿易」集団は、中国で倭寇と呼ばれていた。当時において、倭寇のなかには「真倭」、いわば本当の日本人は少数であるという意識があったが[6]、倭寇という言葉そのものが日本と深く結びついているため、倭寇の活動＝日本人の侵攻という偏見は、後世中国人の日本観に根づいてしまった。

こうした倭寇の活動は、明官憲の制圧と海禁政策の緩和（隆慶元、一五六七年）、及び豊臣政権の海賊停止令（天正一六、一五八八年）の発布などにより、一六世紀後期になると次第に沈静化した。しかし、日本に対する中国側の警戒感は、消えなかったばかりでなく、豊臣政権の朝鮮出兵によりさらに高まった。

朝鮮出兵の背後には、豊臣秀吉の国際新秩序構想があったようである。秀吉は、天正一五（一五八七）年に対馬の宗氏を通じて朝鮮国王の来日を、翌年に島津義久を通じて琉球国王の使節派遣を要求した。これに応じて、琉球と朝鮮はそれぞれ天正一七年と同一八年に使者を派遣した。また秀吉は、天正一九年にルソン（スペイン領フィリピン諸島）の入貢を、文禄二（一五九三）年に高山国（台湾）の入貢を促した。そして天正一九年のイスパニア（スペイン）領フィリピン諸島長官宛の書簡では、朝鮮・琉球が日本へ入貢していること、さらに文禄二年の高山国宛の書簡では、南蛮・琉球が日本へ入貢していることを述べている[7]。これらの動きと宣伝は、海外貿易に従事する中国商人、または朝鮮や琉球の中国朝貢使により、明政府に伝わったのは不思議ではなかろう。

明代の史料に基づき清政府により編纂された『明史』[8]は、秀吉政権の動向について次のように記している。

［史料1］

〔秀吉は〕信長の三男を廃し、関白を僭称し、その衆を有した。時は万暦一四（天正一四、一五八六）年であった。その時から、ますます兵を率いて六六州（日本全国）を征服した。また琉球・呂宋（ルソン）・暹羅（シャム）・仏郎機（ポルトガル・イスパニア）[9]の諸国を脅威して、諸国に朝貢を迫った[10]。

つまり、秀吉は織田信長死後にその勢力を受け継いで日本を統一し、さらに諸国の入貢を強要したのである。先に述べたように、秀吉は確かに琉球・ルソンの入貢を促した。しかし、秀吉がシャムやポルトガルやイスパニアにも入貢を要求した形跡は見られない。ただし、この時期において、ポルトガル船・イスパニア船は頻繁に日本へ来航しており、そして秀吉はポルトガル領インド副王に宛て書簡を送ったこともあった。[11]

一方、明の兵学者茅元儀が天啓元（一六二一）年に完成した兵書『武備志』で次のように、みずからが掌握した、日本の外交攻勢と軍事行動に関する情報をまとめている。[12]

［史料2］

この年（一五八九年）、〔日本は〕琉球を〔入貢に〕誘導したがうまくいかず、朝鮮を脅かしたところ、朝鮮はついに入貢した。次年、〔日本は〕朝鮮から〔中国へ〕入寇しようとし、琉球がわが朝に貢ぐことを禁じた。〔それは〕情報を洩らすことを恐れたためであった。琉球宰相・鄭迵（謝名利山）[13]はひそかに〔この情報を天朝に〕知らせてくれた。天子（明皇帝）は詔を下し、朝鮮を責めた。壬辰（一五九二）年、〔日本は〕ついに釜山から朝鮮を侵略した。戊戌（一五九八）年に秀吉が死んだことにより、ようやく安定に向かった。[14]

この史料から、日本は琉球と朝鮮の入貢を要求し、そして朝鮮を屈服させ、琉球から明朝への朝貢を阻止し、さらに朝鮮へ侵入したという。秀吉の朝鮮侵略戦争が終わってから二十数年後の中国知識人の認識が窺える。つまり、日本の勢力拡大により、明の朝貢国は攻撃され、中国中心の朝貢体制は動揺した、という印象が残されていた。

秀吉の死後（一五九八年）に、日本軍は朝鮮から撤兵した。その後、統一政権を受け継いで幕府を開いた徳川家康は、薩摩に琉球征服を実現させ、対馬を通じて朝鮮との関係を修復し、人質や捕虜の送還、書簡の送付などの形で明との国交回復を試みた。[15]これに対し、明政府は用心深く一切応じず、逆に海防を強化するように沿海各地へ度々命じ、[16]そして様々なルートで日本の外交戦略に関する情報を収集した。

万暦二九（一六〇一）年一二月、対馬からの条約締結の要請に関する朝鮮国王の上奏が明政府に届いた。[17]それ以後、こうした朝鮮ルートから、通信使の派遣などの日朝接近の情報も次々明朝側に届いた。[18]これにより、明政府は対馬を介在とする日朝交渉の進展を概ね掌握した。一方、東南では琉球経由の情報ルートもあった。このルートで、薩摩の琉球侵略の情報は明に伝わっていた。上原兼善氏によれば、明政府はすでに、島津氏が琉球へ進攻して琉球国王を日本へ連行し、また帰国させた経緯について、琉球の進貢使たちの報告を通じて掌握していた[19]。

このように明政府は、東北と東南二つの方向から日本の脅威を感じていた。万暦四一(一六一三)年に刊行された『海防纂要』[20]の序文で、編纂者である明の官僚王在晋は「家康狡起、薦食中山、跳梁正劇」と書いた。すなわち、家康の勢力は狡猾に台頭し、中山(琉球)を次第に併呑し、激しく跳梁している。さらに同じ序文で「昔所虞者、零星摽掠之倭、而今所虞者、大挙入寇之倭」と書いた。すなわち、昔恐れていたのはまばらに略奪する「倭」であるが、今恐れているのは大挙して入寇する「倭」である。このことから、明の官僚の認識では、幕府の成立により日本からの脅威はさらに高まったと考えられる。

第二節　康熙朝の海防と陳昂上奏

いわゆる「鎖国令」が出された寛永期(一六二四―四四年)は、中国大陸の明清交替期に相当する。明の支配から次第に脱出してきた中国東北部の女真族は、万暦四四(一六一六)年に後金政権を立て、二〇年後に国号を清と改めた。明との戦いを経て強大化した女真族の勢力は、天聡元(一六二七)年と崇徳元(一六三六)年の二度にわたって朝鮮を侵略し、李氏政権を制圧した(朝鮮で「丁卯胡乱」「丙子胡乱」と称されている)。さらに、清政権は順治元(一六四四)年に北京へ遷都し、その後中国全域への支配を目指して南明政権と戦いながら、新政権のもとで中国中心の朝貢体制の再編を進めた。

順治四(一六四七)年に、清は浙江・福建を占領したのち、全国向け勅諭を下した[21]。その勅諭では、琉球・安南・暹羅・日本などの国々が臣従の意を表して朝貢に来るならば、これらの国を朝鮮と同じように優待すると宣言した。同年六月、南明政権へ朝貢するために派遣されて福建に滞留していた琉球・安南・呂宋三国の使節が、強制的に京師（北京）へ連れていかれ、順治帝からの贈り物と各国王への勅諭が与えられた。その勅諭は、新政権へ朝貢使節を派遣するよう呼びかけるものであった。(22)

実際はこれより二年前、清政府はすでに日本へ友好な信号を発信した。寛永二一(一六四四)年、越前の商民は中国東北部へ漂着し、北京へ移送され、一年ののち朝鮮を経て日本に送還された。(23)これらの日本人漂流民を送還するため、清朝は朝鮮国王李倧へ勅諭を下し、異国人漂流民とその家族に対する皇帝の憐憫の意を日本の君民へ伝えるよう命じた。(24)

一方、同時に日本側においては、徳川幕府は一連の法令を発布し、日本人の海外渡航・帰国を禁止し、ポルトガルの来航を拒否し、オランダ船・唐船の来航を長崎一港に制限した。つまり、幕府は比較的消極的な外交政策をとりはじめたのである。しかしこれらに対し、中国全土の支配に努めている清政府には、あまり注目する暇がなかったように見える。清朝が日本に再び目を向けたのは、台湾の鄭氏勢力を屈服させた直後、海禁を解除して日本との貿易を認めた一六八〇年代中期だった。

第五章で述べたように、康熙二三(一六八四)年、福建総督王国安と福建水師提督施琅によって派遣された清朝の官吏が文官・武官一人ずつ、一三隻の唐船を率いて長崎へ渡来した。これに対し、幕府はこれらの船を従来の唐船として貿易を許可した一方、今後清朝の官職を持つ者が日本に赴いてはいけないと通知した。(25)これにより、少なくとも幕末までは、清朝の官員が身分を公開して日本へ来航することはなかった。しかし清朝の官員がひそかに商船に乗って長崎へ来航した例が見られる。松浦氏が究明したように、康熙帝は長崎貿易の事情を把握するため、康熙四〇(一七〇一)年に官員一人を日本に派遣し、貿易商人を装わせて日本の情報を探らせた。(26)しかしこの官員が一体どのような情報をもたらしたのかについては、その詳細は不明である。康熙帝の執政はその後二〇年間以上続いた。この時期における清政府の、日本銅の輸入に対する関心の高さは多くの史料から窺える。一方、日本の国内外の情勢に対する関心を示している史料は少ないが、決してないとはいえない。そのなかには、一七一〇年代広東碣石総兵に任じていた陳昴の上奏があった。その原文は見つけられていないが、上奏の内容は雍正六(一七二八)年一〇月一三日付の、奉天府府尹を兼任する王朝恩が雍正帝へ提出した上奏[27]に見られる。

［史料3］

元広東碣石総兵・陳昴は、聖主（皇帝への尊称）が遠い海疆に関心を寄せることなどにつき上奏した。それによると、西北の紅毛は諸蕃の総称である。ただ西洋において、オランダ一国のみが最も大きく、人間性は最も危険なり。東洋においては、日本が最も強い。明の時、呂宋は日本と通商していた。西洋人は天主教を呂宋にまで普及させ、呂宋はまた日本を誘惑し、その教えに帰依させようとした。その後、呂宋は多くの人を集め、内外から挟み撃ちにし、もう少しで日本を滅ぼすところだったが、日本は屈強で国を奪われなかった。今に至っても、呂宋と日本は互いに仇敵としている。日本の強さを知るべきである[28]。

この史料は、中国周辺の情勢に対する陳昴の認識を示している。すなわち、中国にとって、西洋はオランダ、東洋は日本が最も危険な存在である。明の時日本と貿易関係を持っていたルソンは、西洋人から伝わってきた天主教を日本に普及させようとし、さらに内外から日本を攻撃したが、結局日本の強さで失敗した。それ以後、両者は敵対している。

この文では、ルソンと西洋との関係の認識が混乱しているように見える。この時期、ルソンはイスパニアの植民地であった。ルソンと日本との関係悪化というより、むしろイスパニアと日本との関係悪化と考える方が妥当であろう。徳川幕府成立後、イスパニアと同じ国王支配下のポルトガルは、日本との貿易関係を維持していたが、オランダ・イギリスとの競合、及び幕府の禁教政策により、貿易上の支障が生じた。やがて寛永期になると、幕府はイスパニア・ポルトガルと相次いで断交した。その後、島原・天草の一揆が起きた。松浦氏によれば、清政権はすでに北京を占領する以前に、朝鮮から「島原の乱」に関する情報を獲得していた[29]。この点から考えると、島原・天草の一揆にはイスパニアやポルトガルなどのカトリック教国家とのつながりがあったという印象を、清政府は受けていた可能性がある。

なお、秀吉の禁教政策の契機とされている、文禄五(一五九六)年九月のサン・フェリペ号事件に遡ってみると、サン・フェリペ号の乗組員フランシスコ・ザ・サンダは、検分に赴いた増田長盛に、「我国王は数多くの宣教師を諸国に派出し聖教を説かしめ、異教を奉ずる者を多く化せし後、兵を遣はし、奉教人と合併して其国主を討滅して土地を奪ふなり」と語った[30]。この点を含めて考えると、イスパニアなどが宣教を通じて他国を侵略しようとする噂は、日本や東南アジアで広く伝わり、やがて貿易商人によって中国へも伝えられた可能性もある。

さて、なぜこの陳昴の上奏が、雍正六年王朝恩の上奏に引用されていたのか。その背景については、次の節で説明する。

第三節　雍正朝の日本警戒論と李衛上奏

正徳五(一七一五)年において、幕府は「正徳新例」を発布し、信牌制度を実施した。これにより、信牌を持つ商人にしか日本での貿易を認めず、そして貿易が無事に済むと信牌が更新されることとなった。翌年、徳川吉宗は将軍位を継いだ。吉宗の幅広い興味・関心に応えるために、幕府は頻繁に、原則的に一回しか使えない臨時信牌を、個別の商人へ発給した。そのかわりに、臨時信牌を受けた商人は、幕府から特別な注文を引き受け、中国から日本へ、医者・儒者・僧侶などを連れてきたり、象・馬などの動物や貴重な植物を運んできたりした。やがて、こうした動きは清政府の警戒を招いた[31]。

清政府が特に注意したのは、日本が中国から退役の武将を招聘し軍馬を輸入したことだった。これについては、雍正六(一七二八)年に浙江総督李衛が雍正帝へ緊急に報告した。雍正帝は、日本の情報をひそかに収集し海防を速やかに強化するよう、沿海地方の高官へ命じた。それに応じて、日本に関する様々な情報が雍正帝の元に寄せられた。

本章の冒頭で述べたように、これらの情報に関する史料は先学に注目され、広く利用されている。ここで取り上げたいのは、ほとんど言及されていない、日本の対外関係に関する部分である。前節で引用した［史料3］もその一つである。では、続いてほかの二つの関連史料を見てみよう。その一つは、雍正六年九月付の李衛上奏である[32]。この史料は三つに分けて検討したい。

［史料4・上］

紅毛も狡猾かつ勇猛である。しかし、噶喇巴（バタビア）[33]などはみな中土（中国）から遠く離れ、東洋日本のように〔中国と〕近いわけでなく、防ぎやすい。ゆえに以前、聖祖（康熙帝）は、西南洋（南シナ海方面から渡来する諸国）が内地（中国）に貿易に来ることは許すが、東洋（日本）が自ら来ることは禁じると定めた。形勢が異なるためである[34]。

この部分によれば、オランダなどの「紅毛」と呼ばれた西洋諸国は、中国にとって危険な存在であるが、それらの国の本国、及びアジアでの植民地はいずれも中国から遠く離れているため、日本に比べると中国の安全への脅威が低い。言い換えれば、中国にとって最も危険な存在が日本とされたのである。それが、西洋と東南アジア諸国の来航は許すが日本の来航は禁じる、という康熙帝の裁断が下された理由とされている。以上は李衛個人の認識だった。私見の限り、康熙帝が日本からの来航を禁止するよう公に指示したことはない。事実はむしろ、幕府が日本人の海外渡航を禁じたため、日本の商船は中国へ渡航しなかったのであろう。

［史料4・中］

朝鮮は久しく本朝の大恩を蒙り、ひたすら謹んで職貢する。しかし、東洋では日本のみ強く、恐れない隣国はない。朝鮮は近くにあり、当然日本と往来している。仲良く親密であることは問わずとも知れる。[35]

この部分は主に日朝関係について。すなわち、朝鮮は清朝へ朝貢する一方、近隣日本の強さを恐れて、日本と緊密な関係を結んでいる。次の史料も日朝関係に関連しているため、詳しい分析は後にする。

［史料4・下］

幸いなことには、日本では西洋の天主教と異なり、〔西洋の〕不逞の輩は代々の敵となった。東と西に位置し、遥かに離れているとはいえ、海でつながるものの、互いに相いれない。商船が倭に赴く時、その教えを信仰する者があれば、即座に取り締まる。そして鉄で鋳造した天主像を造り、船から降りる人々に足で踏ませてから上陸させる。それで疑いを晴らす。ここから、互いに通じていないことが分かる。[36]

すなわち、日本と天主教は対立している。日本は商船に乗ってきた天主教信者を迫害し、天主教との関係を確認するため、商船の乗組員が上陸する時に天主の鉄像を踏ませる。これは、いうまでもなく踏み絵のことだったであろう。こうした情報から、李衛は日本と天主教諸国が通じていないと判断した。これは確かに、日本とイスパニア・ポルトガルとの断交という史実と一致している。

続いて、同年一一月三日付の李衛上奏[37]を取り上げる。

［史料5］

また、以前は諭旨を受けて、朝鮮と日本との往来につき、ひそかに情報を尋ねよと命じられた。調査したところ、東洋（日本）の長崎港の北には対馬島があり、朝鮮と向かい合い、地方の辺境とかなり近く、順風で一、二昼夜で着ける。朝鮮も地方に館舎を設け、日本から派遣された倭人との貿易を認める。朝鮮の人が東洋（日本）に赴くことは許さない。ひそかに行き来し、関係は親密である。その勢力の強さを恐れるためにほかならない。ただし、謎めいたところがあり、まだ確認できていない[38]。

これによれば、雍正帝は、李衛が同年九月に提出した上奏を読んだのち、日朝関係について調査するよう李衛に指示した。これに応じて、李衛は一一月に調査して獲得した情報を、雍正帝へ報告した。報告の要点としては六点にまとめられる。すなわち、①長崎の北にある対馬島は朝鮮と近い、②朝鮮は釜山に施設を設けて日本から派遣された商人と貿易している、③日本は朝鮮人の渡海を禁止している、④両国はひそかに頻繁な往来をしている、⑤その原因は、朝鮮が日本の強さを恐れているためと考えられる、⑥その真相はまだ確認できていない。

「鎖国」期の日朝関係としては主に、政治の面では朝鮮の通信使が日本へ派遣されていたことと、経済の面では対馬藩が釜山の倭館で朝鮮と貿易を行っていたことが挙げられる。李衛の報告内容は極めて簡単だったが、日朝関係の枠組みを概ね把握できたといえよう。

また、右の上奏文から見られる政府側の認識と異なり、一部の官僚や知識人は個別著書で個人の日本観を示している。陳昴の息子、台湾・広東・江蘇などの沿海地方の総兵を歴任していた陳倫炯もその一人だった。彼が著した地理書『海国聞見録』[39]が雍正八（一七三〇）年に刊行された。この本の「東洋記」は、「所統属国二、北対馬與朝鮮為界、朝鮮貢於対馬、而対馬貢於日本、南薩司馬與琉球為界、琉球貢於薩司馬、而薩司馬貢於日本、二島之王倶聴指揮」と書いてある。すなわち、日本に服属している国が二つあり、北の対馬は朝鮮と接しており、朝鮮は対馬に貢ぎ、さらに対馬は日本に貢いでおり、南の薩摩は琉球と接しており、琉球は薩摩に貢ぎ、さらに薩摩は日本に貢いでいる、二つの島の王はともにその指揮に従う、という認識であった。このように、日本中心の朝貢体制の構図は陳倫炯の筆で描かれていた。

そのほか、松浦氏の史料紹介によれば、雍正七（一七二九）―九年の間で蘇州府知府を担当していた童華が同一三年に著した『長崎紀聞』があり[40]、そこでは、日蘭貿易の状況、及び東南アジア諸国と日本の交易関係、長崎貿易の状況、日本側のキリスト教の扱いなどを簡略に記している。前に述べた陳昴や李衛の認識と特に異なったところはほとんど見られない。

それ以後、幕府が臨時信牌を発給して特別な注文を商人に要求することはほとんど見られなくなった。これは、幕府が清朝の対日警戒感の高まりに配慮したことによる可能性がある。加えて、日本国内の銅生産の不振及び奥船（東南アジア各地からの商船）来航の減少により、幕府が対外貿易の縮小策をとったことも、原因の一つと考えられる。

おわりに

一六世紀末期において、豊臣政権は国内統一の延長線上で、海外への勢力拡大を図り、朝鮮侵略を行い、周辺諸国からの入貢を促した。これにより伝統的な中国中心の朝貢体制が大きな衝撃を受けたことはいうまでもない。中国側の一部の官僚と知識人は、秀吉が琉球や朝鮮などの入貢を強要した動きに注目し、琉球・朝鮮・ルソン・ポルトガルなどの国が日本へ朝貢しているという認識を示した。

朝鮮征服の失敗により、秀吉の新秩序構想は実現されなかった。統一政権を受け継いだ徳川幕府は、明との国交回復をめぐる外交上の働きかけを行い、より現実的な外交戦略を遂行した。しかし明政府は、薩摩の琉球征服、日朝の接近などの情報を入手し、こうした動きに強い警戒感を示し、日本の国交回復の要求に応じなかった。

寛永期（一六二四―四四年）以降、幕府の外交・通商の範囲は縮小しつつあった。一方、琉球・朝鮮からの使者派遣、及び中国・オランダとの貿易は次第に安定化した。清朝側は、日本が朝鮮と使節派遣による交流を保っていること、釜山で日朝間の貿易が行われていること、日本が天主教国家と対立していることを察知した。そのほか、琉球と朝鮮がそれぞれ薩摩と対馬を通じて日本へ朝貢しているという個別認識さえあった。

近世の日清関係は主として、長崎での中国商船による貿易関係であり、そして日本の銅生産の減少により、日清貿易の規模は徐々に縮小する傾向にあった。このように両国間の交流が限られていたため、当時における、中国人の日本への関心度と認識レベルは全体的に低かったと考えられる。とはいえ、海外貿易の管理及び海防を担当していた沿海地方の一部の官僚は、その職務の関係で貿易商人から日本の情報を収集し、日本と周辺諸国・西洋諸国との関係の実態と変動を概ね把握していた。また、これらの官僚が主に安全保障の視点から、日本を中国にとっての海防上の強敵とし、さらに日本の対外的な宣伝を受けたためか、それとも憂国の情による過度の敏感さがあったためか、日本の周辺諸国に対する影響力を過剰評価したという点も注目に値する。

（1）朝尾直弘「鎖国制の成立」（『講座日本史』四、東京大学出版会、一九七〇年）。
（2）ロナルド・トビ「近世における日本型華夷観と東アジアの国際関係」（『日本歴史』四六三、一九八六年）。
（3）荒野泰典「一八世紀の東アジアと日本」（『講座日本歴史』6、東京大学出版会、一九八五年）、同「日本型華夷秩序の形成」（朝尾直弘他編『日本の社会史一　列島内外の交通と国家』岩波書店、一九八七年）、同「「鎖国」論から「海禁・華夷秩序」論へ」（同『近世日本と東アジア』東京大学出版会、一九八八年）、同「東アジアの華夷秩序と通商関係」（『講座世界史』1、東京大学出版会、一九九五年）。
（4）矢野仁一「支那の記録から見た長崎貿易」（『長崎市史　通交貿易編・東洋諸国部』清文堂、一九六七年、初出は一九二六年）、佐伯富「康熙雍正時代における日清貿易」（『東洋史研究』一六―四、一九五八年）、宮崎市定「探聴日本動静摺」（同『政治論集』朝日新聞社、一九七一年）、大庭脩「享保時代の来航唐人の研究」（同『江戸時代における中国文化受容の研究』同朋舎出版、一九八四年、初出は一九七四年）、松浦章『江戸時代唐船による日中文化交流』（思文閣、二〇〇七年）、同『海外情報からみる東アジア　唐船風説書の世界』（清文堂、二〇〇九年）など。
（5）日本と清朝中国以外の国家との関係については先行研究で少し言及されている。たとえば、松浦章氏は「清代雍正朝官吏の日本観」というテーマで、童華『長崎紀聞』の内容を紹介し、日本とオランダとの関係及び日本のキリスト教の扱いにあたる部分にも触れた（松浦章「清代雍正期の童華『長崎紀聞』について」同『江戸時代唐船による日中文化交流』前注4、初出は二〇〇〇年）。

(6)『明史』には「大抵真倭十之三、従倭者十之七」と書いてある（『明史』列伝二一〇・外国三・日本、中華書局、一九七四年、八三五三頁）。ちなみに、この一六世紀の倭寇は、一四世紀の倭寇と区別するために、一般的に後期倭寇と呼ばれている。後期倭寇は、人間構成が複雑であり、そのなかには、中国人・日本人のほか、朝鮮人・ポルトガル人、さらに東南アジア方面の人たちもいた。正に村井章介氏が主張したように、倭寇は多民族的な人間の連合体だった、と考えれば妥当であろう（村井章介「倭寇の多民族性をめぐって」大隈和雄・村井章介編『中世後期における東アジアの国際関係』山川出版社、一九九七年）。

(7) 北島万次『豊臣政権の対外認識と朝鮮侵略』（校倉書房、一九九〇年）九八―一〇五頁。

(8)『明史』列伝二一〇・外国三・日本（前注6）、八三五七頁。『明史』は中国歴史上で「二十四史」と呼ばれている、紀伝体史書の一つである。清政府は順治二(一六四五)年に明史館を設けて「明史」の編纂に着手し、雍正一三(一七三五)年に編纂を完遂し、乾隆四(一七三九)年に出版した。「明史」編纂の参考になったのは、明政府が残した公文書及び民間から収集されてきた史料である。

(9) 当時の中国では、ポルトガル・イスパニアを区別なく「仏郎機」（フランキ）と称していた。矢野仁一『近世支那外交史』（弘文堂書房、一九三〇年、二、三頁）を参照。

(10) 同「廃信長三子、僭称関白、尽有其衆、時為万暦十四年。於是益治兵、征服六十六州、又以威脅琉球・呂宋・暹羅・仏郎機諸国、皆使奉貢」。

(11)『異国往復書簡集　増訂異国日記抄』（雄松堂書店、一九六六年）二七―二八頁。

(12) 茅元儀編著『武備志』巻二三〇・四夷八・日本考（東京大学総合図書館所蔵、天啓元年序刊本）。

(13)『明史』には、鄭迥の官職は琉球国の長史と記されている。

(14) 同「是年、誘琉球不下、脅朝鮮、朝鮮遂入貢。次年、将自朝鮮入寇。禁琉球弗我貢、恐以洩其事。琉球相鄭迥密以聞、天子乃下詔責朝鮮。壬辰、遂自釜山掠朝鮮。戊戌、秀吉死、始底定」。

(15) 紙屋敦之『大君外交と東アジア』（吉川弘文館、一九九七年）。

(16)「明実録」(『神宗実録』中央研究院歴史語言研究所、一九六六年) 万暦二八年一二月条、同三〇年三月条、同三〇年六月条。

(17)「明実録」(前注16) 万暦二九年一二月条。李啓煌氏はこの記事について言及している (李啓煌『文禄・慶長の役と東アジア』臨川書店、一九九七年)。

(18)「明実録」(前注16) 万暦三五年四月条、同一一月条、同三七年七月条、同四〇年八月条、同四二年五月条、同四五年一〇月条、同四六年九月条。

(19) 上原兼善『幕藩制形成期の琉球支配』(吉川弘文館、二〇〇一年) 九六—一〇七頁。

(20) 王在晋編著『海防纂要』(東京大学総合図書館所蔵、万暦四一年序刊本)。

(21)「清実録」(『世祖章皇帝実録』中華書局、一九八五年) 順治四年二月条。

(22)「清実録」(前注21) 順治四年六月条。

(23) 園田一亀『韃靼漂流記』(平凡社、一九九一年)。

(24)「清実録」(前注21) 順治二年一一月条。これについて、園田一亀氏はすでに指摘している (前注23園田書、一七二頁)。

(25) 本書第五章第一節を参照。

(26) 松浦章「杭州織造烏林達莫爾森の長崎来航とその職名について——康熙時代の日清交渉の一側面」(同『江戸時代唐船による日中文化交流』前注4、初出は一九七八年)。

(27) 雍正六年一〇月一三日王朝恩奏摺 (『雍正朝漢文硃批奏摺彙編』第十三冊江蘇古籍出版社、一九九一年、六六四、六六五頁)。以下、『雍正朝漢文硃批奏摺彙編』を『雍正奏摺』と略記。なお、これと内容的に類似している陳昴上奏の一部は、『清朝文献通考』にも収録されている (『清朝文献通考』浙江古籍出版社、二〇〇〇年、五一五八頁)。

(28) 同「広東碣石原任総兵官陳昴条奏、為聖主遠念海疆等事一疏。内開、西北紅毛為諸番之総名、惟西洋荷蘭一国為最大、人情為最険。其東洋惟日本為最強。明時呂宋與日本通商、因西洋人以天主教延及呂宋、呂宋即以此教誘化日本、後来呂宋招集多人、内外夾攻、幾滅日本。而日本強悍、不為所奪。至今呂宋與日本相為仇敵、可以見日本之強矣」。

(29) 松浦章「清に通報された「島原の乱」の動静」(同『海外情報から見る東アジア　唐船風説書の世界』前注4)。

(30)『日本西教史』下巻 (洛陽堂、一九一三年)、二五頁。前注7北島書を参照。

(31) 前注4矢野論文・宮崎論文・大庭論文などを参照。

(32) 雍正六年九月二五日李衛奏摺（前注27『雍正奏摺』第十三冊、五三四—五三六頁）。

(33) バタビア（Batavia）は現在のジャカルタの、オランダ植民地時代の呼称。当時、中国では「噶喇巴」と、日本では「咬噹吧」と呼ばれていた。

(34) 前注32李衛奏摺「雖紅毛亦称狡悍、然與噶喇巴等処、皆與中土尚遠、非如東洋日本之近、而宜防。故従前聖祖定例、西南洋許其内販、而東洋禁其自来、亦因形勢不同之故也」。

(35) 同「若朝鮮久沐本朝大恩、職貢惟謹。然東洋独日本為強、隣国無不懼之。朝鮮因其相近、自然與之往来交好密切不問可知」。

(36) 同「幸日本與西洋天主教両般、不軌之徒結為世仇。雖東西遥隔、海面倶通、彼此不能相容。凡商船往倭、有奉此教者、立即加害。幷用鉄鋳天主之形、令下船諸人脚踹登岸、方信無疑。於此可見、其不能別有連絡之勢矣」。

(37) 雍正六年一一月三日李衛奏摺（前注27『雍正奏摺』八一七—八一九頁）。

(38) 同「又前奉論旨、朝鮮与日本往来之処、令臣密加訪聞。査、東洋長崎口岸之北、有名対馬島者、與朝鮮国相向、地方辺界頗近、順風一・二昼夜可通。朝鮮地方亦設有館舎、聴従日本著倭人赴彼国交易、不許朝鮮之人前来東洋、而其暗中往還親密、無非畏其勢大力勝之故。但事在詭秘、尚未確知」。

(39) 陳倫炯『海国聞見録』（『叢書集成新編』九七巻、台湾新文豊出版社、一九七五年）五九九頁。

(40) 前注5松浦論文。

第三部　通商関係の担い手の再編

第六章 「官商」范氏の日本銅調達と債務問題

はじめに

周知の如く、一七世紀中期から一九世紀中期に至るまで、日本の主な通商相手国は、中国とオランダであった。初めから会社の形で長崎貿易に臨んでいたオランダ商人と異なり、中国商人においては、個人的・分散的取引から組織的・集団的取引への転換があった。一七三〇年代後半において、清政府は、民商（民間商人）が自らの資金で対日貿易に従事することを認め、そして内務府（宮廷事務を取り扱う機関）に所属する商人范氏による日本銅の調達を許可した。范氏とその系統を継ぐ商人は、長い間政府と資金上の関係があったため、「官商」と呼ばれていた。[1] 一方、官許を得て、決められた人数（最初は一二人）で民商の対日貿易を一手に引き受ける商人組織も一八世紀半ば頃に現れ、それらの商人は額商（「十二家」ともいう）と呼ばれた。また、官商の傘下で日本貿易に従事する商人の組織は官局、額商が率いる民商のグループは民局、または公局と称されていた。こうした官民両局による対日貿易の独占体制は、その後のおよそ一〇〇年にわたり維持されていた。

官商と額商については、数代にわたる研究の蓄積がある。額商に関しては本書第七章に譲るが、ここでは官商の研究史を整理しておく。

初めて実証的な研究を試みたと考えられるのは、一九二〇年代の矢野仁一氏の論文である[2]。氏は『皇朝文献通考』[3]の「銭幣考」（以下、『通考』と略記）などの記事に依拠して、乾隆一〇（一七四五）年以後、内務府商人范毓馪が清政府の指示に従い日本銅の調達を行うこととなったと指摘しており、そして范氏と清政府との関係、范氏の銅貿易の状況などにも言及している。

戦後初期、内田直作氏は、矢野氏の問題提起に沿って、官商の系譜を整理し、さらに官商・額商の成立を清朝の対外貿易統制の一環として捉えている[4]。その後、山脇悌二郎氏・松浦章氏・劉序楓氏・華立氏の一連の研究が積み重ねられてきた[5]。これらの研究は、塩商人関係の史料、漂流船関係の史料、地方志・家譜・墓表・上奏文などの多様な史料を駆使することにより、官商の系譜と貿易活動を浮き彫りにした。しかし、官商の成立については、毓馪が乾隆三（一七三八）年に日本銅調達の指示を清政府から受けたことと、同九（一七四四）年以後日本銅の調達を継続的に行っていたことが確かに検証されたが[6]、乾隆三年に清政府がどのような指示を毓馪に下したのか、その背後にある清政府の思惑が何か、指示したのが一時的な銅調達なのか、それとも定期的なものか、などの点は、曖昧なままに残されている。

また、先述の研究史の流れと異なる系統の研究であるが、内務府商人の代表として范氏を取り上げ、范氏の貿易活動を紹介する韋慶遠氏と呉奇衍氏の共著論文では、未刊行の内務府関係の史料を利用し、乾隆二〇（一七五五）年以後、范氏が数回にわたり清政府から貸付金を受けて塩専売と銅調達に使ったことについて多くの重要な情報を提供している[7]。他方、同様に内務府関係の史料を中心に范氏の商業活動の全体像に迫ることを試みた王景麗氏の研究もあり[8]、塩販売などの他分野の経営状況による銅調達資金の捻出への影響を理解する一助となっている。

ところが、近年台湾と北京の諸研究機関に所蔵されている清朝檔案（保存公文書）の整理と出版が進められている[9]にもかかわらず、先行研究は、基礎的な史実については、一次史料より『通考』などの編纂史料を優先的に使い、編纂史料の信憑性を追究していないよう見受けられる。こうした研究の現状に対し、筆者は、日本銅の調達に関する檔案史料を系統的に整理し、『通考』などの編纂史料と照らし合わせながら分析することにした。このように整理中の史料を読んでいるうちに、范氏の政府への債務問題が、実は官商の銅調達に極めて重要な影響を与えていたと意識するようになった。先行研究を見る限り、この点については言及がなされるにとどまっており、ほとんど重要視されていない。そのためか、半世紀以上前に内田氏がただ政府の指示という点を根拠に、官商の成立が清政府の対外貿易統制の一環だったとした考えが通説として定着することになった[10]。

以上の問題意識に基づき、本章は、これまでほとんど利用されていない檔案史料を中心に、范氏の債務問題と官商の銅調達との関連性を検証し、官商の銅調達が開始された契機と定式化した過程を明らかにし、さらに清政府の日本銅調達の方針について再検討する。

なお、本論を始める前に、官商という用語について少し付言したい。清の銅調達関係の史料において、官商という言葉は二つの意味で用いられている。乾隆二(一七三七)年以前、清政府から銅買付金の先払いを受け、長崎に赴いて銅貿易を行った商人は、身分的に官員でなかったが、政府の銅調達の請負商人という性格があり、史料には「官商」と称される場合があった。これが第一の意味である。しかし、その意味の「官商」は、乾隆三年以後、銅買付金の先払い制度の廃止に伴い姿を消した。その後、内務府商人范氏による銅調達が始まった。范氏は官職(太僕寺卿という名誉職、従三品)を持つ商人、なおかつ政府への債務を返済するために銅調達を行っていたことにより、民商と異なる存在であるため、官商と呼ばれている。本書の第三部で扱う官商は、後者の意味における官商、すなわち范氏及び范氏の銅調達の系統を継ぐ商人を指す。

第一節　范氏による日本銅調達の契機

1　清朝の「銅政」と乾隆初年の改革

この節では、先行研究を踏まえながら、乾隆朝以前の日本銅輸入の仕組み及びその変遷について簡単に整理したい。清代においては、銅銭（制銭ともいう）と銀両（銀地金）が基本的な通貨であり、銀両と比べると、銅銭は日常生活によく使われている小額の通貨であった。清政府は、首都の北京で、戸部に所属する宝泉局と、工部に所属する宝源局という二つの鋳銭所を常設しており、一方、地方の銅銭需要状況に応じ、省レベルの鋳銭局を設置、ないしは廃止するなどして調整していた。これらの鋳銭局で製造した銅銭の一部で、兵士の給料すなわち「軍餉」、及び工事の費用を賄い、ほかの一部を官営の両替所に投入し、主に銀両や古い銅銭との両替に備えていた。このように、銅銭が国民経済の安定にとって極めて重要な役割を有したため、清政府は銅銭の鋳造事業を重視して「銭法」と称している。(11)

一方、銅銭鋳造にとって欠かせないのは、主要な材料としての銅の確保であった。清朝前期において、鋳銭用銅の供給が不足する状況が長期にわたり続いたため、銅の調達は清政府の重要な政治課題になり、「銅政」とも呼ばれている。

第三章で述べたように、清朝前期において、銅の主な供給源は雲南省と日本であり、雲南産銅は「滇銅」（滇とは雲南省の別称）、日本産銅は「洋銅」と呼ばれている。さらに述べると、「洋銅」は、字面の通り、海外からの銅、つまり外国産銅という意味であるが、清朝前期においては、輸入ルートの違いがあったものの、輸入銅がほとんどの場合は日本産銅だったため、事実上、日本産銅と同義語であった。雲南銅と比べると、日本銅はよく精錬され、そして北京への運送に要する時間も短いため、清政府も商人も日本銅の輸入を望んでいた。

清朝の銅調達制度は、担当者・資金源・運送方式などの面で、幾多の変遷を重ねた。その詳細は先学に譲り、ここでは、本章の論点と関わる重要な部分のみを取り上げたい。劉氏による銅調達制度の整理[12]に沿って考えると、乾隆期以前の銅調達の制度史は、康熙五四(一七一五)年を境に、概ね二つの段階に分けられる。第一段階の主な担当者は、「関差」(交通の要衝に設置された税関の長官)・「塩差」(塩専売の管理と課税を務める官員)・内務府商人という三者であった。比較的早い時期に現れたのは、「関差」による銅調達、すなわち「関差」が主に税関で徴収した税銀などを資金として銅調達するということであり、その後「塩差」による塩商売で課した税銀を資金とする銅調達の方式が加わり、さらに康熙三八(一六九九)年になると、内務府商人による銅調達も始まった。ここで注目すべきは、最初に官商となった范毓馪がこの段階で一時的に銅調達を担当していたということである[13]。しかし史料上の制約があり、その詳細は分からない。

第二段階の仕組みは、康熙五五(一七一六)年に導入された、担当省による日本銅の調達(「分省弁銅」という)であった。すなわち、清政府は、中央の銅銭鋳造に使う銅をすべて日本銅で賄うことを決め、これまでの鋳造の実績に基づいて年間四四〇万斤の調達定額を定め、さらに八省分に分けて、八つの省(江蘇・安徽・江西・浙江・福建・広東・湖南・湖北)を指定し、それぞれの省に毎年約五五万斤の銅を調達することを命じた。指定された各省は、知府・道員などから一人の地方官を選んで、任期付きの銅調達官に任命し、交替させながら日本銅の調達を担当させた。こうした銅調達の制度は、どの省が日本銅を調達すべきか、どの省が雲南銅を調達すべきか、どの省がほかの省の担当分を兼ねて担当すべきかなどの調整が何度も行われ、基本的な調達の仕組みは乾隆二(一七三七)年まで概ね維持されてきた。

しかし、第三章で述べたように、雍正期後半になると、日本銅の生産量が減少しつつある様相を呈し、次第に清朝の需要に応えられなくなり、したがって清政府は、雲南省の銅山の開発に力を入れることを余儀なくされた。乾隆二年になると、朝廷のなかでいくつかの改革案について議論が繰り返された結果、可能な限り雲南銅だけで中央の鋳銭用銅を賄うことと、日本銅の輸入を民商の自由に任せることという二点を骨子とした「銅政」改革が行われた。官商范氏の日本銅調達は、この改革の直後に始動したのである。

2　乾隆三年の日本銅調達案

まず、范氏の家系図や貿易活動などに関する研究[14]を参考にしつつ、若干史料補足の形で、范毓馪をはじめとする范氏一族の貿易活動を概観してみよう。

范毓馪は山西省介休県出身の商人であり、祖先は明代初期からモンゴルとの貿易に従事していた。祖父永斗は、満洲族と貿易を行い、軍事物質を供給しており、清朝成立後、朝廷から家産を下賜されて北京の西北近辺の張家口に定住し、そして内務府籍に入り、いわゆる皇商になり、また官職も授けられた。父三抜の代になると、范氏一族の貿易活動は拡大し、辺境貿易だけでなく、銅の調達や塩の専売などの分野にも及んだ。毓馪が一族の家長になったのは、まさに家業の繁栄が頂点に達した時であった。

一八世紀中期范氏一族の貿易活動の全体像を端的に示すために、［表2］[15]を作成した。表によれば、毓馪と長男清洪・次男清注は、兵糧の運送、塩の販売、銅・鉛・木材・毛皮の調達、「人参」（中国東北部産の朝鮮人参）の採集・販売など様々な商業分野に進出しており、そしてほとんどは、政府から承認や特権を得なければ参入できない分野であった。范氏の特権商人としての性格は一目瞭然であろう。毓馪自身も、兵糧の運送で功を立て、朝廷から「太僕寺卿」という名誉官職を授与されている[16]。

さて、官商の銅調達がいつ始まったのかという本題に戻る。これについて、先行研究では、乾隆三年か九年かで見解が分かれている。この問題を解決するための鍵は、乾隆四年三月一七日署両江総督那蘇図題本（題本は内閣経由の

表２　18世紀中期范氏一族の貿易活動

項目		責任者	期間	出典
兵糧運送	北(モンゴル)	毓馪	雍正2—乾隆元(1724—36)年	「実録」雍正2年2月条 『平定準噶爾方略』乾隆元年3月条
	西(四川)	清注	乾隆13(1748)年—?	「実録」乾隆13年12月条
塩の専売		毓馪	雍正4—乾隆10(1726—45)年	雍正3年8月18日馬喀奏 乾隆3年8月6日戸部奏
		清注	乾隆10—27(1745—62)年	乾隆10年6月22日范毓奇奏 同27年閏5月14日内務府奏
		清洪	同28(1763)年	乾隆29年4月1日李質穎奏 同年6月11日同人奏
		清済	同29—48(1764—83)年	乾隆48年1月12日徴瑞奏 同年2月16日同人奏
米の調達		毓馪	同3(1738)年	「実録」乾隆3年9月条
輸入ガラスの取引		清注	同24(1759)年	「実録」乾隆24年9月条
鉛鉱山の開発		毓馪	康熙49—雍正元(1710—23)年	雍正元年12月23日允祥等奏
鉛の調達		毓馪	康熙57—雍正13(1718—35)年	雍正元年2月18日戸部奏 乾隆3年8月6日戸部奏
銅(日本産銅)の調達		清注*	乾隆4—同28(1739—63)年	乾隆4年3月17日那蘇図題奏 同29年5月9日輔徳奏
		清洪	同28(1763)年	乾隆29年5月9日輔徳奏 同31年4月23日内務府奏
		清済	同29—同48(1764—83)年	同48年1月12日徴瑞奏 同年2月16日同人奏等
「人参」の採取		毓馪	同5—8(1740—43)年	乾隆9年1月29日戸部奏
石灰の調達		毓馪	同9(1744)年前後	乾隆9年1月29日戸部奏
木材の調達		毓馪	同元(1736)年—? 同9(1744)年前後	乾隆元年8月16日海望奏 同9年1月29日戸部奏
		清注	同16(1751)年—?	同15年12月18日傅恒奏
毛皮の調達(キャフタ)		清注	同21—26(1756—61)年	乾隆22年6月15日傅恒奏 同26年6月4日内务府奏

注：*毓馪存命の間，毓馪は名目上の責任者，清注は実際の担当者.

両江総督宛の咨文（同級機関間の公文書）の内容と、江蘇・浙江両省布政使の共同調査による報告書の内容である。上奏[17]による情報である。［史料1］の前半と後半はそれぞれ、この題本に見られる、范氏銅調達に関する戸部から

［史料1］

范毓馪は、己未（乾隆四）年に納めるべき、〔戸部の〕審査で削減とされた運米脚価銀（米運送の運賃）三三万七七二二両九銭につき、その子范清注に命じ、江蘇・浙江に赴かせ、期限を分けて洋銅を調達させ、庚申（同五）年から、〔毎年払うべき〕金額に照らして〔銅を〕納めさせ、〔帑銀の返還分に〕充てさせ、決算するよう請うた。（中略）范毓馪は戸部に呈文（上申書）で、完納すべき運米脚価銀の削減分銀一三五万余両について、その子范清注に命じて、江蘇・浙江に赴かせ、四年に分けて洋銅を調達させるよう請うた。[18]

これらの情報から、政府が毓馪に日本銅を調達させるために指示した内容は概ね復元される。すなわち、毓馪は米の運送を担当し、政府から運賃を前払いの形で受領していたが、運賃の削減により、都合銀一三五万余両を政府へ返還せよと要求された。そして、乾隆四年の返還分は銀三三万余両にあたるとされた。しかし、毓馪は、銀地金そのものではなく、輸入銅の上納による債務返済を望み、次男范清注に日本銅を調達させ、乾隆五年からの四年間で、払うべき銀地金の金額を換算して、それに見合った量の銅を政府に納めることを戸部に提案した。

そして、中略の内容によれば、この提案は戸部の審議を経て採択された。これにより、毓馪は、乾隆五年から毎年、銀地金三三万余両（135÷4＝33.75）にあたる量の銅を納めることとなった。この数は、乾隆四年に払うべきとされた銀地金の金額（＝33.77229万）とほぼ一致する。つまり、毓馪が政府に求めた債務返還の変更は、返済の金額でなく、返済の方法だったのである。

また、先行研究は、清朝中期に成立した雑記『檐巣雑識』[19]の「照例定限一年、運回交局」という范氏の銅調達に関する簡略な記事に依拠して、乾隆三年に始まった范氏の銅調達が一年限りのものだったという結論を得た。[20]しかし、

これは明らかに［史料1］という一次史料の記述と齟齬がある。これを念頭に「定限一年、運回交局」の解釈を再検討すると、この「限」は銅調達の期間ではなく、銅を政府の鋳銭局に納める期限であり、鋳銭局の銅需要に応えるため、政府は毎年納銅せよと范氏に指示したと考えた方が妥当だろう。

3　兵糧運送と范氏の債務問題

では、［史料1］で触れられた米の運送は一体何を指しているのか。これを理解しない限り、范氏の債務問題の経緯が分かりづらい。［表2］に見られるように、范氏は、それ以前の十数年間、北方面の兵糧を輸送していた。その背景には、清とジュンガルとの戦いがあった。この点を手がかりに、ジュンガルとの戦いに関する上奏文などをまとめる史料集『平定準噶爾方略』の乾隆元（一七三六）年三月条から、[21]范氏への運賃支給に関する史料を見出すことができた。この史料は、毓馪が兵糧運送の費用を不正請求した問題をめぐって、戸部の摘発に対する総理王大臣（和碩荘親王允禄・和碩果親王允礼・大学士鄂爾泰・大学士張廷玉）が調査した結果・見解及び皇帝の裁断に関するものである。

この史料には、「至雍正六年、怡親王奏令范毓馪承弁」とあり、すなわち、雍正六（一七二八）年に怡親王の上奏により、毓馪は兵糧の運送を命じられた。そして「在未運之先、計按道里遠近給与運価」という文があり、これから、食糧が運送される前に、政府が運送の距離により運賃を毓馪に払うことにしたことが分かる。言い換えれば、運賃は前払いの形で支給され、その金額は運送距離により計算されたのである。さらに、この史料では、兵糧運送で政府への債務が発生した経緯が示されている。

［史料2］

また調査したところ、前は、科卜多（コブド）へ運送しようとした食糧を、途中で〔運送先を〕改めて鄂爾昆（アルコン）などのところへ運送して貯蓄させた。戸部の審議を経て〔最初に決められた運賃から〕銀二百五十余万両を削減することとなった。すでに八十余万両を差し引いたが、まだ百六十余万両はあり、現在、期限を定めて返納を要求している。(中略)運送先の変更により審査で削減するとされた未納銀百六十余万両については、范毓馪の呈文(上申書)では、一二年に分けて完納するとの案が提示されている。戸部の審議では八年に分けるべきとしているが、臣(総理王大臣)らは共同審議の結果、五年の期限を定め、もし期限内に完納できないならば、家産を換価して弁償させ、刑部に引き渡して処罰するとの案を上申したい。(22)

［史料2］の前半によれば、運送先の変更により、運賃の削減は決定され、そして削減分にあたる銀二百五十余万両の中から八十余万両が差し引かれることとなった。これは、従来の予算により毓馪に支給すべきが、この時点まで未だ支給していない分だったと考えられる。この未支給分を差し引いた後の百六十余万両は、毓馪が返納すべきとされた債務の銀額であった。

また史料の後半によれば、この返還すべきとされた百六十余万両は未納銀つまり政府への債務とされた。毓馪は返納期限を一二年にしたいと政府へ願い出たが、戸部の審議と総理王大臣の共同審議を経て、結局のところ、その期限は五年と定められた。一方、運賃の不正請求の問題については、未納銀の返還を除けば、追及・処分をしない方針だった。

こうした総理王大臣の共同審議の結果に対し、乾隆帝は「依議、著免其究治」という指示を下した。ここでは、総理王大臣の処理案を採択したほか、毓馪に対する追及と処罰を免じることを明言した。

政府への債務の返還は、一般的には、決定が出された翌年を一年目として行われる。こうした指示に従えば、毓馪は、翌年の乾隆二年から、毎年銀三三万両前後(160÷5＝32，170÷5＝34)を政府に払うべきだった。この金額は、［史料1］に見られる毓馪の乾隆四年返納分の金額(＝33.77229万)とほぼ合致する。

第二節　范氏による日本銅調達の期間延長

1　乾隆九(一七四四)年の日本銅調達案

では、乾隆三(一七三八)年の日本銅調達案は実行に移されたのか。これについて、第三章の［史料9］が参考になる。すなわち、范毓馪の次男范清注は、乾隆四年に蘇州に赴いて日本銅の調達を始め、官署(江蘇省の布政使司か)に保管されている信牌を賃借りし、長崎へ商船を派遣した。これらの船は、取引を終えて、奉行所から更新された信牌を受け取り、帰航した後にそれらの信牌を官署に納めたということである。これから、乾隆四年の時点で、范氏の日本銅調達が始まったことが確認される[23]。しかし、乾隆九年正月二九日戸部奏摺[24]によれば、范氏は、ほかの商業分野においても政府への債務を負っている。［表3］はその状況を示したものである。

これを見ると、前述した兵糧の運賃削減による返納金のほか、「人参」の未納分による債務もあった。すなわち、范氏が政府から「参票」(「人参」採集の許可証[25])を受領し、受領の枚数に応じて定額の「人参」を政府に納めることを義務づけられたが、「参票」を下請けの採集人に払い下げることが滞り、「人参」上納の定額を満たすことができなくなり、こうして生じた「人参」の未納分はやがて政府への債務となった。また塩商人李天馥から臨潁・禹州などの府県での塩専売権を譲渡された代わりに、李天馥の滞納銅にあたる銀の返納を引き受けた。これら債務のなかから、政府が范氏に払うべき、木材・石灰の運送の運賃から差し引くことになり、その結果、范氏の政府への債務総額は、銀一一四万一二五〇・二九一両とされた。次の史料は、同奏摺に引用された、范氏の債務問題に関する諭旨の内容である。

［史料3・上］

表３　乾隆9(1744)年范毓馪の債務明細表

名　　　目	返済分・銀	差引き分・銀
「人参」の未納分	511,425両	
木材・石灰運送の運賃		79,010.509両
運賃削減による返上金の未納分	675,445.8両	
塩専売権を取得するための債務代弁	3,390両	
合　　　計	1,141,250.291両	

出典：乾隆9年1月29日戸部奏（一史館35-1234-007）.

銅調達で〔債務を〕返済させることを〔毓馪に〕命じよ。「京局」（戸部の宝泉局と工部の宝源局）の銅がまだ需要を満たす程度あるため、調達してきた銅を、分けて各省に運送させ、〔地方鋳銭局の銅銭〕鋳造に供給し、銅銭を流通させる。余りの銅は、その販売を彼自身に任せ、関税を免除せよ。[26]

諭旨の内容は概ね三点にまとめられる。すなわち、①銅調達による債務返済、②上納分に相当する輸入銅を各省に運送して鋳銭用銅を賄うこと、③額外の銅の販売を毓馪に任せ、かつ関税を免ずること、という三点である。

続いて、戸部は、各省の割当量と購入の価格につき、范毓馪に諮問した。これに対する毓馪の返答は、次の通りである。

［史料3・中］

念を入れて計算したところ、毎年せいぜい銅一三〇万斤しか調達できない。西安（陝西省）に三〇万斤、保定（直隷省）に三〇万斤を運送し、ともに陸路を使い、〔運賃込みの銅価銀は〕銅一〇〇斤につき一四両で決算する。江西に二五万斤、湖北に二五万斤、江蘇に二〇万斤を運送し、ともに水路を使い、銅一〇〇斤につき一三両で決算する。[27]

ここで、毓馪はまず、年間最大の銅調達量が一三〇万斤程度と述べている。これは、乾隆四年から日本銅輸入の実績による計算と考えられる。次に、それぞれの省への提供量と決算の価格を示している。ちなみに、劉氏の統計によれば、それ以前の二十数年間、清政府の輸入銅の買収価格は銅一〇〇斤につき銀一四・五両、北京運送の運賃は銅一〇〇斤につき銀三両だった[28]。比べると、范氏への運賃込みの決算価格（陸路は一四両、水路は一三両）がかなり低かったことは明らかである。

『通考』乾隆九年の記事も［史料3・中］と概ね同様な情報を提供しており、先行研究もこれに言及している。しかし『通考』は、各省への運送計画が毓𩡝の意見に基づくものであったことを記していない。したがって、『通考』のみに依拠してきた先行研究は、毓𩡝がこれだけ低い価格でも採算がとれるものと考えていたことを見落としてきたのである。

毓𩡝の意見を受けた戸部は、次の実施案を示している。

［史料3・下］

調べたところ、范毓𩡝の諸債務につき、債務総額は銀一一四万一二五〇両ある。もとは四年の内、〔毎年の〕定めた期日までに完納すべきことだったが、いまは「洋銅」（日本銅）を調達するには、范毓𩡝の呈文で示した陸路・水路の価格で計算すると、合わせて銅八四五万一七八七斤一二両を調達すべきこととなった。もしまた四年の期限に拘わるなら、調達・上納すべき銅の量は多すぎて、短時間では達成しがたい。期限の延長を許すべきであろう。乾隆九年の一年間で貨物を仕入れて海外に行き、毎年一三〇万斤を調達し、西安・保定に各々三〇万斤、江西・湖北に各々二五万斤、江蘇に二〇万斤を運送する。乙丑（乾隆一〇）年から庚午（同一五）年までの六年間、合わせて銅七八〇万斤を納める。残りの銅六五万一七八七斤一二両については、辛未（同一六）年にこの額に照らして調達・上納し、保定（直隷）・陝西二省に運送する。必要な銅価銀は、陸路で一〇〇斤につき一四両、水路では一〇〇斤につき一三両で決算する。必ずや期限通り調達するよう〔毓𩡝に〕命じるべきである[29]。

すなわち、毓𩡝が示した価格で計算すると、毓𩡝は合わせて銅八四五万一七八七斤一二両を上納すべきであり、乾隆九年から毎年一三〇万斤を調達し、直隷三〇万・陝西三〇万・江西二五万・湖北二五万・江蘇二〇万という配分で各省へ運送し、同一五年になると合わせて銅七八〇万斤を納め、残した銅は同一六年に上納させるという計画であった。

このように、戸部の計画による范氏の銅調達は期限付きのものであり、そして後に紹介したい乾隆一一年范毓𩶘奏摺から、七年間の納銅期限を含めて、この調達計画がほぼそのまま採択されたことが分かる。先行研究は『通考』乾隆九年条の関連記事に依拠しているが、この時点で指示された范氏の銅調達が乾隆三年以来の納銅による債務返済の延長線上にあり、かつ期限つきのものだったという点についてはほとんど注目していない。

2　納銅期限の延長

范毓䭿の銅調達は計画通りに進んでいかなかったようである。乾隆九年の銅調達案が提出された二年後、直隷正定総兵を務めている、毓䭿の弟毓𩶘は、毓䭿の銅輸入の状況を政府に報告し、上納期限の延長を求めた[30]。華立氏の論文[31]ではこの毓𩶘上奏の原文が引用されたため、ここでは、ただ本章の論点と関わる部分の内容のみを簡単に紹介し、華氏の論文で検討されなかった、毓𩶘上奏が范氏銅調達の実態を如実に反映しているかどうか、上奏の採択で范氏の銅調達プランがどのように変化したのかを焦点に分析を行いたい。

この上奏では、まず乾隆九・一〇年の范氏の銅調達状況を報告している。それによると、銅調達の命令（乾隆九年の銅調達案）が下された後、毓䭿の次男清注は、早速に日本銅の買付の準備を行い、同年の六月から翌年の年末まで、貿易船二二隻を派遣した。もともと二年間で約二八〇万斤の銅を輸入する予定だったが、二年間で一隻しか戻ることができなかった。このことから銅貿易の不調が窺える。

では、なぜ貿易船の帰航は滞っていたのか。毓𩶘の説明によれば、日本銅の年間生産量は二百余万斤、オランダ商人と中国商人はそれぞれ百余万斤を日本から輸入しており、乾隆九・一〇（一七四四・四五）年の二年間、長崎に入港した中国船の数は合わせて四〇隻以上に達したという。『長崎実録大成』の記録を見ると、乾隆九・一〇年にあたる延享元・二年には、毎年来航した船数はいずれも二〇隻であり、合わせると四〇隻になった。また、木村直樹氏の研究によれば、寛保三(一七四三)年に幕府は輸出銅の半減令を示し、唐船の年間輸出量を新例以後の三〇〇万斤から一五〇万斤に削減することにしたが、予定通り実施されなかったとされている。たとえ半減された一五〇万斤という定額でも、毓裿が述べた百余万斤より多い。つまり、毓裿の上奏は、長崎来航の中国船の隻数に関してはほぼ実態に則しているが、長崎貿易の銅輸出量については事実と一致していない。予定通りの銅調達ができなかったことの弁解として、日本側の銅生産量と輸出量を過少報告したと見ることもできる。

日本銅の輸入が制限された事情を説明したうえで、毓裿は奏摺で、兄毓馪の代わりに、調達期間の延長の願いを出した。願いの旨は、乾隆九年に派遣した船が帰航すると、それらの船が載せてきた銅を、既定の配分量により、直隷・陝西・湖北・江西・江蘇五省へ運送させ、それ以後、銅の年間調達量を、一三〇万斤から八〇万斤に引き下げ、完納の期限を同一六年から同一九年に延ばすということであった。すなわち、元の計画は、毎年一三〇万斤を調達して七年間で完納するというものであり(1,300,000×6＋651,787＝8,451,787)、修正後の計画は、最初の二年間で調達した二六〇万斤を除いて、その後毎年八〇万斤の調達を七年間続け、八年目に残した分を納めるというものであった(1,300,000×2＋800,000×7＋251,787＝8,451,787)。

これに対する皇帝の硃批は、「著照所請行、該部知道」ということであった。つまり、この願いは聞き入れられたのである。

第三節　官商銅調達の長期化

1　納銅期限の再延長

乾隆一〇(一七四五)年、范毓馪は病死した。具体的な期日についてはいまだ明らかにされていないが[34]、同一〇年六月二二日范毓馪奏摺[35]で毓馪が危篤状態に陥った情報が朝廷に伝わったという点から、おそらく毓馪はその直後に病死したと考えられる。その後、次男の清注は、毓馪名義の債務を返済するために、日本銅の調達を行い続けた。

実は先に述べたように、乾隆四(一七三九)年に清注は、蘇州に赴いて銅貿易の現場指揮にあたった。そして、乾隆一〇年六月二二日范毓馪奏摺には、「臣兄生有四子、次子清注数年以来協弁諸務、頗知小心、上年承弁銅斤、即令其往蘇料理」(臣の兄は四人の息子がいる。次男清注は数年にわたり協力して諸務を担当し、慎重にすべきことをよく知り、去年の銅調達も、彼に蘇州へ赴かせて処理させたのである)とあり、つまり乾隆一〇年までの間、名義上は、范毓馪は官商側の銅調達の責任者であり、実際は、范清注は蘇州で銅の輸入貿易を指揮していた。毓馪死後、清注がその後継者となったのは当然なことであろう。

『通考』乾隆九年条によれば、乾隆一五年になると、范氏の銅調達の年間定額は、八〇万斤から五〇万斤に引き下げられることとなった。残念ながら、この減額案を示している一次史料は見つかっておらず、減額をめぐる議論の詳細は明らかではない。

さて、減額後、各省の割当量は、どのようなものになったのか。これに注目した劉氏は、まとまった史料が見つからないと述べたうえで、複数の史料からデータを集めて復元に努めた[36]。これに対し、筆者は、各省の割当量のデータが揃っている史料を調査によって見出した。すなわち、乾隆四八年五月二二日浙江巡撫福崧奏摺がそれである[37]。この

表4　乾隆20-46(1755―81)年内務府から范氏への貸付金

年次	借金名義	貸付・銀(両)	期限	利息(月)	備　考
20年	范清注	20万	10年	12%	長芦引窩銀を抵当
25年	同	23万7,000	不明	6%	銅買付銀として使う
27年	范清洪	30万	不明	不明	
29年	范清済	30万	不明	なし	河東塩業・京口不動産を抵当
46年	同	30万	14年	不明	

注：韋慶遠・呉奇衍論文（注7）と王景麗論文（注8）を参照，若干訂正あり．

奏摺に示されている各省の割当量は、直隷二五万斤・陝西五万斤・湖北五万斤・江西五万斤・浙江五万斤・江蘇五万五九〇六斤というものであり、劉氏のまとめた数値と合致する。これらの数値を合計すると、総数は五〇万を少し超えて、五〇・五九〇六万（25＋5＋5＋5＋5＋5.5906＝50.5906）になる。政府が指定した范氏の日本銅調達の定額が年間五〇万五九〇六斤だったことは、ほかの複数の檔案史料でも確認できる。[38]おそらく、『通考』に示されている五〇万は、ただの概数に過ぎず、実際の数は五〇・五九〇六万であった。この数がいつまで続いたのかについては、いまだ確認できていないものの、嘉慶期（一七九六―一八二〇年）になっても変わっていなかったことは、すでに劉氏によって指摘されている。[39]一方、政府が決めた銅調達の精算価格は乾隆九年に設定された後、同五二年まで変わっていないようである。[40]

では、その後、范氏は予定通り銅を調達して債務を完済したのか。韋慶遠氏と呉奇衍氏の論文で紹介された内務府関係の史料によれば、乾隆二〇（一七五五）年に清注は、旧債銀三三七・一万余両のうち、歴年で合わせて銀二八九・六万余両を返済したが、なおまだ未納銀四七・五万余両があると述べ、経営の困難を報告した。先学の研究成果に依拠して［表4］を作成した。表に見られるように、これを受けて政府は、内務府の金庫から、銀二〇万両を清注に貸し出し、一〇年間で毎年本銀二万両を返済させ、また毎年「一分」（本銀の一二%、毎年逓減）の利銀を納めさせることを決定した。清注は、翌年に本銀と利銀を返済したが、その後返済不能に陥り、仕方なくまた期間の延長を政府に願った。それは認められたとはいえ、年毎に未納分の銀を本銀に入れて計算することとなった。さらに銅調達の資金を捻出できず、乾隆二五(一七六〇)年に、また銅買付のため銀一三万七〇〇〇両を拝借した。
乾隆二七(一七六二)年、清注は死去し、兄の清洪(毓馪の長男、浙江寧紹台道員を務めていた)が官局の銅調達を引き受け、また政府から銀三〇万両を借りた。しかし、経営の好転した形跡がなかったためか、乾隆二九(一七六四)年に政府は、内務府の上奏を受け、清洪を引退させ、その代わりに毓馪の甥范清済(候選員外郎の資格を持つ、かつて毓馪のもとで商売を手伝っていた)[41]に毓馪系統の家業の経営を行わせ、そして利息なしで銀三〇万両を清済に貸し付けることを決めた[42]。その後乾隆四八(天明三、一七八三)年まで、清済は、塩専売の利益と政府からの貸付金を資金として、日本銅の輸入を続けた。このように、范氏の債務問題により、官商の日本銅調達は定式化したのである。

毎年銀八万両の補助金については、乾隆三一(一七六六)年に政府側の諮問に対する清済の回答において触れられている[43]。おそらく、清済が乾隆二九(一七六四)年に官商となった時、塩専売の利益から毎年八万両をとり銅調達の資本金の不足分を補うという資金運営が始まった。しかし政府が決めた「官価」(陸路は銅一〇〇斤に銀一四両、水路は銅一〇〇斤に銀一三両)と各省の配分量により計算すれば、銅五〇万斤は約銀六・九万両に相当する(直隷2,500×14＋陝西500×14＋湖北500×13＋江西500×13＋浙江500×13＋江蘇559.06×13＝68,767.78)。しかし、商人の供述が正しいならば、銅貿易を維持するために、范氏は、毎年およそ銀八万両を銅貿易に出資する必要があった。こうして考えると、范氏にとって、銅納めより銀払いの方が債務の返済に有利だったのではないか。銅調達の「官価」は、范毓馪が乾隆九年にこれまでの銅調達の経験に基づき計算したうえで提出したものであり、当時の状況では勘定が合うはずだったが、時が経過するとともに、范氏にとって納銅による債務返済は不利益になっていたのである。

2　范氏の引退とその後の官局運営

各省の鋳銭用銅に関する檔案史料を通覧すると、范清済の銅調達は遅延する場合が多かったが、どうにか乾隆四六

（一七八一）年までは維持されたようである。しかし［表4］に示されている通り、乾隆四六年、范氏はまた政府より銀三〇万両の借金をした。翌年一一月長芦塩政（塩専売及び塩商を監督する官員）徴瑞の調査報告[44]によると、清済が借金に追い込まれた原因は、資本金の不足が発生したためであり、そして清済は、この借金の半分を塩の販売に使い、もう半分を銅調達の資本金に充てた。しかしその後、日本へ派遣した商船が海難事故に遭い、銅調達に銀六万両の損失が出る一方、翌年夏に発生した暴風雨[45]により、浜に置かれた三万袋以上の粗塩が波に流されて、塩の販売にもおよそ銀三万両に相当する被害を受けた。こうした状況のなか、清済は、塩専売の特権と資産を売却して政府への債務を返済し、塩専売と銅調達から引退したいという旨の願書を塩政徴瑞に提出した[46]。

この願書で申告した資産と債務の状況によれば、この時点で残されている旧債務・銀四七万余両と前年度の借金・銀三〇万両を合わせると銀七七万余両であり、借金の利金を加えても八〇万両に足らず、一方で、范氏が請け負った直隷・河南二〇州県[47]での塩専売権が時価で換算すると銀一〇〇万両、ほかの塩販売と銅調達の資産も銀五十余万両に値するとされている。これに対し、長芦塩運使（塩専売を管理する官員）が確認したところ、清済の資産総額は、申告した一五〇万に至らないが、一〇〇万を超えるのは間違いなく、塩専売権と資産を売却すれば、債務の返済は十分に可能であった。

しかし、清済が単なる毓RD本家の資産の経営代理者とされたため、塩専売権や塩販売・銅調達の資産などを自由に処分できるかということが問題として浮上する。これに加えて、清済本人は老衰により、天津に設けた本店の経営を三男范李に委任し、北京での「銅局」（銅上納などの事務を担当する事業所か）及び塩専売の業務を次男范杜に管理・監督させ、そして蘇州での銅の調達を甥范柴に任せていた[48]。このように、資産所有と運営の状況は極めて複雑だった。これに対し、清政府は、清済の資産所有と経営状況につき徹底的に取り調べよという諭旨を塩政徴瑞に与えた。徴瑞の取調べによると、范李の塩専売に経営不振があり、それにより塩専売の利益が減少したため、銅買付銀が不足するようになったという。これに基づいた徵瑞の意見は、清済が担当している二〇州県の塩専売を、王世栄らの塩商人一〇人に分担させ、従来通り毎年塩専売の利益から八万両をとり銅調達の資金とし、残した一四年分の銅調達を清済に完遂させるというものであった[49]。

しかし、清済が銅調達から引退する意を固めたため、乾隆四八年二月、徵瑞の上奏を経て、塩専売の代理商人に銅調達を引き受けさせるべきという諭旨が下された。これに対し、徵瑞はまた上奏して、職責が明らかになるように、銅調達の業務を一人の商人に任せるべきとし、商人王世栄を推薦し、そして范氏の「引地」(官許を受けた塩専売の区域)の利益から毎年八万両をとり銅調達の資本金とし、銅の未納分を王世栄に完納させるという意見を述べた[50]。つまり、范氏の資産所有を不動にして、塩専売の経営は塩商人一〇人に分担させ、銅調達の経営は王世栄一人に任せるということであった。この案は実行に移され、その後王世栄は范清済に代わって銅調達を担当している。

王世栄の銅調達は四年が経ったところで維持できなくなった。王氏が請け負った范氏名義の「引地」は主に河南省にあり、乾隆五〇(一七八五)年、河南省の旱魃により塩の売れ行きが悪くなり、王氏の塩販売が大きな損失を受けたためという[51]。したがって、銅調達に回すべき資金も足りなくなり、銅調達官商の交代が再び求められるようになった。

王氏が銅調達の官商を務めた時期においても、本人は主に塩専売の業務に従事し、蘇州を拠点とする日本銅輸入の業務を商売仲間に任せた。当初、銅輸入の業務にあたったのは商人王元章であったが、元章が病気によって引退した後、彼を手伝ってきた商人銭鳴萃が銅貿易の経営を引き継いだ。乾隆五二(一七八七)年、王世栄の責任追及を契機に、長芦塩政穆騰額の推薦を経て、銅貿易の実務を担ってきた銭鳴萃が銅調達の官商を務めることとなった[52]。

松浦氏が指摘したように、銭鳴萃の本籍は浙江省湖州府帰安県であり、乾隆三二(一七六七)年から同三五年までの間、山東省の平度州知州を務めていた[53]。そこで、銭鳴萃が官商になる前の銅貿易の経歴に関する情報を少し付け加えたい。まず、乾隆一七(一七五二)年、銭鳴萃の仕立てた船が長崎から帰航する途中福建省の沿海に漂着したことが史料から確認される。[54] つまり、官商になる三〇年前に、すでに民商として長崎貿易を行っていたのである。また、同三七(一七七二)年六月、鳴萃は額商が輸入銅を過少申告したことを官署に訴えた。[55] 官署審査の結果、鳴萃の勘違いとしてその訴訟は却下されたが、官署が把握した情報によれば、鳴萃の兄鳴泰はかつて対日貿易に従事する民商の一人であり、引退した時に船などの貿易資産の処分をめぐって額商楊宏孚と軋轢があったという。これらの点から、鳴萃が官商王氏が率いる商人グループ（官局）の一員として日本銅の輸入に従事するかなり前に、民商として対日貿易に深く関わっていたことが窺える。

銭鳴萃が官商になった後も、范氏の「引地」の利銀から毎年八万両をとり銅調達の資金とするという従来の出資方法は変わらなかった。ただし、上納銅の決算価格が銅一〇〇斤につき銀一五・八両までに引き上げられたためか、[56] 銭氏の銅調達はその後順調に続いたようであった。乾隆六〇(一七九五)年かその翌年、鳴萃は死去し、その子継善は一時的に銅貿易を担当し、[57] 嘉慶元(一七九六)年すなわち范清済の引退から一四年目、范氏が残した未納銅は完納され、その債務問題もようやく終止符を告げた。

その後の日本銅輸入では、先学が究明した通り、額商から選ばれた商人は官局の責任者になり、銅輸入の資本金も商人自ら集めることとなった。[58] つまり、官局は事実上、民営化したのである。官局の民営化は、本章で論じた、日本銅の輸入が范氏の債務問題から解放されたことと切り離しては考えられない。言い換えれば、范氏の政府への債務が完済されると、政府は資金面で銅の輸入に直接関与する必要がなくなったのである。

おわりに

まず、本章の主な論点をまとめてみよう。

（1）官商の成立時期について、冒頭で述べたように、先行研究では、范氏が乾隆三（一七三八）年に清政府の指示を受けて日本銅の調達を行ったが、継続的・定期的に日本銅の調達を始めたのは乾隆九年以後だったとしている。乾隆三年に清政府が范氏に命じたのは果たして一時的な銅調達なのか、それとも定期的なものなのか。これに対し、本章は、乾隆三年に范氏の納銅による債務返済が決まり、翌年から范氏の日本銅調達は始動し、最初は期限付きのものだったが、その期限が幾度も延長されたことにより、結果的には債務の完済まで継続的に行われていたという結論を得た。つまり、官商の成立時期は乾隆三年に求めることが妥当である。

（2）乾隆三年に清政府が范氏に日本銅の調達を命じた経緯については、これまでの研究は関連する史料を示していなかった。研究の到達点を代表する劉氏の論文では、乾隆三年に清政府が日本銅の輸入を民間に向けて呼びかけたことと、范毓馪がこの年に日本銅の輸入を命じられたこととの関連性を想定し、毓馪が清政府の呼びかけに応募したと推測しているようである[59]。しかし、范氏の債務問題という要因は十分に評価されていない。本章は、債務問題が追及された後、范氏が納銅による債務返済を政府に提案した結果、それが採択されたことを明らかにし、范氏の債務問題を官商による銅調達の開始の原因としている。

（3）官商の銅調達が定式化した原因については、先行研究はほとんど検討していなかったが、本章は乾隆三年以後范氏の銅調達と債務返済の状況を検証し、銅の滞納により、債務返済の期限が幾度も延長され、それと共に銅調達も長期化し、こうした悪循環の末に官商の銅調達は定式化したという結論に至った。

以上の結論を踏まえて、清政府の対日貿易の方針について再評価したい。

冒頭で述べたように、官商・額商の成立を清政府の対外貿易統制の一環と位置づけるのが、これまでの一般的な捉え方である。こうした考えの根拠の一つは、范氏の銅調達が清政府の指示によるものだったという点にあり、さらにこれに基づき、清政府が官商を通じて対日貿易を統制しようとしたという推論が行われたようである。

しかし、乾隆三年、前年に日本銅輸入の民営化の方針を示したばかり（次章第一節を参照）の清政府が、再び官営に近い形で対日貿易の統制を図ろうとしたとは考えにくい。この年、范氏の債務問題への追及がなければ、官商の銅調達も行われなかったかもしれない。清政府はこの年に、民間に向けて日本銅の輸入を広く呼びかけた以上、范氏自らの銅輸入の願いを拒否するわけにはいかなかったと考えられる。しかも、范氏が銅調達を担当するならば、その債務返済はもちろん銅の確保にもつながるため、政府にとってむしろ望ましいことだったと考えるのが自然であろう。

さらに乾隆九（一七四四）年以後、范氏の銅上納と債務返済の遅延により、官商の銅調達は延長され、継続的に行われるようになった。こうした官商銅調達の長期化に伴い、その輸入銅の使い道も議論され、各省への運送及び運送の量・運賃などが決められるようになった。このように、官商銅調達の仕組みは乾隆九年に整備されたのである。こうした状況では、たとえ納銅による債務返済が不利益なことが范氏によって認識されたとしても、簡単に返済方法を変えて銅調達の官商を辞めることはできなかったと考えられる。

総じて言えば、清政府が官商に日本銅調達を指示した意図は、対外貿易の統制でなく、范氏の債務返済と銅の確保にあった。しかし債務返済の遅延により、官商の銅調達は次第に定式化し、結局のところ、官商は額商とともに清朝の銅調達体制の一翼を担うようになったのである。

（1）　雍正朝において、「帑銀」（政府銀庫の公銀）を予め受けて銅調達を行う請負商人も「官商」と称されていた。それ以前、つまり康熙朝においては、内務府商人による銅調達もあったが、私見の限り、それらの商人が「官商」と呼ばれた例はない。ところが、なぜ乾隆期以後、銅調達に従事した内務府商人范氏は「官商」と呼ばれ始めたのか。一言でいうと、自己資本で銅調達を行っている「民商」（民間商人）と区別するためと考えられる。本書第三章第三節で紹介した通り、乾隆朝初年の「銅政」改革により、清朝は従来の「先帑後銅」の調達仕法を廃止し、自己資本で銅貿易を行った「民商」から輸入銅を買い付けることとなった。一方、范氏は、銅貿易のため朝廷から「帑銀」を受領したわけではないが、本章で詳しく述べるように、銅調達の目的は「欠帑」（政府への債務）を返済するためであり、資金面では范氏の銅調達は朝廷の財政と深く関わっていた。このように、范氏は、自己資本による銅調達の「民商」と性格的に異なり、それに加えて名誉官職を持っているので、政府側の公文書では「官商」と呼ばれるようになったと考えられる。

（2）矢野仁一「支那の記録から見た長崎貿易」（『長崎市史　通交貿易編・東洋諸国部』清文堂、一九六七年、初出は一九二六年）。

（3）中国の歴史上、政書という、専ら制度史をまとめる編纂物があった。『皇朝文献通考』（のちには『清朝文献通考』とも呼ばれている）は清政府が編纂した政書の代表作としてよく知られている。そのほか、『大清会典事例』などの中国側の編纂史料と、『通航一覧』や『長崎会所五冊物』などの日本側の編纂史料も先行研究において頻繁に利用されている。

（4）内田直作「弁銅貿易商人団体」（同『日本華僑社会の研究』同文館、一九四九年）。

（5）山脇悌二郎「清代塩商と長崎貿易の独占」（『史学雑誌』六七―八、一九五八年）、改稿後同①『近世日中貿易史の研究』（吉川弘文館、一九六〇年）に収録。同②『長崎の唐人貿易』（吉川弘文館、一九六四年）第Ⅱ章第一四節、松浦章「清代対日貿易における官商・民商」（同『清代海外貿易史の研究』朋友書店、二〇〇二年、初出は一九七九年）、劉序楓「清日貿易の洋銅商について――乾隆～咸豊期の官商と民商を中心に」（『九州大学東洋史論集』一五、一九八六年）、華立「清代洋銅官商范氏一族の軌跡」（『大阪経済法科大学論集』一〇〇、二〇一一年）。

（6）山脇氏は、毓馪の墓表などを参考にして、毓馪が初めて長崎貿易を行ったのは乾隆三年であり、乾隆九年以後、銅調達による政府への債務返済を命じられたと指摘している（前注5山脇論文、六四頁。前注5山脇書②、一七八頁）。山脇説の補足として、松浦氏は、乾隆三年に山西商人劉光晟も范氏の例にならい一年限りの日本銅調達を行ったことから、毓馪の乾隆三年の銅調達も一年限りのものと推測している（前注5松浦論文、一四七頁）。これに対し劉氏は、范氏が清政府の募集に応じて乾隆三年から日本銅輸入を始め、その後の数年間に大きな利益を得たと主張している（劉序楓「清康熙～乾隆年間洋銅的進口與流通問題」『中国海洋発展史論文集』七、中央研究院中山人文社会科学研究所、一九九九年、一〇八頁）。

（7）韋慶遠・呉奇衍「清代著名皇商范氏的興衰」（『歴史研究』三、一九八一年）。この論文で紹介された内務府関係の史料は、のちの劉論文（注5・6）において頻繁に参照されている。

（8）王景麗「清前期内務府皇商范氏的商業活動探析」（中央民族大学修士論文、二〇〇七年）。

（9）本章が扱う時期（一八世紀中期）に限っていえば、刊行された主な檔案史料集としては、『宮中檔乾隆朝奏摺』（台北故宮図書文献処文献科編、台北故宮出版、一九八二―八八年、以下『乾隆檔』と略記)、『硃批奏摺財政類』(マイクロフィルム、一史館技術部作製、一九八八年)、『明清檔案』(張偉民主編、台湾中央研究院歴史語言研究所、一九八六―九五年)などがある。また、一史館の閲覧室のパソコンで、整理された史料の目録と原史料のデジタル写真が見られる。

(10) この点については、山脇氏・劉氏も内田氏と同様な見解を示している(前注5山脇書②、一七六頁。前注5劉論文、一〇七頁)。

(11) 清朝の貨幣政策については、市古尚三『清代貨幣史考』(鳳書房、二〇〇四年)と上田裕之『清朝支配と貨幣政策』(汲古書院、二〇〇九年)を参照。

(12) 前注5劉論文附表一、一三七頁。

(13) 前注5劉論文、一二二頁。この点について、孫暁瑩の論考では、若干補足を加えた(孫暁瑩「康熙朝内務府商人と日本銅」『東アジア文化環流』三―二、二〇一〇年)。

(14) 「はじめに」紹介した諸研究のほか、松浦章「山西商人范毓馪一族の系譜と事蹟」(前注5松浦書)と張正明・張舒「従『范氏家譜』看山西介休范氏家族」(張正明ほか編『中国晋商研究』人民出版社、二〇〇六年)なども参考になる。

(15) 表の作成にあたって、内務府商人の研究を行っている孫暁瑩氏の指摘と訂正を受けた。

(16) 前注5劉論文、一二〇頁。

(17) 乾隆四年三月一七日署両江総督那蘇図題本(一史館 13202-013)。

(18) 同題本、「拠署蘇州布政司事按察使孔傳煥、会同浙江布政使司張若震詳称、案奉総督那部院牌開、乾隆参年拾壱月弐拾日、准戸部咨、范毓馪請将応交己未年核減運米脚価銀参拾参万柒千柒百弐拾弐両玖銭零、令伊子范清注前来江浙分限採弁洋銅、於庚申年為始、照数交納抵算。(中略)今該署蘇州布政使司按察使孔傳煥、会司浙江布政使司張若震、査得、范毓馪在部呈請、応完核減運米脚価銀壱百参拾伍万余両、令伊子范清注前来江浙地方、分作肆年、採弁洋銅」。

(19) 趙慎畛『榆巣雑識』(『筆記小説大観』正編八、台北新興書局、一九六二年)。范氏銅調達の関連記事は、最初、傅衣凌氏によって言及されているようである(同『明清時代商人及商業資本』北京人民出版社、一九五六年、一六九頁)。

(20) 前注5松浦論文、七九―八〇頁。前注5劉論文、一一七頁。

(21) 『平定準噶爾方略』(故宮博物館編、海南出版社、二〇〇〇年)二一四―二一五頁。

(22) 同史料、「再査、前以挽運科ト多糧、中途改撥鄂爾昆等処収貯。経戸部核減銀二百五十余万両。已扣完八十余万両、尚存一百六十余万両、現在定限追繳。（中略）至改運核減未完銀一百六十余万両、拠范毓馪呈請、分十二年完納。経戸部議分八年。臣等公同酌議、定限五年、倘限内不完、請以家産変抵、交刑部治罪」。

(23) 劉氏の論文では、乾隆五年から同七年までの三年間、范氏は日本銅の調達によって大きな利益を獲得したと指摘している（前注5劉論文、一〇八頁）が、史料上の根拠を示していないようである。確かに後ろの一文の最後に付けられた注62が依拠史料（本章注24）のようにも見えるが、この史料を再三読んでも、その指摘の根拠となる箇所は見当たらない。また、華氏の論文が劉氏のこの指摘を引用している（前注5華論文、五七頁）ことも注意すべきである。

(24) 乾隆九年正月二九日戸部奏摺（一史館 35-1234-007）。『明清檔案』A129-35。

(25) 内務府商人の「人参」採取及び「参票」の仕組みについて、孫暁瑩「清代前期における人参採取制度と内務府商人」（『内陸アジア史研究』二九、二〇一四年）などを参照。

(26) 前注24「戸部奏摺」、「著令弁銅完補、京局銅斤尚足敷用、令将弁回銅斤、分運各省供鋳、使銭文流通、其多余銅斤、聴其自行售売、免納関税」。

(27) 同奏摺、「悉心計算、毎年止能弁銅壱百参拾万斤、解運西安参拾万斤、保定参拾万斤、倶係陸路、毎銅百斤、以拾肆両銷算。解運江西弐拾伍万斤、湖北弐拾伍万斤、江蘇弐拾万斤、倶係水路、毎銅百斤、以拾参両銷算」。

(28) 前注5劉論文、一一二―一一三頁。

(29) 前注24「戸部奏摺」、「査范毓馪未完各案銀壱百壱拾肆万壱千弐百伍拾両零、原係四年内、按限完交之項。今採弁洋銅、照依范毓馪所呈水陸価値核算、共応弁銅捌百肆拾伍万壱千柒百捌拾柒斤拾弐両零。若仍令照四限弁交、銅数過多、一時難於措弁、応准其展限。乾隆玖年一年置貨出洋、毎年弁銅壱百参拾万斤、解運西安・保定各参拾万斤、江西・湖北各弐拾伍万斤、江蘇弐拾万斤、於乙丑年為始、至庚午年計六年、共応交銅柒百捌拾万斤、尚余銅陸拾伍万壱千柒百捌拾柒斤拾弐両零、於辛未年照数弁交、分解保定・陝西二省。所需銅価銀両、陸路毎百斤以拾肆両、水路毎百斤以拾参両銷算、務令按限採弁」。

(30) 乾隆一一年二月一五日直隷正定総兵范毓馪奏摺（一史館 35-1237-002）。

(31) 前注5華論文、五九―六〇頁。

(32) 田辺茂啓編『長崎実録大成』正編（丹羽漢吉・森永種夫校訂、長崎文献社、一九七三年）、二七二頁。編纂の経緯などについては、本書第二章の第二節を参照。

(33) 木村直樹『幕藩制国家と東アジア世界』（吉川弘文館、二〇〇九年）二二四頁。

(34) 毓䄵の死期については、松浦氏と劉氏は、乾隆一〇(一七四五)年以後その名前が各史料から消えたという点を念頭に、毓䄵は乾隆一〇年から同一三年の間に死亡したと推定していた(前注5松浦論文、一六九頁。前注5劉論文、一二三頁)。近年、華氏は、乾隆一一年二月一五日范毓馪奏摺(前注30)に依拠して、乾隆一一年二月一五日の時点ではすでに亡くなったと説いた(前注5華論文)。
(35) 乾隆一〇年六月二三日直隷正定総兵范毓馪奏摺(一史館 16-0023-011)。
(36) 前注6劉論文、一一七、一一八頁。
(37) 乾隆四八年五月二二日浙江巡撫福崧奏摺(『乾隆檔』五六、二五二・二五三頁)。
(38) たとえば、乾隆四八年三月二一日江蘇巡撫閔鶚元奏摺(同五五、四四七―四五〇頁)、嘉慶一一年五月一八日江蘇巡撫汪志伊奏摺(一史館 35-1353-041)。
(39) 前注6劉論文、一一八頁。
(40) 乾隆五二年に銭鳴萃が官商になった後、政府へ上納する銅の価格は銅一〇〇斤につき銀一五・八両まで引き上げられた。嘉慶二年正月二七日暫署両江総督蘇凌阿等奏摺(一史館録副 03-1853-019)。
(41) 前注8王論文、三四頁。
(42) 前注7章・呉論文、一三一、一三六頁。
(43) 乾隆四八年正月一二日長芦塩政徴瑞(『乾隆檔』五四、六九九頁)。
(44) 同四七年一一月六日長芦塩政徴瑞奏摺(同五三、六八四―六八六頁)。
(45) 徴瑞の奏摺には「去夏海潮漲湧」と書いてある。これを手がかりに当年夏秋に出された奏摺を検索すると、八月二・三日に浙江・福建の沿海地方で大雨により住民の家屋などが倒壊したこと(乾隆四七年一〇月一〇日福建巡撫雅徳奏摺、『乾隆檔』五三、三三四―四四六頁)、同三日に浙江省寧波の近くの沖で琉球船一隻が嵐に遭難したこと(同年一一月二日暫署閩浙総督管浙江巡撫福安奏摺、同六一四―六一五頁)、同日夜に江西境内の湖に停泊中の米運送船一六隻が嵐に遭って沈没したこと(同年九月一〇日巡視東漕内閣学士兼副都統毓馪奏摺、同一七―一九頁)、同四・五日に山東の塩生産地で塩が波に流されたこと(同年八月二六日長芦塩政徴瑞奏摺、同五二、七七七頁。同年一〇月一三日長芦塩政徴瑞奏摺、同五三、三七三―三七五頁)などの情報を得た。これらの点から、当年八月三日から五日までの間に東南沿海地方で暴風雨が発生し、その被害は広範囲に及んだと考えられる。

(46) 前注44「徴瑞奏摺」。
(47) 二〇州県とは直隷省と河南省の大興・宛平・清苑・新城・博野・蠡県・河間・景州・青県・静海・正定・藁城・邯鄲・禹州・許州・臨穎・武安・渉県・済源・修武の各州県である（鈴木真「清朝前期の権門と塩商――イェヘ＝ナラ氏と長芦塩商を例に」『史学雑誌』一一八―三、二〇〇九年）。
(48) 乾隆四七年一二月二一日長芦塩政徴瑞奏摺（『乾隆檔』五四、五一七―五一九頁）、乾隆四八年五月一八日長芦塩政徴瑞奏摺（同五六、一八六―一八八頁）。
(49) 前注48乾隆四七年一二月二一日「徴瑞奏摺」。
(50) 乾隆四八年二月一六日長芦塩政徴瑞奏摺（『乾隆檔』五五、一六四―一六七頁）。
(51) 同五二年五月一二日長芦塩政穆騰額奏摺（同六四、三五七―三五九頁）。
(52) 同年（月日不明）長芦塩政穆騰額奏摺（同六四、五六一―五六二頁）。
(53) 前注5松浦論文、一五一頁。
(54) 乾隆一七年四月一五日閩浙総督喀爾吉善奏摺（『乾隆檔』二、六八八―六八九頁）。この漂着船の荷主は「浙江帰安県商人銭鳴萃」と書いてある。名前も出身地も後の官商銭鳴萃と一致する。
(55) 同三七年六月七日両江総督高晋奏摺（一史館 35-1284-018）。
(56) 前注40を参照。
(57) 松浦氏によれば、『清俗紀聞』巻一〇収録の「浙海関商照」に書いてある「接弁官商銭鳴萃之子銭継善採弁銅斤」という文から、銭継善が官商になったことが分かるとされている（前注5松浦論文、一五一頁）。さらに劉氏は、この「浙海関商照」の日付、乾隆六〇(一七九五)年一〇月に注目し、銭継善がこの年の冬から長崎貿易に従事したと指摘している（前注5劉論文、一三二頁）。また嘉慶二(一七九七)年正月二七日奏摺（前注40）から、上奏の時点で銭鳴萃がすでに死去したことが分かる。これらの点を合わせて考えると、銭鳴萃が乾隆六〇年に死去、または同年に危篤状態に陥り翌年に死去したと考えるのが妥当である。
(58) 前注5松浦論文、一五二頁。
(59) 前注6劉論文、一〇八頁。

第七章　唐船商人の組織化

――「額商」の成立と貿易独占を中心に

はじめに

一八世紀半ば頃、中国江南地域の商業都市蘇州では、官商と連携して清朝の対日貿易を独占する民間商人つまり民商のグループが結成された。このグループは、「官局」と呼ばれた官商グループと対照的に、中国側の史料では「民局」または「公局」と呼ばれており、またグループの代表商人は、額商と称されている。額商の「額」は「定額」つまり定員の意味であり、最初は民商一二人からなるため、「十二家」という呼び方もあった。日本側の史料では、額商傘下の行商（唐船の船主）たちは、長崎奉行所・長崎会所に提出した願書などの書類において、自らの所属を「公局」と自称しているが、この「公局」を唐通事は「十二家」と訳している。額商の成立と貿易独占は、前章で扱った官商の銅調達体制の成立とともに、長崎貿易に従事する中国商人の組織化の一環として捉えられる。

これまでの研究では、官商と並べて額商を取り上げるのが一般的であった。先駆的な研究として、矢野仁一氏の論文は、『清朝文献通考』[1]の「銭幣考」（以下、『通考』と略記）を始めとして日中双方の史料を取り上げ、日本側の史料によく見られる「范氏十二家」や「王氏十二家」などの呼称について、「范氏」や「王氏」は官商、「十二家」は額商を指していると指摘し、さらに額商の成立及び銅貿易の状況も考察した[2]。矢野氏の問題提起に沿って、内田直作氏は、額商の成立と運営形態などの課題についてより明確に整理し、官商・額商の成立を清朝の対外貿易統制のなかで捉え、広州・廈門（アモイ）において対外貿易に従事する商人集団との比較研究を試みた。[3] その後発表された山脇悌二郎氏・松浦章氏・劉序楓氏の論文は、いずれも官商の系譜を重点に置いたが、塩商人関係の史料、漂流船関係の史料、地方志・家譜・上奏文などの多様な史料から、額商の名前や出身地などの個人情報と、それぞれの貿易活動に関する情報を抽出し、額商の系譜と経営の実態に迫った。[4] また近年、華立氏は、先行研究の成果を踏まえながら新史料を加えた形で、清朝の日本銅調達体制における額商の活動状況について総合的に考察した。[5] そのほか、江蘇・浙江商人と福建商人との競争関係という視角から、官民両局による貿易独占を捉えている松浦氏の論考も注目される。[6]

こうした研究の積み重ねがあるとはいえ、額商成立の時期については諸説が並立している状態であり、成立の契機に関しては清政府の指示によるものという曖昧な解釈しかなく、また貿易独占体制がいつ、どのように成立したのかについても明確な説明がなされていない。これらは、いずれも商人の組織化に関する基礎的な課題であり、中国商人の運営形態と清朝の対日貿易の姿勢などを検討するうえで、避けては通れない課題であるといえる。

いまだにこれらの課題が積み残されている理由の一つは、先学が主に清政府編纂の『通考』などの二次史料に依拠しており、[7] 一次史料の利用が少ないためと考えられる。近年台湾と北京の諸研究機関に所蔵されている清朝檔案（保存公文書）の整理と出版が進められているにもかかわらず、[8] この分野の檔案史料の利用はかなり遅れている。そして先行研究には、一次史料より編纂史料を優先的に使い、編纂史料の信憑性を追究しないという問題もある。前述した諸課題を明らかにするためには、近年整理されつつある清朝の檔案史料を活用する必要があり、またそれを『通考』の該当記事と照らし合わせて読むのが重要と考える。

そこで本章では、主にこれまでほとんど利用されていない檔案史料に依拠し、額商成立の時期・要因、及び貿易独占の確立などの基礎的な課題の解明を主要な目的としつつ、一八世紀半ば頃の日清貿易における中国商人の組織化について検討を行う。

第一節　民商の銅調達と官収政策

一八世紀において、清政府は銅銭鋳造のために、日本銅の輸入に積極的な姿勢を示していた。乾隆期以前の銅調達の制度史は、康熙五五（一七一六）年を境に、概ね二つの段階に分けられる。第一段階の主な担当者は、「関差」（交通の要衝に設置された税関の長官）・「塩差」（塩専売の管理と課税を務める官員）・内務府商人という三者であった。康熙五五年、清政府は、担当省による日本銅の調達制（最初は八省が指定され、「八省弁銅」とも称されている）を導入した。すなわち、中央政府は、毎年銅調達の定額を定め、指定した諸省に割り当て、それぞれの省は、知府・道員などの地方官から任期付きの銅調達官を選任し、交替させながら日本銅の調達を担当させる、という仕組みであった[9]。

しかし、雍正期後半になると、雲南銅の生産量の増加と日本銅の生産量の減少という状況のもとで、雲南銅だけで中央の鋳銭用銅を賄うべきという改革の機運が高まり、雍正帝の死去（一七三五年）に伴う政権交代を契機として、銅調達の改革はようやく議事日程に乗せられた。乾隆元（一七三六）年からは、多くの改革意見が述べられていたが、結局、改革の方針は、乾隆二年五月二七日雲南総督尹継善の上奏[10]で示された方案に落ち着いた[11]。尹の改革案の骨子は、中央の鋳銭用銅はすべて雲南銅を用い、不足の場合は日本銅で補うということであるが、以後の日本銅の輸入については、民商（民間商人）の自由に任せるという民営化の方針も一方では示されていた。その後、民商が自ら集めた資金で輸入した日本銅は、民銅または商銅と呼ばれるようになった。

先行研究によれば、江蘇省・浙江省は毎年、民銅を一定の割合と固定の価格で買い取っていたとされている[12]。しかし、政府による民銅の買収体制つまり官収体制がいつ、どのように形成されたのかは明らかにされていない。本節では議論の前提として、まず民銅官収体制の形成過程について簡単に整理しておく。

前述した乾隆二年尹継善の銅調達改革案では、雲南銅が中央の需要を満たせない場合、海関に命じて日本銅を調達させ、または商人に日本銅を輸入させるという意見を示している。これに対し、政府関連部門の共同審議の結果は、雲南銅が不足した場合、銅調達の商人を募集し、江蘇・浙江の海関に登録させ、民銅を酌量して官収し、残りの銅は商人の自由に任せる、ということであった。[13] しかし、この時点では、官収の量について、具体的に決められていなかった。同年一一月浙江総督嵆曾筠の上奏[14]では、商人が海外に赴いて銅貿易を行うのをためらっている状況を報告した。その原因は、日本銅の相場価格が一〇〇斤につき銀二十余両前後に上昇したのに、従来の官収価格がわずか一四両五銭であり、商人が輸入銅の官収価格に難色を示し、できる限り多くの銅を民間で販売することを希望しているためとした。これに基づき、民銅の半分を官収し、もう半分を商人の自由販売に任せるという半官半民の配分案を提示した。これに対する乾隆帝の硃批は「知道了」とある。

乾隆三年二月、直隷総督李衛は、各省の鋳銭状況に関する奏摺[15]で、銅銭の流通量を増やして銭価の騰貴を抑えるため、江蘇・浙江二省は民商の輸入銅を購入し省内で鋳造を行うべきという意見を述べた。戸部の反応は、二省は民銅を適切な価格で購入し、雲南銅が不足した場合は、それらの銅を北京に運送し、足りる場合は、地元で銅銭を鋳造すべきというものであった。[16] さらに、乾隆四年一二月に浙江省から銭価高騰の情報が上奏され、続いて翌年三月に江蘇省からは民間の銅銭需要の高まりが朝廷に報告された。[17] これらを契機に民銅の官収価格について議論がなされるようになった。

江蘇巡撫張渠の意見は、乾隆二年改革以前の官収価格つまり官価が銅一〇〇斤につき銀一四両五銭に過ぎず、一方で相場価格が銀一九両八銭に昇り、民商に銅輸入を促すためには、改革前の北京へ輸送する運賃（銅一〇〇斤につき銀三両）を加えて、官価を一七両五銭までに引き上げるべきというものであった。[18] これに対し、戸部は鋳銭コストの上昇を理由に却下すべきと主張したが[19]、乾隆帝の指示で審議の範囲は内閣大学士と各関係部門に拡大され、結局のところ、商人の積極性を引き出すため、一七両五銭を暫定価格とするという結論に至った[20]。これにより、江蘇省では、民銅の官収価格は銅一〇〇斤につき銀一七両五銭と設定され、また浙江省も江蘇省の例に準拠して同様の価格で民銅を購入することとなった[21]。

乾隆九(一七四四)年、江西省においても銅銭鋳造が始まった。原料銅を調達するため、江西省の官員は、民商と協議し、輸入銅全体の一割に相当する銅を、浙江・江蘇両省と同様の価格で、民商から購入することに合意し、その後朝廷からの了承も得た[22]。

この時点から、民銅の六割（内訳：江蘇省二・五割、浙江省に二・五割、江西省に一割）を、一〇〇斤につき銀一七両五銭の価格で各省が買い取り、残りの四割は民商が自由に販売することとなり、この仕組みは長く続くこととなった。

第二節　引退商人の債務問題と額商の成立

額商について考察を行った先学は、いずれも『通考』巻一七、乾隆二〇年条の記事に注目している。この記事は、乾隆一九年一二月二日江蘇巡撫荘有恭奏摺[23]の要約であり、原奏摺と照らし合わせて読むと、半分程度が省略され、いくつかの重要なポイントが抜けていることが判明する。そこで、この節では、奏摺の原文を取り上げ、その内の省略部分に注目しつつ、いくつかのポイントについて分析を加えることとする。

この奏摺は長文なので、本節で『通考』乾隆二〇年条の記事に該当する、江蘇布政使彭家屏から巡撫荘有恭への詳文（報告書）のみを取り上げる。また、史料の分析を始める前に、前略部の内容について少し紹介したい。乾隆一九(一七五四)年正月、雍正期に銅買付銀の前払いを受けた民商の銅滞納問題に対し、朝廷は一年の期限をつけて、調査・処理を済ますことを決定し、江蘇巡撫荘有恭に、未解決の各案件を速やかに戸部に報告せよと指示した。荘有恭が調べたところ、乾隆二(一七三七)年から商人の負債問題の追及が始まり、その後一八年をかけても解決できず、合計銀一二万七八二〇両二銭の債務を残したまま、債務者の大半はすでに亡くなった。これに対し荘は、弁償の免除を朝廷へ申し立てたが、許可されなかった。この時、江蘇布政使彭家屛は、「旧商」つまり負債で引退した商人趙宸瞻らの呈文(上申書)を受け取り、関係部門とともに「旧商」の債務返済について検討した。

次の史料は、荘有恭奏摺で取り上げられた彭家屛詳文の内容である。傍線部は『通考』にも記されている部分であり、『通考』の記事と比べると内容的にほぼ一致するが、文章表現の違いなどは若干ある。傍線のない部分は『通考』の記事に見られない内容と考えてよい。

[史料1]

(前略)抝藩司彭家屛詳称、抝欠商趙宸瞻等呈称、①伊等昔年創始往洋弁銅、倭人藉称船雑難稽、設立倭照、毎張勒費八・九千金不等。現商楊裕和等、坐享其利、承頂伊等倭照出洋。倭人稽照収船、尚不知為民弁。査塩商領引行塩、必先置買窩地。伊等従前創成倭業、正如行塩引窩。今追項無完、不得不望新商佽助、情懇代完旧欠、以作頂窩。已各允従、惟求飭議定案。②該司当行蘇州知府趙酉、宝蘇局監督同知耿興宗、呉県知県周隆謙飭議。抝覆称、現商楊裕和等、義恤同業、情切急公、公議立定章程、請官定断。即以現弁十二人為定額、無致推延攙越。伊等情願分年代完、以抵頂窩之費。経該司覆査、乾隆十四年、東洋定議弁銅之船、毎年額定十五艘。除官局范清注銅船外、民船止十二艘。応請即以現弁十二人為商額、毎年発船十二隻、代完旧欠銀二万一千三百三両零、均作六年全完。其銀即於司庫発買銅価内扣収。於乾隆二十年為始、請給司照、按年発船。其有他商情願弁銅者、悉附十二額商名下、如引塩散商附入甲商之例、一体帯完旧帑。不得私透越販。其洋船有在浙省収口者、咨明一体扣存解蘇。至閩・粤洋商、向不弁銅。併請咨明、仍照旧例、毋許私販、等情、詳請奏明備案(後略)

この史料の前半（①〜②）は、商人趙宸瞻らの呈文の内容を示している。この部分を意訳すれば、次のようなものになる。

彼ら（趙宸瞻らの「旧商」）は昔年、海外に赴いて銅を調達することを創始した。倭人は、様々な船が来て統制がとれないことを口実に、倭照を設置し、倭照一枚に銀八〇〇〇両か九〇〇〇両くらいの対価を強要した。現商楊裕和らは、何も苦労せずにその利益を享受し、彼らの倭照を譲り受けて代わりに海外に行くようになった。倭人は、倭照をチェックして船の入港を認めたが、なおまだ民商の営みを知らないでいる。調べたところ、塩商人の場合、「塩引」（塩販売の免許書）を〔官府から〕受けて塩の販売を行うには、必ず先に「窩地」（ある地域で塩販売を行う特権）を購入せざるを得ない。彼らが以前に「倭業」（日本銅の調達）を創成したのは、まさに塩販売のために「窩地」を購入したようなものである。いま〔官府から〕要求された債務を完済できないため、「新商」（＝「現商」）の助けを望まなければならない。商売の特権を受け継ぐ代わりに、旧債を代わって完済するようにと切に頼んだ。すでにそれぞれ承諾したので、〔「旧商」らは〕ただ審議のうえで案を定めるようにと〔官府に〕願っている。

この史料では、「旧商」が引退した後に銅貿易を受け継いだ商人を「現商」または「新商」と呼んでいる。『通考』乾隆二〇年の記事で省略された部分から、「現商」が「旧商」の債務を代わって返済すべきという「旧商」の理屈が読み取れる。

一方、『通考』のみを見れば、額商の結成は江蘇巡撫荘有恭が考案したように理解されるが、奏摺の原文を読むと、「旧商」が官署へ願書を提出する前、債務の代弁について「現商」と相談し、承諾されたことが分かる。つまり、官署への願書は、「旧商」と「現商」が談合したうえで提出されたものであった。では、なぜ「現商」は債務の代弁を納得したのか。これについて、史料の後半を見てみよう。

後半の部分は、趙宸瞻らの「旧商」の願いについて、布政使彭家屏の指示のもとで、蘇州知府・宝蘇局（江蘇省の鋳銭所）監督・呉県知県などが協議した結果と、それに基づく彭家屏の提案である。この部分は、次の通り訳される。該当司（布政使司）は、公文を蘇州知府趙酉、宝蘇局監督同知耿興宗、呉県知県周隆謙に送り、〔「旧商」の願いについて〕審議するようにと指示した。彼らの返答によれば、「現商」楊裕和らは、義理を持って同業者を助け、公のために尽くすことに積極的で、協議のうえで案を作成し、官府の裁断を請うた。すなわち、〔「現商」が銅調達を〕遅滞することや、〔新規商人が〕勝手に参入することがないように、現在調達を行っている一二人を「定額」（定員）とすべきである。彼らは、商売の特権を受け継いだ対価として、数年に分けて〔「旧商」の債務を〕代わって弁済することを承諾したという。該当司が再び調べたところ、乾隆一四年に「東洋」は、銅買付船につき審議のうえで、毎年船数を一五艘と定めた。「官局」范清注の銅買付船を除いて、民商の船はただ一二艘に過ぎない。現在調達を行っている一二人を「商額」（商人の定員）とし、毎年船一二艘を派遣し、旧債銀二万一三〇三両を代わって弁済させ、六年に分け完済させることを提案すべきである。〔返済分に〕相当する銀は、司庫（布政使司が管理する金庫）が銅買付銀から差し引く。乾隆二〇年から、司照（布政使司が発行する貿易許可書）を発給し、毎年に船を派遣する。銅調達を希望するほかの商人がいるならば、塩商売の散商が甲商に附属する形のように、すべて一二人の額商の名の下に附属させ、一緒に旧債を完済させる。無断で貿易してはならない。浙江省の港に入港する「洋船」があるため、咨文で〔浙江省の官員へ〕通知し、一律に〔定額の銅を〕差し引いて預かり、蘇州に運送させる。閩（福建省）・粤（広東省）の商人が銅調達を行っていないため、従来通りにして、私に貿易することを許さないよう、咨文で〔両省へ〕通達することを合わせて提案したい云々、上奏し案として採用するように、詳文で〔巡撫荘に〕願い求めた。

傍線部から見れば、商人楊裕和ら一二人は、「旧商」の債務を代弁する代わりに、彼ら一二人を定員とし、新規参加の商人がいれば、彼らに附属する形で参加させることを政府に願った。これは、ほぼ先行研究が指摘した通りである。

しかし、傍線部以外の部分、つまり省略された部分も、いくつかの重要なポイントを示している。まず、なぜ「現商」が債務の代弁を納得したのかについて、同業者に対する同情や政府への忠誠心というより、むしろ貿易の一手引き受けの公認は、「現商」が債務代弁を承諾した条件だったと考えられる。

次に、注目したいのは、傍線部で「乾隆十四年、東洋定議」という文の主語「東洋」が書き落とされたことである（『通考』乾隆二〇年条の該当箇所には「乾隆十四年議」と書いてある）。それ故、矢野氏・内田氏・松浦氏は、いずれも清政府が乾隆一四（一七四九）年に対日貿易船の数を一五隻に限定したと誤読した。[24]「長崎志」によれば、幕府は寛延二（一七四九）年に唐船の年間来航隻数を一五隻に定めた。[25]これは荘有恭の上奏と合致する。一方、ほかの先学と同様に『通考』の記事に依拠した劉氏は、「乾隆十四年議」という部分を日本側の決定と正しく解釈している。[26]ところが、奏摺の原文を参考にしたのか、それとも「長崎志」などの日本側の記録を見て推測したのかは、説明されていない。

もう一つのポイントは、額商を認める前提が「旧商」債務の代理弁済だったことである。「一体帯完旧帑」という表現を考えると、なぜ新規商人が一二人の額商に附属する形で日本銅の輸入貿易を行うことが必要とされたのかについて、額商による貿易独占が好ましいというより、むしろ新規商人も「旧商」の債務を返済する義務があることを明示した形で、新規商人に「現商」一二人とともに「旧商」債務の代弁を履行させようとしたと理解され、それが布政使彭家屏・巡撫荘有恭をはじめとする江蘇省官員の狙いだった。また、債務代弁の期間を六年間に指定したという点からは、彭家屏は、額商による貿易の一手引き受けを暫定的なものとして認めるべきと考えていたと思われる。

以上確認してきたように、日本銅の輸入貿易を行っている「現商」は、一手に民商の対日貿易を引き受けることが官許されることを前提に、「旧商」の債務を代弁することを承諾した。一方、江蘇省が額商による民商の対日貿易の一手引き受けを認めるべきと提案したのは、ほかならぬ、「旧商」債務の返済を「現商」に履行させるためだったのである。

第三節　額商の結成に対する清政府の態度

江蘇省側からの上奏に対し、朝廷はどのような態度をとったのか。これについて、先学はいずれも『通考』乾隆二〇年条の記事の後ろに書いてある「従之」という二字に依拠し、荘有恭の上奏が採択されたとしている。しかし、奏摺の後ろに書かれた硃批は、「該部議奏」すなわち該当部は審議のうえで上奏せよということであった。『明清檔案』には、戸部の審議結果を示している奏摺の副摺（奏摺の複写）[27]が見られる。それによれば、現役商人（＝「現商」）一二人に支給すべき銅買付銀から一定額の銀を差し引き、引退商人（＝「旧商」）の債務返済に当てるという債務代弁の提案は確かに採択すべきとされた。一方、司照の発給と、新規商人に額商の名の下で引退商人の債務を一緒に弁済させることについては、戸部の意見は次の通りである。

［史料2］

調べたところ、昔の銅調達は官営だったが、数年経って民営の銅調達へと変更された。〔民営化後〕司照を〔商人に〕発給したことはない。いま、楊裕和らが「旧商」の倭照（信牌）を〔出国貿易の〕証明書として使うことができる以上、従来の通り取り扱うべきである。もし別途に司照を発給するなら、却ってもめごとが生じる恐れがある。該当巡撫の司照発給の案を却下すべきである。ほかの商人が銅調達を希望する場合、すべて一二人の額商に附属させ、一緒に旧債を代わって返済させるという点については、該当巡撫に命じ、随時に査察させ、然るべく処理させるべきである。〔商人が〕海外に出る時、検査の証明に資するため、附商の本名を共にリストを作り、部（戸部）に申告すべきである。[28]

戸部審議のポイントとして、次の三点が指摘できる。一点目は、余計な紛争を避けるため、荘有恭が提案した司照の発行を却下すべきこと。二点目は、額商一二人が対日貿易を一手に引き受け、新規商人が額商に従属する附商として貿易を行い、共同で「旧商」の債務を弁済することについては、江蘇省の便宜的な対応に任せること。三点目は、額商だけでなく、附商の本名も登録して戸部に申告すべきことである。また、地元商人が対日貿易に参加しないようにと福建省・広東省へ通達すべきという、江蘇省側の意見については、戸部の審議で直接に触れられていないという点も注目される。この審議結果は、乾隆帝が書いた「依議欽此」という硃批により、朝廷の決定となった。このように、銅調達請負商人の定員制という最も肝心な点は基本的に許可された（＝額商結成の承認）が、荘有恭の奏摺で言及された諸要点はすべてそのまま採択されたわけではなかった。

劉氏は、「乾隆二〇年から商額を定めたほか、布政司等の印照を発行して、海関での検査に備えさせた」と指摘している。[29]しかし戸部の審議に見られるように、額商に司照を発行する意見は、戸部の審議で却下された。詳しくは別の機会に譲りたいが、乾隆二三（一七五八）年二月江蘇巡撫の上奏では、日本への貿易船が国内のどこかに漂着した場合、地元の役人が倭照（信牌）に不案内で船の性格を確認しにくいため、今後司照を発行するようにと朝廷に提案した。[30]この提案は戸部の審議に回されたが、審議の結果はいまだ明らかではない。乾隆三五年六月閩浙総督崔応階奏摺から、[31]その年に福建省が江蘇・浙江の例に照らして民商へ司照を発給したことが分かる。おそらく乾隆二三年以後、民商への司照の発給が決定されたと考えられる。

また、山脇論文・劉論文では、『通考』巻一六の乾隆五年条にある「洋銅係江蘇額商出洋採弁」という箇所から、乾隆五（一七四〇）年以前に額商が成立していたと結論づけられている。[32]ここで指摘したいのは、この部分が前に述べた乾隆二〇年記事のような公文書の要約でなく、「臣等謹按」にあたるところ、つまり編纂者の解釈部分ということである。『通考』は乾隆一二―五二（一七四七―八七）年に継続的に編纂されていた。この解釈の部分は、乾隆二八年の状況にも言及しているため、乾隆二八年以後に書いたものには間違いない。この時点では、「額商」という言葉がすでに広く使用されていたと想像されるが、編纂者が編纂時点の言葉でそれ以前の状況をまとめた可能性は十分に考えられる。一方「額商」という言葉は、確認できる範囲で、乾隆五年から同一九年一二月までの銅調達関連の一次史料には見られない。一方、同二〇年以後の関連史料には頻繁に現れる。これらを考えると、額商の成立は、やはり巡撫荘有恭の奏摺に対する戸部の審議が裁可された乾隆二〇年頃であった。

ちなみに、山脇氏は論文では額商の成立について乾隆五年説を提示したが、数年後に執筆した著書ではこれを訂正した。日本側が明和二（一七六五、乾隆三〇）年に毎年来航唐船の隻数を一三隻に指定したことを足掛かりにし、『通考』の編纂者が一三という数字から「官商一家の数を差し引き、これを乾隆二〇年の条に誤って入れたらしい」と大胆に推測し、それに基づき額商が乾隆三〇年に成立したという新説を唱えた。[33] しかし、先述した額商の成立に関する経緯があり、かつ『通考』乾隆二〇条を裏づける檔案史料もあるので、山脇氏の乾隆三〇年説が間違っていることは明らかであろう。

なお、日本銅調達関係の史料では、民商が一定の割合により江蘇・浙江・江西三省へ供給する銅が「額銅」と呼ばれている例もあった。[34] これを考えると、『通考』の編纂者が「額銅」の請負民商を額商と称した可能性はある。しかし、本章及び先行研究で検討の対象となる額商は、定員という意味の額商であり、この意味での額商が官許を受けて成立した時期は乾隆二〇年である。

第四節　「官局」「民局」による貿易独占の確立

乾隆五(一七四〇)年、福建省も鋳銭局(宝福局)を再置した。[35] 正徳新例(一七一五年)実施後、浙江省の乍浦と江蘇省の上海が中国の日本貿易船の主な出港地になり、長崎貿易に従事する中国商人も乍浦・上海の近くにある商業都市・蘇州に集まり、これに伴い福建省発の長崎貿易船は次第に姿を消した。そのため、福建省は主に雲南銅を調達していた。ただし、長崎での貿易を終えて帰航途中福建省の沿海に漂着した江浙発の商船から日本銅を購入したケースも数回あった。[36]

乾隆三三(一七六八)年六月、雲南省から近年雲南銅の生産量が減り、各省の需要に応えられないという報告が朝廷に届いた。[37] これに応じて朝廷は、三年一回の例にならい雲南銅を調達しようとした江蘇省の動きを止めて、[38] かえって東南沿海の諸省が日本銅を調達する可能性をめぐって各省に検討を促した。[39] 諮問を受けた閩浙総督崔応階は、福建省の官署が日本からの銅輸入を地元の商人に勧めたところ、距離が遠く航路に不案内ということを理由に、商人たちが難色を示していると返答した。[40] しかし半年後、商人游中一と葉日章が銅貿易を行う意向があるため、彼らに司照を与え、自己資本で銅輸入を行わせたと朝廷に報告した。[41] こうした福建省の民商募集に、蘇州の額商に対する配慮があった点は全く見られない。言い換えれば、この時点では、額商による民商の対日貿易の独占は全国範囲に及ぶものと認められていなかった。

松浦氏の研究[42]によれば、明和六(乾隆三四、一七六九)年、「官局」(官商范氏傘下の商人グループ)と「民局」(額商が率いる商人グループ)に属さない船、いわば「組外」船一隻が長崎に入港した。長崎奉行は、民局商人の反対を退け、この船の貿易を認めた。翌年に来航した福建商船の貿易も許可された。帰国した両局の商人は清政府に訴訟を起こし、清の中央政府は江蘇省・福建省両方の主張を聞いたうえで、福建商船の長崎貿易を停止する指示を出したという。しかし、氏の研究が依拠したのは、実録(『高宗実録』)などの編纂史料であり、これらの史料は、この事件の大事な側面を捨象している。以下、両省の取り調べに関する数点の奏摺[43]から「組外」船に関連するデータを抽出して[表5]

表5　明和6(1769)・7(1770)年長崎来航の「組外」船

番立(入港年)	出航地	商人(荷主)	行商(船頭)	船戸(船所有者)	備考
丑10番(1769)	乍浦	鄭孔陽	黎道懐	汪安泰	漂着
寅11番(1770)	安南	林承和	許繍峯	林泰来	
寅12番(1770)	廈門	葉日章	葉文秀	不明	
──	廈門？	游中一	游朝縉か 魏宏輝	劉発祥	未着

を作成し、さらに時系列に沿って事件の経緯を説明しておく。

まず「丑十番」船（丑年に長崎に入港し貿易を認められた一〇隻目の唐船、以下同様）の商人鄭孔陽は、かつて長崎貿易に参加していた商人鄭孔典の弟であった。孔陽の供述によれば、乾隆三二年に薬種などの貨物を仕入れて、汪安泰の船に便乗し、乍浦から蘇禄へ渡航しようとした。逆風のため広東に滞留し、当地の官署で調べられたうえで「照」（司照か）を受けて再出航した。しかし嵐に遭い船具が損傷して日本に漂着した。日本で貨物を銅・海産物と交換して帰航したが、また福建省に漂着した。積み荷の銅は福建省の官署に購入され、壊れた船は地元の劉発祥という人に売却したという。

「寅十一番」については、民局商人への取調べによると、商人林承和は、林泰来の船を雇い、貿易を許繍峯に委託した[44]。その船は安南から出航し、乾隆三五年七月に日本へ到着し、「寅十一番」として取引を済ませて、翌年正月に日本から出航した。これらの情報は、民局商人が通事熊文蔵を通じて聞いたものという。

「寅十二番」は、前述した福建省の募集に応じた商人葉日章が仕立てた船であった。葉の船は、乾隆三五年閏五月に廈門（アモイ）から出発し、順調に長崎に着き、「寅十二番」として貿易を認められ、取引を済ませたのち帰路につき、翌春福建省に戻って輸入銅を官署に納めた。また「日本来航唐船一覧」によれば、「寅十二番」船の船主は葉文秀だった[45]。ほかの事例を参考に考えれば、葉日章は荷主であり、一族か仲間の葉文秀に貿易を委託したと思われる。

一方、先述したように、福建省の募集に応じたもう一人の、游中一という商人については、委託した商人たちの供述によると、游中一は自ら長崎に行かず、長楽県の劉発祥が所有する船を雇い、弟游朝縉と仲間鄭廷汶を船主として長崎に派遣し、貿易を代行させた。これらの情報は、官署から受けた司照に書いてある。しかし出航前、鄭廷汶は重病になり、塩商売の仲間である魏宏輝にとって代わられた。他方、劉の船は汪安泰から購入したものであり、官署に登録された船名も汪安泰から劉発祥へと変わった。この船の出港地は明確には分からないが、おそらく葉日章の船と同じ廈門から出航したと思われる。

以上が、江蘇・福建両省の唐船商人に対する取調べから復元される、明和六・七年「組外」船の長崎来航の状況である。では、両局の商人は、どのように事情を説明して対日貿易における事実上の独占的地位を守ったのか。これについて、乾隆三六年一一月一九日署江蘇巡撫薩載奏摺[46]を参考にし、両局側の供述と主張を簡単に紹介しておく。

官商范清済の手代劉爾聡と額商楊裕和の子楊宏孚たちは、「組外」船によって清政府の銅調達に支障が出るとして、江蘇布政使に訴えた。その呈文によれば、そもそも両局は毎年日本へ船一五隻を派遣していたが、乾隆三二（明和四、一七六七）年に日本で年間唐船入港数を一三隻と定められた[47]ことにより、翌年からは毎年船一三隻を派遣することにした。しかし己丑（一七六九）年、福建商人鄭孔陽と仲間黎道懐が仕立てた船は長崎に来航し、「丑十番」として番立てられた。これにより、両局側が派遣した丑年の一〇番船は、重複のために「寅一番」とされ、取引を次年度に繰り下げられた。翌年、林承和と葉日章がそれぞれ船一隻を派遣して「寅十一番」と「寅十二番」として扱われた結果、両局が派遣した寅年の一〇番・一一番・一二番船は、重複のために各々「卯一番」・「卯二番」・「卯三番」として扱われ、次年度の取引になったという。

この状況に基づき、両局側は、福建商船の貿易参加が清朝の日本銅調達に障害をもたらした原因を、日本側の銅輸出量の制限に求めた。すなわち、日本側の制限がなければ、船を多く派遣でき、多くの銅が輸入できる。そうなれば、両局の商人も、一三隻の定数にかかわらず、多くの船を日本に派遣し貿易させ、官署に約束した定額の銅（額銅）を政府へ上納したほか、余った銅（余銅）を自由に販売し、大きな利益を獲得できる。このような場合、たとえ福建省の船があっても、両局側の輸入銅の減少につながらず、清政府も充分な銅を供給される。しかし、長崎来航の船数が一三隻に定められていると、両局はこれに応じて貿易船を派遣せざるをえなかった。このような事情により、福建商船の貿易参加は、日本で取引を認められる両局の商船の減少を意味し、その結果、両局の商船による銅輸入量が減り、両局は「額銅」を満たせなくなっているという。

もちろん、政府が決めた納銅量を達成できないと、責任を追及されるため、銅輸入量の減少を両局が心配したのは間違いない。一方で、「組外」船の長崎渡航は、両局による事実上の対日貿易の独占を脅かし、官商・額商の利益を損なう結果を招いた。この点も両局が「組外」船をライバル視した理由だったと考えられる。言い換えれば、自分たちの利益からしても、「組外」船の貿易参加を阻止すべきというのが、両局側の本音だった。とにかく、こうした両局の理屈は確かに説得力があったようであり、江蘇巡撫薩載の上奏が採択され、朝廷は、乾隆三六年一二月（一七七二年一月）に、福建商人の日本銅調達を停止させることを決めた[48]。これにより、蘇州を拠点とする「官局」「民局」による対日貿易の独占は、名実ともに確かなものとなった。

なお、額商の成立と額商・官商による貿易独占の確立が同じこととして誤解されがちなので、ここで簡単に整理を行う。本章で検討した額商の成立とは、シンプルにいえば、額商と呼ばれた商人の誕生である。乾隆二〇年の時点で、江蘇省側が提案した額商制（人数が決められた商人＝額商が引退商人の債務を返済し、その代わり民商の長崎貿易を一手に引き受けるという制度）は基本的に中央政府によって認められ、これにより額商と呼ばれた商人は長崎貿易に登場した（＝額商の成立）。ところが、中央政府が広東省や福建省の商人の貿易参加を禁じない限り、額商制は単なる額商から銅を定期・定額的に提供された江蘇・浙江両省で確立した局地的なものに過ぎなかった。額商成立後の十数年間、事実上、額商が官商と連携して唐船の長崎貿易を独占することができていたにもかかわらず、額商・官商による貿易独占は、福建商人の長崎来航事件が決着したのち、初めて全国範囲に及ぶ体制となった。

おわりに

本章は、商人の組織化の一環として額商の成立と貿易独占の確立について検討した。主たる論点を整理すると、次のようなものになる。

第一に、商人組織化の前提として、民銅の官収政策を取り上げ、先行研究の断片的な指摘に対し、時系列に沿って、乾隆九年から長期にわたり維持された、民銅官収の価格と各省配分の割合などがどのように形成されたのかを解明した。

第二に、額商の成立について、編纂史料ではなく、一次史料を用いることで、乾隆五年説・乾隆三〇年説などの誤りを指摘し、乾隆二〇（一七五五）年に官許を得て成立したことを確認した。

第三に、「組外」船の長崎渡航及び清政府の対応については、松浦氏の論考で残されている問題を追究し、事件の全体像を復元したうえで、福建商人の対日貿易の禁止という政府の決定により、乾隆三六年一二月（一七七二年一月）頃に官局・民局による貿易の独占体制が名も実も確かなものとなったという結論を得た。

次に、以上の結論を踏まえて、対日貿易に臨む清政府の姿勢を再評価したい。

官商・額商の成立を清政府の対外貿易統制の一環と位置づけるのが、これまでの一般的な捉え方である[49]。清の対外貿易政策には統制的な側面があったかもしれないが、商人の組織化は清政府の貿易統制によるものと考えにくい。前章で検討した如く、官商范氏による銅調達が始まった契機は、范氏の清政府への債務問題であり、最初は政府側の押し付けでなく、范氏は自ら進んで銅調達の形で債務を返済することを政府に提案した。一方、本章の検証によれば、民商の場合、現役商人（＝「現商」）は引退商人（＝「旧商」）に代わって政府への債務を弁済することを前提に、貿易の特権を政府から認められた。商人の定員制も政府の意図でなく、現役商人の望みだった。こうした組織化の過程を考えると、清政府が最も関心を寄せたのは、日本銅の調達と商人の債務返済であり、前者は貨幣供給の問題、後者は国の財政収入と密接に関わっていた。清政府の貿易関与は、概ね輸入銅の官収政策にとどまり、対外貿易を統制するために商人の組織化を積極的に促した形跡はほとんど見られない。

また、商人の組織化と幕府の唐船貿易政策との関連性を見過ごしてはならない。幕府の年間入港船数と年間銅輸出量の制限により、船を多く派遣しても定額を超える銅を輸入することは困難になり、商人間の競争は激しくなる。そして「港割」（年間入港船数のなかでの出港地別による割合）が指定された結果、対日貿易に従事する商人は、次第に江南地域の商業中心都市である蘇州に集まり、これにより商人グループの結成は容易になった。また幕府が指定した年間入港船数のさらなる減少、加えて官商の貿易参加により、民商に残された貿易機会はわずかしかなく、新規参加による競争を避けるため、民商の中で組織的な経営が求められた。こうした組織化の経営動向が幕府の貿易制限のもとで銅輸入を最大限に実現しようとする清政府の利益と合致することを確認したうえで、清政府は官局・民局による対日貿易の独占を認めたのである。

（1）中国の歴史上、政書という、専ら制度史をまとめる編纂物があった。『清朝文献通考』は清代に『皇朝文献通考』と称されており、清朝の政書類の代表作としてよく知られている。
（2）矢野仁一「支那の記録から見た長崎貿易」（『長崎市史――通交貿易編・東洋諸国部』清文堂、一九六七年、初出は一九二六年）。
（3）内田直作「弁銅貿易商人団体」（同『日本華僑社会の研究』同文館、一九四九年）。
（4）山脇悌二郎「清代塩商と長崎貿易の独占」（『史学雑誌』六七―八、一九五八年）、同『長崎の唐人貿易』（吉川弘文館、一九六四年）第Ⅱ章第一四節、松浦章「清代対日貿易における官商・民商」（同『清代海外貿易史の研究』朋友書店、二〇〇二年、初出は一九七九年）、劉序楓①「清日貿易の洋銅商について――乾隆～咸豊期の官商・民商を中心に」（『九州大学東洋史論集』一五、一九八六年）、同②「清康熙～乾隆年間洋銅的進口與流通問題」（『中国海洋発展史論文集』七、中央研究院中山人文社会科学研究所、一九九九年）。

（5）華立「清代洋銅貿易中的額商集団」（『明清論叢』一一、二〇一一年）。

（6）松浦章「長崎貿易における江・浙商人と福建商人」（前注4松浦書、初出は一九七一年）。

（7）『通考』のほか、『大清会典事例』などの中国側の編纂史料と、『通航一覧』や『長崎会所五冊物』などの日本側の編纂史料も先行研究で頻繁に利用されている。

（8）本書第六章注9を参照。

（9）清朝中期の日本銅調達について、佐伯富「清代雍正朝における通貨問題」（東洋史研究会編『雍正時代の研究』同朋社出版、一九八六年）、香坂昌紀「清代前期の関差弁銅制及び商人弁銅制について」（『東北学院大学論集　歴史学・地理学』一一、一九八一年）、前注4劉論文①②、劉序楓「享保年間の唐船貿易と日本銅」（中村質編『鎖国と国際関係』吉川弘文館、一九九七年）などを参照。

（10）乾隆二年五月二七日雲南総督尹継善奏摺（一史館35-1227-011）。

（11）乾隆二年七月一〇日総理王大臣允禄等奏摺（同35-1227-013）。この奏摺から、戸部審議の結果が分かる。

（12）前注4劉論文①、一一五・一一六頁。

（13）前注11「允禄等奏摺」。

（14）乾隆二年一一月一五日浙江総督嵇曾筠奏摺（同35-1227-019）。

（15）同三年二月一六日直隷総督李衛奏摺（同35-1227-027）。

（16）同年月二五日戸部尚書海望等奏摺（同35-1228-001）。

（17）同四年一二月一三日浙江巡撫盧焯奏摺（同35-1230-007）、同五年三月二一日江蘇巡撫張渠奏摺（同35-1230-016）。

（18）前注17「張渠奏摺」。

（19）乾隆五年四月一六日協理戸部事務訥親等奏摺（一史館35-1231-001）。

（20）同年月二四日大学士鄂爾泰等奏摺（同35-1231-003）。

(21) 同年閏六月九日浙江巡撫盧焯題本（一史館 13257-11）。

(22) 同九年正月二一日江西巡撫塞楞額奏摺（同 35-1234-005）。硃批には「知道了」とあり。

(23) 同一九年一二月二日江蘇巡撫荘有恭奏摺（台北故宮図書文献処文献科編『宮中檔乾隆朝奏摺』一〇、台北故宮出版、一九八二―八八年、二〇〇―二〇一頁）。以下、『宮中檔乾隆朝奏摺』を『乾隆檔』と略記。

(24) 前注2矢野書、四九三頁。前注3内田論文、一一一頁。前注4松浦論文、一四五頁。

(25) 田辺茂啓編『長崎実録大成』正編（丹羽漢吉・森永種夫校訂、長崎文献社、一九七三年）、二七四頁。編纂の経緯などについては、本書第二章第二節を参照。

(26) 前注4劉論文①、一一八頁。

(27) 乾隆二〇年二月三日大学士兼管戸部事務傅恒等奏摺副摺（張偉民主編『明清檔案』台湾中央研究院歴史語言研究所、一九八六―九五年、A189-31）。

(28) 同奏摺、「査従前官弁洋銅及節年改為民弁銅斤、並無発給司照之例。今楊裕和等、既有旧商倭照可憑、即可循旧弁理。若另給司照、誠恐別滋事端。応将該撫所請発給司照之処毋庸議。其他商情願弁銅、悉附十二額商名下、一併帯完旧欠之処、亦応令該撫随時査察妥協弁理。於出洋之時、将附商的寔姓名、一同造冊報部、以憑稽核」。

(29) 前注4劉論文①、一三八頁。

(30) 乾隆二三年二月七日江蘇巡撫託恩多奏摺（一史館 35-1252-015）。

(31) 同三五年六月二六日閩浙総督崔応階奏摺（同 35-1276-009）。

(32) 前注4山脇論文、六四頁。同劉論文①一一七頁。

(33) 前注4山脇書、一八七頁。同書「略年表」三一九頁。

(34) a乾隆三四年一一月一七日両江総督高晋奏摺（一史館 35-1273-006）、b同三六年一一月一九日署江蘇巡撫薩載奏摺（同 35-1281-036）、c同三七年六月七日両江総督高晋奏摺（同 35-1284-018）など。

(35) 『通考』銭貨考、乾隆五年条。乾隆五年二月一三日閩浙総督徳沛・署福建巡撫王士任奏摺（一史館 35-1230-011）。

(36) 前注4劉論文②、一二五頁。

(37) 乾隆三三年六月一五日雲南巡撫明徳奏摺（『乾隆檔』三一、三五・三六頁）。

(38) 同三四年一〇月一一日両江総督高晋奏摺（一史館 35-1272-031）。

(39)　前注34①「高晋奏摺」。
(40)　乾隆三四年一二月一九日閩浙総督崔応階奏摺（一史館35-1273-021）。
(41)　前注31「崔応階奏摺」。
(42)　前注4松浦論文。
(43)　a乾隆三六年一〇月一日閩浙総督鐘音等奏摺（一史館35-1281-019）、b前注34「薩載奏摺」、c同三七年三月二五日閩浙総督鐘音奏摺（同35-1283-016）、d同年四月一五日閩浙総督鐘音等奏摺（同35-1283-023）、e同年一一月二八日署江蘇巡撫薩載奏摺（同35-1286-030）、f同三八年六月二四日江蘇巡撫薩載奏摺（同35-1289-019）。
(44)　中村質「日本来航唐船一覧　明和元―文久元（一七六四―一八六一）年」（『九州文化史研究所紀要』四一、一九九七年、一八頁）には、「寅十一番」船の船主は許繍来と書いてある。おそらく、許繍峯と同一人物である。
(45)　前注44「日本来航唐船一覧」、二〇頁。
(46)　前注34「薩載奏摺」。
(47)　『長崎実録大成』正編（前注25、二七八頁）、明和元年条によれば、明和元（乾隆二九、一七六四）年になると、諸鉱山の産銅の減少を背景に、幕府は銅輸出量の削減を決め、長崎滞在中の中国商人と相談したうえで船の数を一三隻に定めた。
(48)　これに対する戸部の審議に関する檔案史料は見つかっていないが、『高宗実録』乾隆三六年一二月戊子条及び乾隆三七年三月二五日閩浙総督鐘音奏摺（前注43c）から、戸部審議を経て江蘇巡撫薩載の上奏が朝廷に採択されたことが分かる。
(49)　内田氏はただ清政府の指示という点を根拠に、官商・額商の成立が清政府の対外貿易統制の一環だったとしている（前注3内田論文）。その後こうした考えは通説として定着することになった（前注4山脇書、一七六頁。前注4劉論文①、一〇七頁）。

第八章　貿易独占組織「官局」「民局」の経営構造

はじめに

前の二章では、官商・額商の成立過程、及び両者による対日貿易の独占体制確立の経緯を明らかにした。本章は、視点を転じて、官商・額商を中心とした商人組織の内部構造に注目したい。

官商・額商に関する中国側の史料、特に清朝の公文書（奏摺・題本など）には、「官局」「民局」（「公局」ともいう）[1]という用語が頻出している。両者はそれぞれ、官商・額商が率いる商人グループを指しているとみられる。民間業者の場合はよく使われる「行」[2]ではなく、あえて「局」という字を用いていることが、政府と特別な関係を持っているという両商人集団の特質を物語っているのではないかと思われる。両者は輸入銅を一定の額（官局の場合）、または定められた割合（民局の場合）で、清政府が指定した官営の銅銭鋳造所に納めることを義務づけられていたという点で、一般の民間業者と異なる存在であり、それが清政府から貿易独占の特権を認められ、特別な庇護を受けるようになったと考えられる。

これまでは官局・民局（以下、両局と称す）[3]の経営構造そのものについて検討を行った研究はほとんどないが、松浦章氏の「唐船の経営構造」に関する論文は参考になる点が多々見受けられる[4]。氏の論文は、一七三〇年代後半から一九世紀中葉までの間（清の乾隆・嘉慶・道光三朝にあたる）を扱っており、これは両局の成立及び貿易独占の時期とほぼ重なっている。その論点は、唐船乗組員の個々の役割を明らかにする一方、主として「財東」（出資者、和文では「荷主」、この時期は官商・額商とほぼ一致）、「行商」（個々の唐船の経営代表者、和文の史料には「船主」「船頭」と書かれている）、「船戸」（船の所有者）三者の関係をめぐって検討するものであり、事実上、両局の経営構造の実態にかなり迫ったものと見受けられる。また、官商・額商の系譜や貿易活動などに関する諸研究[5]も、両局の総商・附商制や官商范氏の銅調達の仕組みなどの、経営構造面の課題に言及し、多くの基礎事実を確認するに至った。

ところが、これらの指摘や事実確認のみを用い、両局の経営構造の全体像を復元するにはまだ遠いと言わざるを得ない。それは、私的日記や書簡、そして帳簿・契約書などの商人側の史料が欠如しているという壁があるためと思われる。しかしとはいえ、第六章と第七章で繰り返して強調してきたように、近年、清朝檔案（保存公文書）の整理と出版がはやく進んでおり、数多くの日本銅調達に関係する公文書の所在が確認されるようになった。筆者はそれらの史料の解読に取り組んでいるうちに、全体像の解明には至らないものの、両局の経営を理解するためのポイントとなる多くの史料と出会うことができた。それらの史料を解析することにより、唐船商人の経営構造に関わる諸課題を明らかにする、またはそれに対する理解を深めることが可能になった。

また、官商・額商の成立による唐船商人の組織化が、日清通商の仕組みに大きな影響を及ぼしていたと考えられる。したがって、両局のもとに再編された商人組織の経営構造を追究することは、通商関係の仕組みの解明をめざす本書では避けてはならない課題として受け止める必要があると思う。そこで、利用史料の限界を意識しながら本章は、主にこれまで使われていない清朝檔案[6]に依拠し、商人構成・資金繰り・経営状況などの、両局の経営構造に関する基礎的な課題の解明を進めていきたい。そうすることにより新たに確認できる事実を、先行研究で明らかにされてきた事実と合わせ、図式の形で唐船商人の経営構造の輪郭を描き出すことを試みる。このような図式を通して、この課題に興味を持つ他分野の研究者や、これからこの課題に取り組む研究者にとって一助となるように、現時点での研究の到達点を端的に示したい。

第一節　両局成立以前における唐船商人の経営構造

唐船商人の経営構造については、まず両局成立以前の状況に触れてみたい。第六章の第一節で述べたように、康熙五五(一七一六)年以前は、清政府が委任した銅調達の担当者は主に、「関差」(交通の要衝に設置された税関の長官)、「塩差」(塩売買の管理と課税などを担当する官員)、内務府商人(皇室事務を取り扱う機関に属する商人)という三者であった[7]。しかし、これまでは、これら銅調達の担当者と唐船商人とがいかなる関係にあったのかは不明であった。これに対し、次に紹介する二つの未利用の題本(内閣経由の上奏文)は貴重な手がかりを与えてくれると思われる。これらの題本はいずれも、乾隆年間(一七三六—九六年)の前期に引退商人の政府への債務問題を追及するために江蘇巡撫が提出したものである。

まず初めに、乾隆八(一七四三)年一一月に提出されたと考えられる江蘇巡撫陳大受題本[8]によれば、「内務府買売人劉世泰欠部銅斤案」(内務府商人劉世泰が戸部・工部に納めるべき銅をいまだ納めていない件)に関しては、「商牙」陳威甫・王弘章・王璋如・張茂生・邱羽長・李秀弘などが追納すべき銅が計一二六万二〇七九斤あるという[9]。さらに二つ目の乾隆一二年八月一八日付の巡撫安寧の題本[10]によれば、内務府商人劉世泰はかつて、蘇州で銅調達を行うため、「帑銀」(国庫の銀)を受け取ったが、それによって調達すべき銅をいまだ政府に納めておらず、劉が戸部に提出した報告では、「商牙人」陳威甫などが納めていない銅一二六万二〇七九斤がまさにそれにあたるとしている。これらの史料に出てきた「商牙」「商牙人」は、牙行と通称された取引仲介業者を指していると思われる。この二つの題本から、内務府商人が銅調達の担当者として政府から銅買付銀を受け取り、それらの銀を複数の商人や牙行に割り当て、銅の調達を分担させていたことが読み取れる。内務府商人劉世泰を政府側が任命した銅調達の担当者とすれば、陳威甫らの「商牙」は銅調達の請負商人と考えられる。しかし、彼らが実際に長崎に渡航し貿易を行っていたかどうかは、いまの段階では確認できていない。牙行は商取引の仲介業者であり、彼らは請け負った銅の輸入を行商（唐船の船主）に任せた可能性が高いと思われるが、なかには自ら行商として長崎貿易に直接従事していたことも考えられる。

康熙五五（一七一六）年、清政府の銅調達の仕組みが変わり、中央政府に指定された諸省による銅調達が始まった（「分省弁銅」と呼ばれている）。佐伯富氏の研究によれば、この仕組みのもと、指定された省の総督・巡撫は、地方官のなかから銅調達官を選任し、期間を定めて銅調達を担当させていた(11)。そして、第三章で明らかにしたように、銅調達官（史料用語として「弁銅官」「承弁官」「弁員」などがある）は、任地所在の省から、乍浦・上海などの港町に近い江南の商業都市蘇州(12)に赴いて、そこで商人を募集し、募集した商人に銅買付銀を預け、銅の輸入を行わせていた。ここでまず、先行研究ではほとんど触れられていない二点について、新しい史料を用いて少し補足説明をしたい。

乾隆元（一七三六）年八月（日不詳）戸科給事中汪榯奏摺は、それ以前に銅調達官がどのように商人を募集し銅の調達を行っていたのかについて述べている(13)。それによると、①請負商人が銅買付銀を受ける際には、「領状」（領収書）「甘結」（承諾書）、と保証人五人の「保結」（保証書）を銅調達官に提出する、②「弁員」つまり銅調達官は、商人から輸入銅を受け取ると、それらの銅を「解員」（「府佐」と呼ばれた知府補佐官レベルの地方官が務める）つまり運送担当に引き渡し、その際に「解員」から銅の量を明記した「印文」（捺印のある領収書）を受け取る、③その後、銅は「解員」によって北京に運送される、という仕組みであったことが分かる。

さらにこれまでは、どの銅調達官がどの商人に銅調達の業務を委託したのか、各銅調達官の担当状況（所属省・氏名・官職・任期など）や銅調達官と銅貿易商人との関係、商人間の業務分担なども不明であった。

表6　康熙・雍正朝銅調達官と請負商人

省別	氏　名	官　職	担当期限	請負商人	出典
江蘇省	趙光謨	蘇州府同知	康熙61—雍正元年(1722—23)	陳啓登など39人	雍正5年9月25日蘇州巡撫陳時夏奏摺 乾隆12年8月18日署江蘇巡撫安寧題本
	蔡永清	蘇州府知府	雍正3(1725)年	蕭景山・王耀観・何徳淑・蔡忠・許聯芳	雍正5年1月28日蘇州巡撫陳時夏奏摺 前出安寧題本
	温而遜	蘇州府知府	同4年	不　明	前出雍正5年1月28日陳時夏奏摺
	黄廷銓	太倉州知州	同11(1733)年上運	陳伯威	前出安寧題本
浙江省	李　馥	浙江巡撫	雍正2(1724)年	不　明	雍正5年9月19日浙江巡撫李衛奏摺 同5年10月5日怡親王允祥等奏摺 (上奏日不詳)浙江巡撫黄叔琳奏摺
	呉永芳	嘉興府知府	康熙61—雍正元(1722—23)	不　明	雍正2年10月15日署浙江巡撫石文焯奏摺 前出李衛奏摺 前出黄叔琳奏摺
	楊景震	衢州府知府	雍正12(1734)年上運	葉洪五など	乾隆元年3月12日浙江総督嵇曾筠等奏摺
福建省	張秉綸	福寧州知州	雍正9(1731)年下運	不　明	雍正10年10月21日福建総督郝玉麟等奏摺
	朱叔權	興泉道	同10年上運	不　明	同
	王　輅	延平府知府	同年下運	不　明	同
	蘇本潔	興化府知府	同11年上運	不　明	同
	荘令翼	延建邵道	同年下運	不　明	同
	任　煥	延武府	同12年上運	不　明	(上奏日不詳)閩浙総督郝玉麟奏摺
	姜朝俊	建寧府	同年下運	不　明	同
安徽省	李　馥	布政司	不　明	郭裕観(郭亨統)	雍正7年6月21日広東総督孔毓珣奏摺
	李　暲	太平府知府	雍正9(1731)年上運	不　明	(上奏日不詳)安徽巡撫程元章奏摺
	尤抜世	亳州知州	同年下運	不　明	同
江西省	張道源	駅塩道	康熙55(1716)年	不　明	康熙58年4月21日江西巡撫白潢奏摺

注：出典になる雍正年間の奏摺は，台北故宮編『宮中檔雍正朝奏摺』(台北故宮，1977—80年)及び一史館編『雍正朝漢文硃批奏摺彙編』(江蘇古籍出版社，1989—91年)に収録．そのほかには，康熙58年4月21日江西巡撫白潢奏摺(台北故宮401002693)，乾隆12年8月18日安寧題本(一史館35-1226-031)，乾隆元年3月12日嵇曾筠等奏摺(同14123-009)がある．

これらの課題の内、まず銅調達官の選任については、当該期の上奏文から「表6」を作成した。典拠になる奏摺（皇帝親展の上奏文）は主に、銅滞納問題に関する各担当省の報告書である。「氏名」と「官職」の欄を通覧すれば、安徽布政使・浙江巡撫を歴任した李馥という特例を除けば、従来指摘された通り、知府・道員・知州・同知（知府の補佐官）などの、いわば「道府」レベルの地方官が銅調達官に選任されていた。ただし、担当期間については、大体一年か半年であり[14]、また省や時期によってまちまちである。雍正四(一七二六)年以前は一年担当の場合が多く、同九年までのいつかの時期に、政府の指示によって任期が半年と変わったという可能性も考えられる。

表7　「趙光謨・蔡永清案」関係の銅滞納商人の情報

商人名	本　籍	長崎渡航年
陳啓登	広東省潮州府海陽県	正徳5(1715)年
王慕菴	福建省	享保6(1721)・8・11年
兪枚吉	浙江省湖州府烏程県	享保4(1719)・6・7・10・11・14・16年
陳璧雝	浙江省寧波府鎮海県	享保8(1723)・11・15年
邵又張	安徽省徽州府休寧県	享保4(1719)・6・7・10・12・14年
査元茂	同	不　明
邵棟如	同	享保14(1729)・17年
伊韜吉	同	享保2(1717)・3・5年
呉芝山	福建省長楽県	不　明
魏徳卿	福建省福州府閩県	享保3(1718)・5・8年
魏宸余	福建省福清県	不　明
李長泰	安徽省徽州府歙県	不　明
汪尚珵	同	不　明
汪尚益	同	不　明
汪右興	同	不　明
王君貽	不　詳	享保2(1717)・3・5・7年

注：①日付不明（乾隆8年11月29日か）江蘇巡撫陳大受題本（一史館14541-001），②同9年3月19日戸部題本（同13712-003），③同12年8月18日署理江蘇巡撫安寧題本（同14123-009）．また，「長崎渡航年」は「唐船進港回棹録」（章末注16）による．

さらに、請負商人に関する情報も部分的に確認される。たとえば、陳啓登ら三九人、郭裕観（別名は郭亨統）[15]がそれぞれ蘇州府同知趙光謨の請負商人、安徽省布政使李馥の請負商人として、銅調達を行っていたことが分かる。また、表には、雍正一一（一七三三）年の上運を担当した太倉州知州黄廷銓の請負商人として陳伯威の名前が見られる。「唐船進港回棹録」[16]などの史料によれば、陳伯威は、享保四年から同一二年（一七一九—二七年）の間、少なくとも六回長崎に来航したことがあり、これを考えると、陳伯威は黄廷銓だけではなく、ほかの銅調達官からも銅輸入の依頼を受けていた可能性が高いと思われる。

［表6］の根拠となった奏摺には「陳啓登等参拾玖人」と記されているように、請負商人に関する記述は極めて簡略なものなので、より詳細な状況を追究するため、主に三点の題本類の檔案に依拠して、［表7］すなわち「趙光謨旧欠銅斤一案」（以下、「趙案」と略記）に関わっている銅滞納商人の一覧を作成した。この表では、前掲の「唐船進港回棹録」などの日本側の史料に照らし合わせて、それらの商人の長崎来航の有無及び来航の時期に関する情報を「長

崎渡航年」の欄に示しているが、それによると、渡日経歴のある請負商人が陳啓登・王慕菴・俞枚吉・陳璧韰・邵又張・邵棟如・伊韜吉・魏徳卿・王君貽など九人もいたことが明らかになった。

趙光謨は、康熙六一（一七二二）年に銅調達を担当し始めるようになり、担当期間が二年間であった。「信牌方記録」[17]享保九（一七二四）年条の記録から、その年（雍正二年）に一部の商人が滞納による清政府の追及で予定通り来日できなくなったことが分かる。また第三章で述べたように、江蘇省側は雍正五（一七二七）年に、「趙案」に関わり合っている請負商人の財産を没収する措置をとった。この間（一七二四―二七年）に渡日経歴のある商人は、王慕菴・俞枚吉・陳璧韰・邵又張四人しかおらず、彼らは銅調達官趙光謨から銅買付銀を受け取り、中国各地から商品を仕入れて長崎で日本銅と交換していたと考えられる。

では、ほかの請負商人は、どのように銅調達を行っていたのか。他人経営の商船に便乗して長崎渡航した可能性は否定できないが、代理者を立てて銅の輸入を委託した可能性もあると考えられる。

次に、前掲の「唐船進港回棹録」などの史料から、商人陳啓登の貿易歴を追ってみよう。[表8]は、陳啓登の一族と商売仲間の長崎渡航を示しているものである。表に見られるように、陳啓登は正徳期に長崎渡航したことがあるが、同五（一七一五）年以後の来航・欠航に関する記録はない。その年に渡航した際、啓登が船主を務めた一番船の「財副」は、彼の商売仲間郭亨統であり、翌年の享保元年以後、郭亨統とその一族（郭亨聯・郭亨愷など）は頻繁に長崎貿易を行っている。一方、啓登の親類陳祖観及びその弟陳琚観・陳良選、啓登の弟陳啓瀛、また一族と考えられる陳啓輝も、享保期において長崎貿易に従事している。さらに、啓登の商売仲間伊漢臣、及びその父伊韜吉（「趙案」の請負商人）が来航した記録もある。また、「趙案」に関わった王慕菴が四回も長崎渡航したことがあり、初回は陳啓瀛船の財副を務め、二回目は「陳啓瀛」名義の信牌を持参してきている。以上見てきたように、陳啓登が「在唐荷主」として銅貿易を一族や商売仲間に委任した可能性は十分に考えられるであろう。

表８　陳啓登一族及び商売仲間の長崎渡航

来航年月	帰航年月	船番	出港地	船　主	信牌名義人	備　　考
正徳２年	不　明	43	広　南	陳啓登	—	
同３年	不　明	13	広　南	陳祖観	—	陳啓登の親類
同５年６月	同６年閏２月	1	広　南	陳啓登	—	本人名義の信牌を受領．財副郭亨統
享保元年	?	—	南　京	俞枚吉	—	信牌なし来航
同年10月	同２年４月	4	広　南	郭亨統	陳啓登？	脇船頭陳啓瀛(啓登の弟)．客伊韜吉
同２年８月	同２年12月	1	広　東	陳祖観	同　人	
同２年８月	同３年１月	4	南　京	伊韜吉	同　人	
同２年８月	同３年１月	7	広　東	陳啓瀛	同　人	
同２年10月	同３年６月	30	広　南	郭亨統	同　人	財福郭亨聯，客俞枚吉
同３年２月	同3年閏10月	10	南　京	伊漢臣	游汝義	伊漢臣，陳啓登の「商売仲ヶ間」
同３年６月	同３年12月	18	広　東	陳啓瀛	同人(新規)	財副王慕菴
同3年閏10月	同４年２月	31	南　京	伊韜吉	同　人	伊韜吉，伊漢臣の父
同３年11月	同４年７月	33	広　南	郭亨聯	郭亨統	
同４年１月	同４年12月	5	広　東	郭亨統	郭亨聯	脇船頭陳伯威(啓登の一族か)
同４年８月	同５年６月	29	南　京	俞枚吉	同　人	
同４年11月	同５年７月	33	広　南	郭亨聯	郭亨統	
同５年６月	同年12月	11	広　東	郭亨統	同　人	脇船頭は陳伯威
同５年６月	同６年４月	23	南　京	伊漢臣	同　人	
同５年７月	同６年４月	27	広　南	陳琚観	陳祖観	陳琚観，祖観の弟．客陳良選
同６年４月	同６年９月	4	広　東	王慕菴	陳啓瀛	啓瀛本籍，広東潮州
同６年12月	同７年４月	29	広　南	陳啓輝	郭亨聯	啓輝(啓登の一族か)，亨聯の「商売仲ヶ間」
同７年７月	同８年３月	17	広　東	郭亨統	同　人	33客俞枚吉，便乗帰航
同８年６月	同９年閏４月	9	寧　波	陳良選	陳琚観	陳良選，陳琚観の弟
同８年６月	同９年６月	11	寧　波	王慕菴	同　人	
同８年12月	同９年８月	28	広　東	郭亨統	同　人	
同８年12月	同９年10月	29	広　南	郭亨聯	同　人	
同10年７月	同10年10月	16	広　東	郭亨統	—	無牌．郭裕観(亨統の別称)
同10年11月	同11年４月	24	広　東	郭裕観	同　人	
同10年	不　明		廈　門	陳宗遠	俞枚吉	宗遠は俞枚吉の甥
同11年６月	同11年10月	8	南　京	施翼亭	同　人	客俞枚吉
同11年７月	同11年11月	15	広　東	郭亨愷	郭亨統	
同11年８月	同12年２月	20	寧　波	王慕菴	同　人	
同12年６月	同13年２月	21	広　南	陳振裕	郭亨聯	脇船主陳大成＝陳良選
同14年２月	同14年７月	2	暹　羅	俞枚吉	同　人	

注：「唐船進港回棹録」（章末注16）・「信牌方記録」（章末注17）・『華夷変態』（林春勝・林信篤編，東洋文庫，1958—59年）による．

表9　范氏債務返済期における官商の系譜（1738—96）

官商の名前	担当期間	出身	官職・資格	備考
范毓馪	乾隆3—10(1738—45)年	山西省介休県	太僕寺正卿	
范清注	同10—27(1745—62)年	同	太僕寺少卿 戸部郎中	毓馪の三男
范清洪	同28(1763)年	同	浙江寧紹台道 戸部郎中	毓馪の次男
范清済	同29—47(1764—82)年	同	候選員外郎	毓馪の甥
王世栄	同48—52(1783—87)年	直隷省(？)	捐職郎中	
銭鳴萃	同53—60(1788—95)年	浙江省帰安県	監生	平度州知州の官歴があり
銭継善	乾隆60—嘉慶元(1795—96)年	同	不明	鳴萃の子

一八世紀半ば頃に両局が成立する前、唐船の長崎貿易は、基本的に個別な取引が特徴であったが、史料には商人間の「商夥」（商売仲間、和文史料には「商仲ケ間」「商売仲ケ間」と書かれている）関係が見られ、様々な業務分担の形で（漢文には「合夥生理」や「合夥貿易」、和文史料には「組合にて商売」）貿易上の協力を行っていた。そのため、この時期の唐船の長崎貿易には、請負商人が自ら行商として長崎に渡航して貿易を行うという直請け型もあれば、請負商人が自ら渡航せずに一族や商売仲間などの行商に長崎の銅貿易を委託するという下請け型もあったといえる。

第二節　范氏債務返済期における官局の経営構造

官商成立の経緯についてはすでに、第六章で詳細に検討した。すなわち、内務府商人范毓馪は、兵糧運送の際などにおいて生じた政府への債務を返済することを目的に、日本から銅を輸入し、輸入銅を政府に納めることにより債務の返済を行うことを提案し、乾隆四(一七三九)年に日本銅の調達を始めた。その後、半世紀以上にわたり、日本銅の調達を続けることにより、嘉慶元(一七九六)年になって、ようやく納銅による債務返済は完了したのである。次に、検討の前提として［表9］のように、担当期間や出身地などを含めて、嘉慶元年までに官商を務めた商人の系譜[18]を示していく。

先行研究で解明されていない課題としては、①官局の組織構造、②資金調達と収益状況などが挙げられる。以下、范氏一族の直営、王氏の経営代行、銭氏の経営代行という三つの時期に分けて検討してみよう。

1　范氏一族経営の時代（一七三八―八二年）

［表2］（第六章）に見られるように、范毓馪をはじめとする范氏一族の貿易活動は、塩専売・銅調達など多分野に渉っているが、毓馪の甥、范清済が官商を受け継いだ後、范氏の商売は主に塩専売・銅調達の二分野に集中してきた。清済は天津に本店を構え、本店の経営は三男范李に、北京にある「銅局」（銅上納などの事務を担当する事業所か）及び塩専売は次男范杜に任せた。[19] では、誰が実際に銅調達の業務を担当していたのか。これについては、次の史料で確認してみよう。この史料は、乾隆四七（一七八二）年范清済引退時における経営・財産の状況に関する長芦塩政（塩専売及び塩商を監督する官員）徴瑞の調査報告である。[20]

［史料1］

また〔上奏者徴瑞が〕調べたところ、蘇州銅局の銅調達業務も、范清済が自ら処理しているわけではない。〔范氏の商売に詳しい人に〕尋ねると、〔実際には〕その甥范柴は、「夥計」（商売仲間）黄良棟などと協力して蘇州で〔銅調達の業務を〕営んでおり、皆ベテランであるという。〔銅の調達を〕順調に行うため、毎年、銅買付銀として銀八万両を天津（范氏塩商売の本店所在地）から江蘇巡撫のところに送り、〔江蘇巡撫を経て〕范柴へ転送し、従来通り経営を行わせることを請う。[21]

この史料から分かるように、清済は、蘇州の官局の運営を甥范柴と商売仲間黄良棟に委任し、そして毎年、天津から銅買付銀八万両を受け取り、銅貿易の運営に使っていた。

一方、范清済の銅貿易経営の全体状況については、蘇州側も調査を行い朝廷に上奏した。[22] そのなかには、范氏の銅調達のための資金繰りと運営状況が窺える内容もある。それは、内容的に、王景麗氏の論文で紹介した「軍機処録副」(乾隆四八年、月日不詳)と重なるところが多い。(23)両方を合わせると、次のようなことが読み取れる。

蘇州にある「天錫局」(天錫は范氏の商号)(24)は、毎年、大体「洋船」(日本貿易を行う商船)七隻を長崎に派遣する。船ごとに、積み荷の仕入れに使う資本金は、銀二万七千余両が要る。また、船の賃金・税金・交通費などは、三〇〇〇両か四〇〇〇両くらいかかる。このように、七隻分を合わせると、二十余万両となる。「洋規」(日本側の規定)に従い、船一隻は銅一〇万斤しか配分されなく、ほかの積荷代は銅以外の商品で支給されるが、船七隻で銅七〇万斤が輸入できる。債務返済のために六省へ運送・供給すべき銅五〇万五九〇六斤を除き、さらに秤の重さや損耗などを差し引いたうえ、余った銅を市場価格で販売すれば、価銀は約三万余両となる。また銅以外の舶載品を売り出すと、銀一〇万余両が得られる。そのため、毎年銀八万両を資本金に補うならば、円滑に運営することができる。

次に、行商について確認してみよう。乾隆四八(一七八三)年内務府の上奏によれば、乾隆四七年に官局は、資金不足により、船三隻のみ(船名は林永順・万日新・魏宏勝、そして魏宏勝に故障があり、万日新に変更)を長崎に派遣し、この三隻の取引業務をそれぞれ行商張雨蒼・范寧遠・崔華年に委託した。(25)「日本来航唐船一覧」(26)によれば、崔華年が安永三(一七七四)年・同七年・同九年に唐船の船主として長崎に渡航したことがあり、張雨蒼と同じ人物と考えられる商人張雨滄の渡航記録も確認される。

これらの点を合わせて考えると、官局の組織構造は、経営の総責任者・范清済(天津)―経営担当者・范柴と黄良棟(蘇州)―各船の経営代行者・行商(張雨蒼・范寧遠・崔華年など)ということだったのであろう。

2　王氏による経営代行の時代(一七八三―八七年)

乾隆四八(一七八三)年、范氏が経営不振を理由に引退したので、清政府は、長芦塩政徴瑞の意見を参考に、范氏が担当した塩専売の業務はほかの塩商人一〇人に委託し、さらにこの一〇人から銅商売経験のなかった商人王世栄を選出し、銅調達の業務を代行させることにした。次に取り上げる徴瑞の上奏[27]から、王氏の「銅務」経営の一端が窺える。

［史料2］

「銅務」（銅調達の業務）は遠く蘇州で行われている。王世栄は「永慶号」と称された地域の塩専売の事業を引き受けているため、自ら蘇州に赴かず、別途商売仲間の王元章を蘇州に派遣し（「銅務」を）処理させている。（この件については）前は「奴才」（上奏者の自称）がすでに上奏しているが、いま、（蘇州では）王元章が（「銅務」の）すべてを経営しており、すぐさま業績を引き上げることができたので、実に有能な人である[28]。

この史料から、商人王世栄は「塩務」の経営に専念し、「銅務」の方は商売仲間の王元章に担当させたことが読み取れる。

では、范氏から王氏への官商交代は行商層に影響を与えたのか。前出の「日本来航唐船一覧」で確認すれば、彭義来という官局の行商がおり、安永六（一七七七）・八年（范氏経営の時代）、そして天明七年（一七八七、王氏経営代行の時代）に、船主として長崎に来航した記録がある。このことから、上層の経営陣は交代したものの、行商層及び船仕立ての仕組みは概ね維持されたと推測される。

次に、王氏の銅買付銀の調達方法について確認してみよう。官商の交代に関する同年二月一六日付の徴瑞奏摺[29]から、従来の通り、范氏の塩売買の利潤から毎年銀八万両を引き出し、銅買付銀として王氏に支給する[30]という徴瑞の意見が見られる。これに対する審議は、乾隆帝の指示により内務府が行うこととなったが、残念なことに、現時点では該当する内務府の議奏は見つかっていない。しかしながら、次に挙げる［史料3］の傍線部から、それ以後も、范氏塩専売の利銀から銅買付銀を支給していたことが窺える。つまり、官商の交代は行われたものの、毎年塩専売の利銀から銅貿易資金を捻出するという資金調達の仕組みは変わらなかったのである。

3　銭氏による経営代行の時代（一七八八—九六年）

乾隆四八年にスタートした王氏による銅調達は、計画通りに納銅することができなかった。王氏が担当してからわずか五年後にこの分野から撤退することになり、新任の塩政穆騰額の推薦により、商人銭鳴萃が官商に任命された。実は、乾隆五二（一七八七）年に穆騰額が提出したと考えられる奏摺を見てみると、銭氏がこれ以前の時期からすでに「銅務」の現場（活動拠点の蘇州）指揮のような役割を果たしていたことが窺える。(31)

［史料3］

〔乾隆〕四九年一一月に再び徴瑞が上奏したように、王世栄は「永慶号」地域の塩専売の業務を引き受けているため、蘇州に赴いて調達を行うことができず、「洋銅」事務は、商売仲間の王元章に責任を持って担当させた。王元章が病気で帰郷した後、商売仲間の銭鳴萃が〔その代わりに〕蘇州で〔「銅務」を〕経営している。（中略）調べたところ、銭鳴萃は確かに銅調達のベテランであり、これまでの経営で、すでに著しい業績をあげてきた。これを上奏すべきと存ずる。職責を明確にするため、また互いに責任をなすり合うことがないように、今後「東洋」から「洋銅」を調達する事務は、銭鳴萃一人に任せることを請う。毎年必要な銅買付銀八万両については、従来通り、范宗文名義の塩専売の利銀から金額相当の銀を抽出して〔銭氏に〕支給する。滞納がある場合、該商人銭鳴萃のみに責任を問うべきである。(32)

これによると、官商王氏の時代において、王世栄は蘇州の「銅務」を商売仲間（商夥）王元章に委任していたが、王元章が病気で帰郷したあとは、その商売仲間銭鳴萃が「銅務」を引き継いだ。さらに以後の「銅務」に関する穆騰額自身の見解として、①蘇州の「銅務」を銭氏一人に委任すること、②従来通り、范氏の塩専売の利益から毎年銀八万両を資本金として受け取らせることがあった。

この上奏に対する乾隆帝の硃批は「閲」という一字であるが、おそらくそのまま裁可されたと思われる。ここで注目すべきは、銭氏の時代から、「塩務」「銅務」の分離が始まり、官商が専ら「銅務」に従事するようになったという点である。一方、それによって、官局の銅貿易の仕組みに大きな変化の起こった形跡は見られない。

第六章で述べたように、銭鳴萃が死去した一年後、「洋銅」調達による范氏の債務弁償はようやく完了した。それを契機に、官局の民営化が行われ、民局から選出された商人は官局の責任者となり、銅輸入の資本金も商人自ら集めることとなった。

第三節　民局及び民営化後の官局の経営構造

1　民局の総商・附商制

本書で繰り返して述べているように、乾隆二・三(一七三七・三八)年前後に銅調達仕法の改革が行われ、従来の「帑銀」先払いによる銅調達の方法を廃止し、民商つまり民間商人が自己資本（史料用語は「自備資本」「自携資本」）により日本から銅を調達し、政府は彼らから必要に応じて輸入銅を購入することとなった。すなわち、清政府の日本銅調達は「先帑後銅」から「先銅後帑」へと転換したのである。それ以後、民商の対日貿易は徐々に拡大していった。

そしてその後、さらに第七章で検討したように、乾隆二〇(一七五五)年になって、江蘇省側の提案と戸部の審議を経て、蘇州を拠点に対日貿易を行っている商人楊裕和ら一二人が、引退した商人の政府への債務を引き受け、その見返りに民商の対日貿易の独占が清政府に認められた。「定額」（定められた人数）の商人による経営という意味で、これら一二人は額商と呼ばれるようになった。そして同時に、それ以外の参入希望者がいた場合、彼らが額商とともに引退商人の債務の返済を承諾するならば、附商として貿易に参加できるということも決められた。しかし、後に検討する民局に関する史料には「附商」という用語が見られるが、それは民局のなかの総責任者にあたる「総商」に対し、かは不明である。

「総商」以外の額商を指しているように思われる。額商に附属する商人という意味の「附商」が実在していたかどう

奏摺に名前が挙げられた唯一の商人楊裕和（奏摺には「楊裕和等」と書いてある）は、額商の代表的存在だったと指摘されている[33]。ところが、楊裕和が総商と呼ばれていることが実証できる史料は発見されておらず、総商がいつ登場したかについてもいまだ分からない。ただし、劉序楓氏は、諸史料には官商の名前とともに挙げられた額商の名前がいつも一人しかいないという点に注目し、総商が一人、ほかの額商は附商だったように推測している[34]。筆者はこれと同じ考えを持っているが、この論点を補強するため、次に新しい史料を簡単に紹介したい。

［史料4］は、嘉慶元（一七九六）年に江蘇巡撫費淳が軍機処宛に送った咨呈[35]（上級機関宛ての公文）である。この咨呈で江蘇巡撫は、官商銭氏の後継者選びに関して、民局から有力な商人を選んで官局の責任者に充てるという案を提示し、民局の構成及び商人の資金力に触れている。

［史料4］

〔巡撫費淳が〕調べたことによると、蘇州で銅調達を担当している民商楊蘭洲・王履階など六人は、長年にわたり海外からの銅買付を行っており、「銅務」に詳しい。しかし、楊蘭洲はいま民商の「商総」（総商の別称）を務めているため、〔官商を〕兼務するのは難しい。ほかの商人たちは、みな運営資金が乏しく、推薦して〔官商に〕任命するには適当ではない。ただし、王履階一人は、家柄がなお裕福といえる[36]。

費淳の咨呈に書かれた楊蘭洲・王履階ら六人はこの時期の額商であり、額商の人数は当初の一二人から六人までに減少したと考えられる。その時に総商を務めていたのが楊蘭洲であり、ほかの五人のなかで裕福なのは王履階一人であるという。

この咨呈（史料として取り上げていないところ）によれば、巡撫費淳は、裕福つまり資金力が豊かであることを理由に、

王履階を官局の総商に推薦した。また先行研究が指摘した通り、その後に王履階は官局の総商に任じられた[37]。そして、王履階の総商任命とともに、商人王文鼇・孫邦傑の二人が官局の附商に任ぜられた。しかしそれ以前に、王・孫の二人も民局に属する商人だったか否かは不明である。

民局のなかにも附商がいたということが、先行研究が紹介した、嘉慶一一（一八〇六）年五月一八日付の江蘇巡撫汪志伊の奏摺から確認される[38]。［史料4］も官局の責任者の交代に関する上奏文であり、そのなかには「顧元起・劉雲台二人係民銅局附商」（顧元起・劉雲台二人は民銅局の附商である）とあり、民局の総商楊蘭洲の「保挙」（推薦・保証）を経て官局経営者の候補となったのである。

2　額商の人数変動と登録

ここでは、前述したように額商の人数が変動しているが、変動に対する政府の対応について検討したい。次に紹介する［史料5］と［史料6］はいずれも、乾隆三七（一七七二）年商人銭鳴萃の訴訟に関する両江総督（江蘇・安徽・浙江を管轄）高晋の奏摺[39]の一部である。銭鳴萃は、のち（一七八八年）に官局の責任者となった官商銭氏である。この時点（一七七二年）で官局との関わりがあったかどうかは不明である。奏摺によれば、銭氏が訴えたのは、民局の楊宏孚（前述の楊裕和の息子）らが額商の定員数を勝手に変更したとのことであった[40]。これに対し、高晋は次のように述べている。

［史料5］

一二股が八股に集約されたこと（中略）については、当該商人が「額銅」（割合が決められた、政府に提供すべき銅）の調達を請け負うことになったのち、〔請負商人の〕病死や引退などがしばしばあった。「藩司」（布政使の別称、省の民政・財政担当）蘇爾徳が乾隆三一年に調査を〔下級官員に〕指示し、〔関係者の〕証文を提出させ、〔下級官員の〕確認・報告を受けて〔ほかの関係官員と〕協議したうえで〔股数の変更を〕許したのである。額商が勝手に〔股数を〕減らしたわけではない。(41)

ここでの「股」とは、日本近世の株仲間の「株」のようなものであり、政府に認められた、額商の一員として対日貿易に参加する資格を意味していると思われる。すなわち、額商結成の当初は、一二人は「十二股」であり、時の経つにつれ、八人に減ると股の数も「八股」に変更された。

史料によれば、額商結成後に商人の病死や引退などがしばしばあったことに対し、乾隆三一(一七六六)年に江蘇省は、当省布政使の指示のもと調査を施行し、証文の提出などを通じて確認したうえ、額商の人数変更を認めた。それ以後の額商の人数変更について、高晋は同奏摺で自分の意見を述べている。

〔史料6〕

〔政府に登録された〕もとの銅調達額商が病死や引退した場合、「股分」を問わず、現在調達を行っている商人の名前・出身地をまとめて、県や府が名簿を作り〔布政使司などの省級官署に〕報告し、〔それを受けて〕各官署は登録する。代わりの者があれば、そのつど〔県や府の官員が〕詳文（上級機関への報告書）で報告し、〔布政使司などの官署はもとの記録を〕更新する。捏造や替え玉を防ぐため、〔新規商人が病死や引退した商人の〕もとの名前をもって代わりの者になることは禁ずるべきである。(42)

高晋の意見には、ポイントが二つある。一つ目は、以後、病死者や引退者が出た場合、ひとまず現役額商の名前・出身地のみを登録すべきこと。二つ目は、代わりの者が現れると、関係官署の審査を経て前の登録を更新すべきことである。また、「股分」とは、一般的には、明清中国において、共同出資や経営連携などによる「合夥」制（「合股」制ともいう）があり、契約で出資・労務などの貢献度により資産所有・利益配分を決めるという経営形態を指している。(43)同じ奏摺に使われた用語ではあるが、〔史料5〕の「股」と〔史料6〕の「股分」は、異なる意味をもってい

表 10　民営化後官商の系譜（1797 年以後）

官商(親縁関係)	担当期間	交替理由	附商(親縁関係)	備　考
王履階	嘉慶 2—4 年 (1797—99)	病死	王文鏊・孫邦傑	
王日桂 (履階の弟)	同 4—12 年 (1799—1807)	引退		
程洪然	同 12—17 年 (1807—12)			
汪永増	同 18—21 年 (1813—16)	資金不足		元「銅局商夥」 資産 40 余万
王宇安 (日桂の子)	同22—道光19年 (1817—39)	病死	江善長・汪炳符	保証人「民商楊鶴圃」
汪炳符	道光 19 (1839)	病死	王元珍(宇安の子) 江成徳(善長之子)	
王元珍	道光 20—？ (1840—？)	不明	汪承晋(汪炳符の子)	

るようである。前者は、前に言及した通り、額商という資格を意味している。そして、政府の立場から見れば、日本銅の調達に責任を負う者、商人の視角からすれば、対日貿易の資格を有する者、という両義性のある表現といえる。一方、後者つまり「股分」は、民間一般の経営体と同じ、個々の額商の、民局の総資産における出資の割合、及び利益配当の割合などを示すものと考えられる。「股分」を問わなく現役額商の名前・出身地のみを登録すべきという高晋の意見は、言い換えれば、出資や利益配当などの民局の経営状況ではなく、銅調達の責任を誰が持っているのかを把握することが政府の関心事であるべきだった、ということであろう。

なお、この奏摺に対し、乾隆帝の硃批は「該部議奏」、つまり担当する戸部の検討・上奏に回したが、残念なことに、その後の審議状況は不明である。その確認を今後の課題としたい。

3　官局の民営化と総商・附商制

嘉慶元(一七九六)年、范氏債務返済の終了を受けて、その後官局の経営をめぐる議論が行われていた。先行研究が指摘した[44]通り、清政府は、翌年に民間から商人三人を官局の経営者として選出し、王履階(この時点までは額商)を総商、王文鏊・孫邦傑二人を附商に任じ、共同して官局の経営に当たらせた。それ以後、官局という名称、及び指定諸省への銅供給体制は従来通りに維持されていたが、出資や経営の面においては、民局とほぼ同じ形態をとるようになった。こうした官局の変革は、本書では「民営化」と呼ぶことにする。従来の官商に関する研究から、王履階以後の官商担当者が概ね分かった。それらの成果を参考にしながら、新たに確認した事実を若干加えて、［表10］のように官局の経営者の系譜を示しておく。

ここでは、新史料に依拠して新たに確認した事実のみを説明してみる。汪炳符が官商を務める際、王元珍と江成徳の二人の附商が付けられたこと、(45)翌年に汪炳符の病死、江成徳の病気により、王元珍が官局の総商、汪炳符の息子汪承晋が附商となったことが、(46)新史料の解読により初めて確認できたことである。表に見られるように、民営化以後、官局の総商・附商体制も次第に定着化したのである。

おわりに

まず、各節の結論を簡単にまとめると、第一節では、両局成立以前（主に乾隆朝以前）の銅調達官・請負商人・行商（唐船の船主）三者の関係を検証し、請負については直請けと下請けの二類型があったことを指摘した。第二節で注目したのは民営化以前の官局経営構造であり、官局の組織構造・資金調達・収益状況などを解明するに至った。第三節では、民局の総商・附商制について検討を行い、民局は総商一人と附商数人によって構成されていた可能性を指摘するとともに、さらに額商の人数に関する史料の分析から、額商は単なる民局の出資者（「股分」所有者）ではなく、民間商人の対日貿易を総括して清政府に日本銅を供給する責務を持っている商人（「股」の持ち主）とされていたことを確認した。またその節では、民営化以後、官局の総商・附商制の定着も明らかにした。

次に、先行研究の成果と、本章で明らかにした点を踏まえながら、清朝の日本銅調達の仕組みと貿易商人の構造をまとめてみよう。

第一段階は、両政府公認の日清通商関係が成立する一六八四年から、指定諸省による銅調達制（分省弁銅制）の実施が開始される前の一七一五年に至るまでの間である（[図3]を参照）。「関差」、「塩差」、内務府商人などが、清政府に指定された銅調達担当者として、民間の請負商人に銅の調達を依頼していた。第一節で挙げた史料、及びその後の状況を参考にすれば、請負商人のなかには、直接日本に渡海する商人、いわば行商もあれば、銅の輸入を行商に下請けさせる「商牙」（取引仲介業者）もあったと考えられる。また、輸入銅は、銅調達担当者が責任を持って中央の銅銭鋳造所（戸部の宝泉局、工部の宝源局）に運送していた。

第二段階は、一七一六年から一七三六年までの二〇年間、つまり指定諸省による銅調達制が実施されていた時期にあたる（[図4]を参照）。指定諸省の総督や巡撫は、知府・道員などの地方官を銅調達官（弁銅官・弁員）に任命し、これらの銅調達官は、対日貿易に従事する商人が集まる蘇州に赴き、そこで銅調達の請負商人を募集し、請負商人に資金を予め支給し、銅輸入を行わせていた。また第一段階と同じく、請負商人にも直請けと下請けの二種類があった。商船が帰航したのち、請負商人は輸入銅を銅調達官に納め、銅調達官は数量などを確認したのち、同省に派遣された運送担当官（解員）に渡し、北京への運送を任せていた。なお、商人（荷主）は[図3]の「商牙」と同じような存在だったと思われる。

一七三七・三八年には「銅政」改革が行われ、それを受けて両局の結成への動きが始まった。その年から長崎が開港し両局体制が崩壊する一八五〇年代後半までの間を、第三段階とする。官商の銅調達は一七三九年に開始し、額商は一七五五年に成立した。それ以後は、官商范氏の債務返済の完了とともに官局の民営化が決まった一七九七年を画期に、さらに二つの時期に分けられる。

[図5]で示したように、范氏債務返済期の官局において、官商は原則的に范氏の塩専売の利銀から毎年八万両を

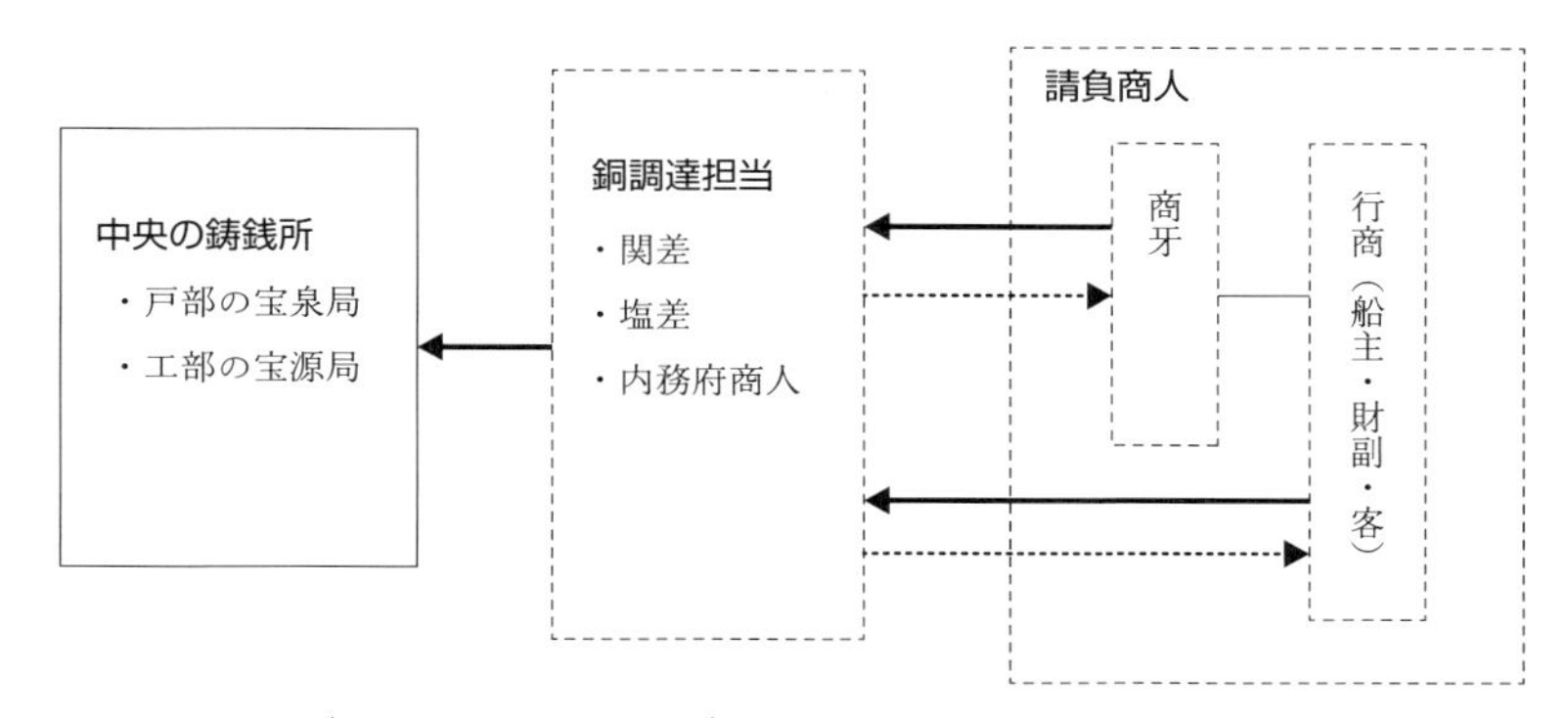

図３　清朝の日本銅調達制度と貿易商人の構造（1684―1715年）

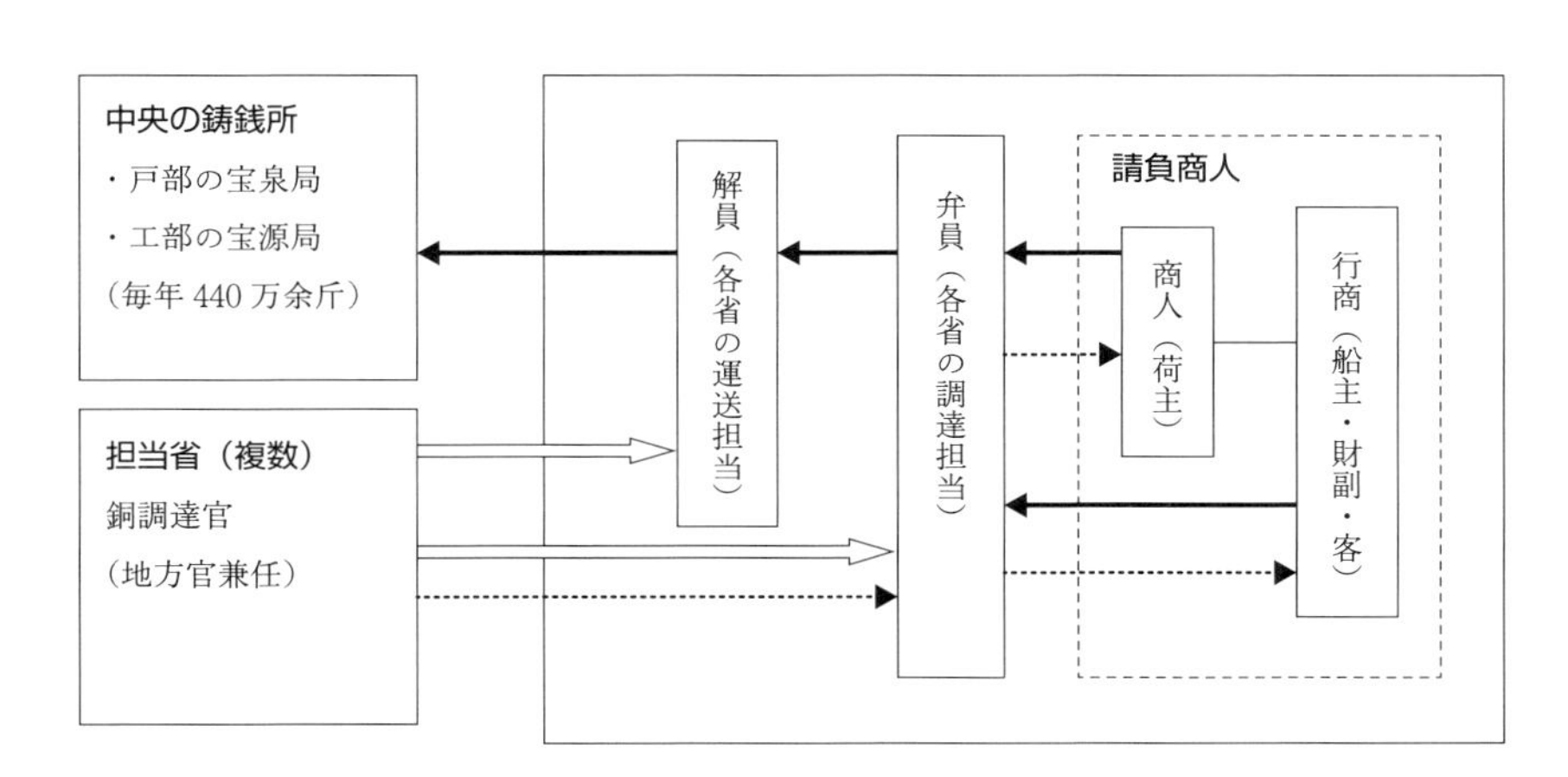

図４　清朝の日本銅調達制度と貿易商人の構造（1716―1736年）

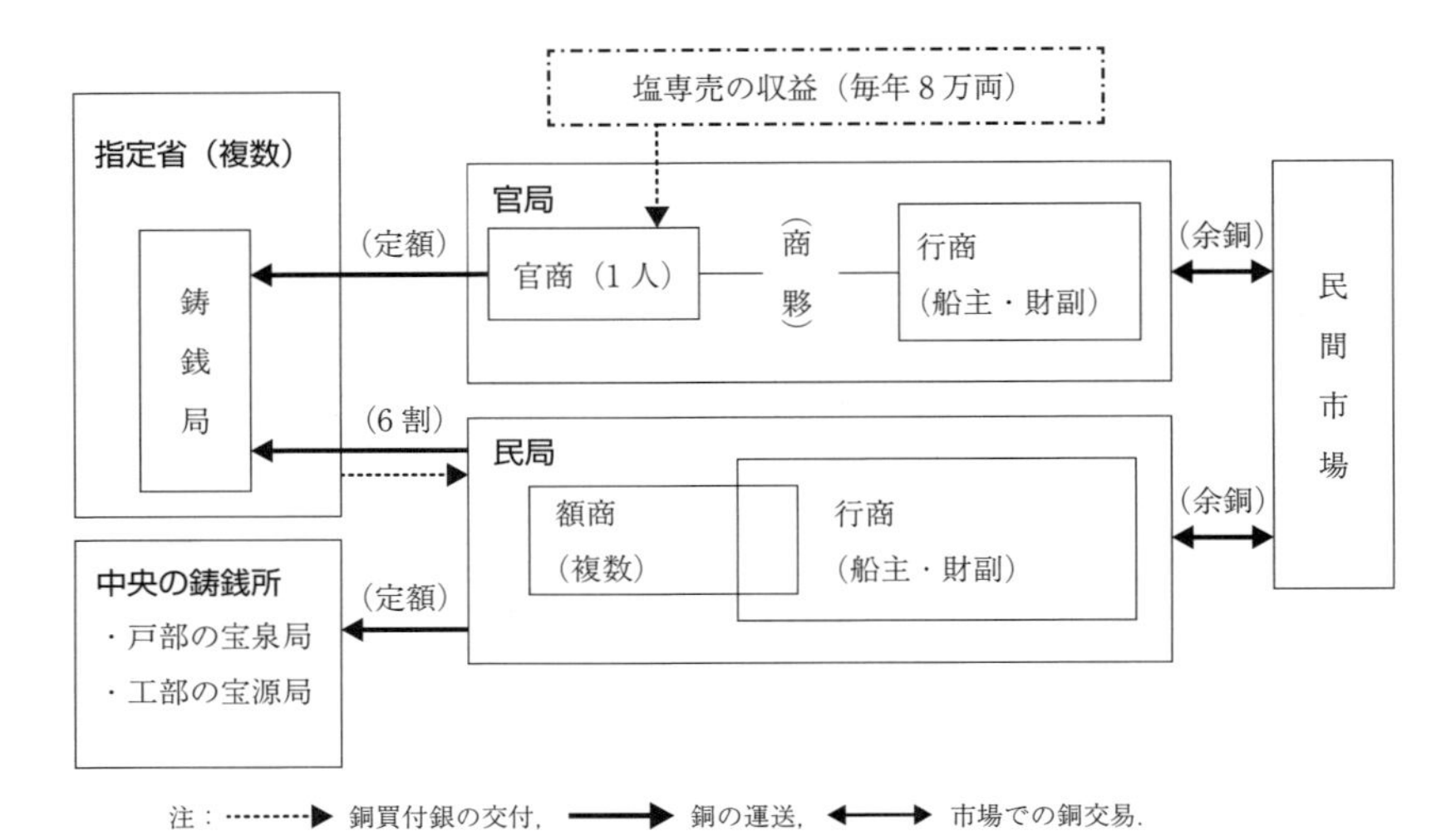

図５　清朝の日本銅調達制度と貿易商人の構造（1755―1797 年）

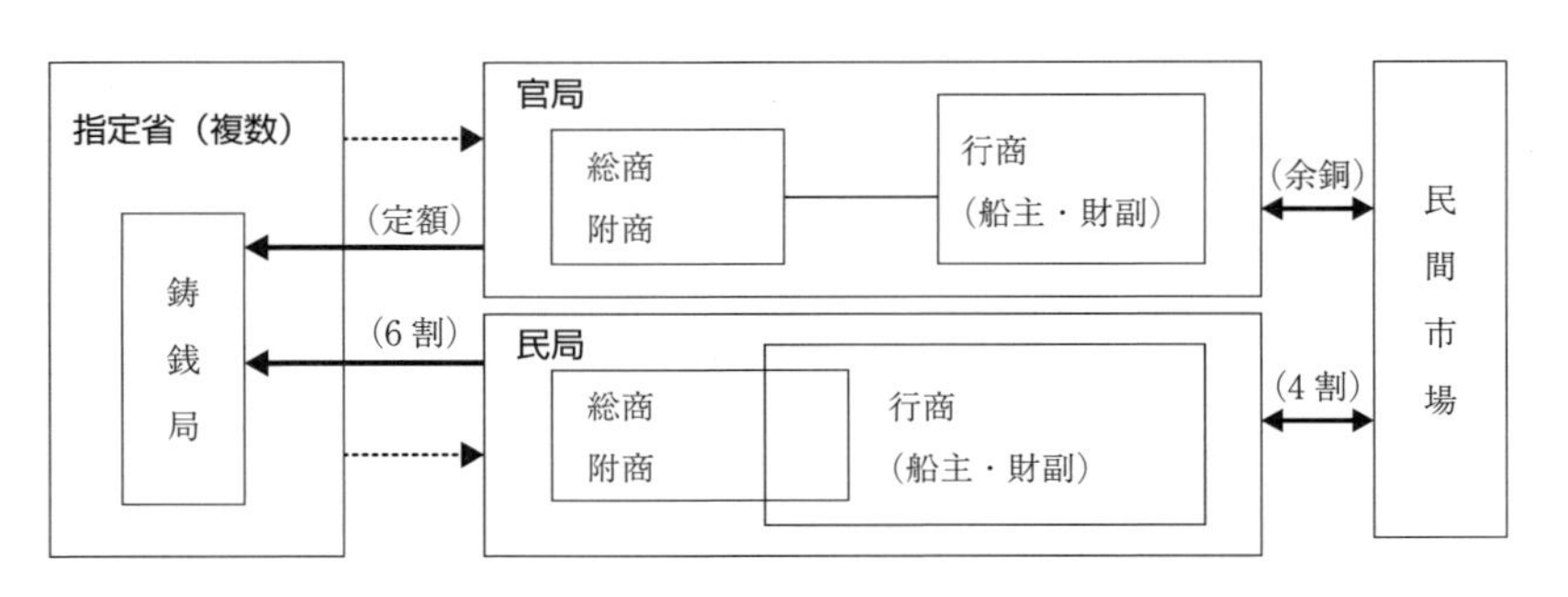

図６　清朝の日本銅調達制度と貿易商人の構造（1797―1859 年）

引き出し、日本銅の調達に使い、官局に配属する行商は、唐船による銅輸入の実務を担当していた。銭氏が官商になる前、蘇州で日本銅輸入の陣頭指揮を執ったのは官商の一族または商売仲間（漢文史料の用語は「商夥」）であった。定額の銅を指定諸省（主に直隷・陝西・湖北・江西・江蘇）の銅銭鋳造所に運送し、政府により決定された価格で精算され、余った銅は民間市場で自由に販売するという仕組みであった。

一方、額商の経営には依然として二つのパータンがあり、行商を兼ねる場合もあれば、単なる「財東」（史料上の和文表現は「在唐荷主」）として一族や商売仲間（行商）に対日貿易を委任する場合もあった。輸入した銅の六割を、「官価」（政府指定の価格）で指定諸省（主に江蘇・浙江・江西三省）の銅銭鋳造所に供給し、さらに引退商人の債務代弁のため、毎年定額の銅を中央の銅銭鋳造所に納め、余った銅を民間で販売するという仕組みで運営を行っていた。

一七九七年以後、范氏の債務返済が完了したことを契機に、官局の民営化が行われ、官局は民局とほぼ同じ構造で対日貿易を営むようになった（［図6］を参照）。官局の経営を一人の商人に任せたことも一時あったものの、総商・附商が共同で経営を担うのが基本であった。総商・附商と行商との関係は、以前と大きく変わった形跡が見られない。

なお、民局の総商・附商制がいつ成立したのかなどの課題が残されている。附商が総商以外の額商を指しているのか、それとも額商に付属している出資者や貿易参加者を指しているのかについては、推論にとどまっている。また、最も大きな問題は、冒頭に指摘した通り、商人側の史料（契約文書や帳簿類など）が欠如していることである。商人の経営構造を明らかにするには、清政府側の史料のみではどうしても限界があり、経営構造の枠組みは垣間見ることができるものの、細部の運営状況を確認するには行き詰まりが生じやすい。今後は、商人側の史料の発掘にも力を入れるべきと痛感する。

（1）　管見の限り、「公局」という用語は、清朝側の公文書に稀に見える。いま確認できる範囲では、その用例は一つしかない。

すなわち、乾隆三三年三月二九日江西巡撫呉紹詩奏摺には「将銅寄貯公局」（『宮中檔乾隆朝奏摺』三〇、二二九―二三一頁）と書かれている。しかし、商人の願書などの、日本に所蔵されている長崎貿易関係の漢文史料にはしばしば見られる。たとえば、田辺茂啓編『長崎実録大成』（丹羽漢吉・森永種夫校訂、長崎文献社、一九七三年）には「公局総商」（二四五頁）や「公局銅商」（二五二頁）などの表現がある。本書第五章で引用した商人側の呈文にも「官公局坐商」（第五章注36）・「汪公両局」（同注38、「汪」は官局総商汪氏のこと）といった表現が見られる。また松浦章氏が言及した如く、安永三（一七七四）年中国に漂着してのち長崎に送還された薩摩領民の口述によれば、「公局は日本通商十二家之荷主」という（松浦章「清代対日貿易における官商・民商」同『清代海外貿易史の研究』朋友書店、二〇〇二年、一四四頁、初出は一九七九年）。右に挙げた情報を合わせて考えると、一般的には、額商を中心とした商人グループが官辺（清政府側）では「民局」、民間では「公局」と呼ばれていたと思われる。

（2）乾隆元年一〇月七日戸部尚書張廷玉奏摺（張偉仁主編『明清檔案』中央研究院歴史語言研究所、一九八八―九五年、A68-135）。この奏摺には「銅行商人」という表現があった。ここでの「銅行」は銅調達を行う商人のグループだったと考えられるが、その詳細はいまだ判然としない。

（3）「両局」は史料用語でもある。長崎で唐船の船主が提出した願書などの漢文文書に散見され（たとえば長崎歴史文化博物館所蔵「天保十二年唐貿易公文書」によく見られる）、そして漢文による影響のためか、長崎奉行所側の役人職務日記（たとえば、同館所蔵「文化十四年中公用日記」の漂流安南人・配銅証文に関する記事）などに「両局」が使われている例もある。

（4）松浦章「清代対日貿易船の経営構造」（前注1松浦書、初出は一九七二年）。

（5）内田直作「弁銅貿易商人団体」（同『日本華僑社会の研究』同文館、一九四九年）、山脇悌二郎「清代塩商と長崎貿易の独占」（同『近世日中貿易史の研究』吉川弘文館、一九六〇年、初出は一九五八年）、前注1松浦論文、劉序楓「清日貿易の洋銅商について――乾隆～咸豊期の官商と民商を中心に」（『九州大学東洋史論集』一五、一九八六年）、王景麗「清前期内務府皇商范氏的商業活動探析」（中央民族大学提出修士論文、二〇〇七年）、華立①「清代洋銅貿易中的額商集団」（『明清論叢』一一、二〇一一年）、同②「清代洋銅官商范氏一族の軌跡」（『大阪経済法科大学論集』一〇〇、二〇一一年）。

（6）本章で取り上げる清朝檔案は、主に一史館所蔵の未刊行の檔案、と『宮中檔乾隆朝奏摺』（国立故宮博物院、一九八二―八八年、以下『乾隆檔』と略記）に収録されている檔案である。

（7）Hall John, "Notes on the Early Ch'ing Copper Trade with Japan" (*Harvard Journal of Asiatic Studies* 12, 1949)、香坂昌

紀「清代前期の関差辦銅制及び商人辦銅制について」(『東北学院大学論集　歴史学・地理学』一一、一九八一年)、前注5劉論文、孫暁瑩「康熙朝内務府商人と日本銅」(『東アジア文化環流』三―二、二〇一〇年)など。

(8)日付不明江蘇巡撫陳大受題本(一史館 14541-001)。この史料は破損があり、後半は紛失したようである。一方、乾隆八年一一月二九日江蘇巡撫陳大受題本(同 13591-005)にも破損があり、二枚しか残らず、「貼黄」(題本の末尾に付けられた全文の要旨)にあたるものである。内容的に見れば、両者がそれぞれ同じ題本の前半と末尾である可能性が高い。そうであれば、前者の日付も乾隆八年一一月二九日となる。

(9)雍正朝『山東塩法志』(莽鵠立編、台湾学生書局、一九六六年)巻一一「本朝奏疏」から、内務府広儲司の商人索柱と劉世泰が銅調達を申請したことが分かる。前注7孫論文(三七頁)を参照。また、雍正元年二月一八日戸部(総理戸部三庫和碩怡親王允祥等)奏摺(一史館 35-1226-003)によれば、内務府商人劉世泰と范毓馪などの内務府商人が康熙朝において鉛の調達を担当していた。

(10)乾隆一二年八月一八日署理江蘇巡撫安寧題本(一史館 14123-009)。

(11)佐伯富「清代雍正期の通貨問題」(東洋史研究会編『雍正時代の研究』同朋舎出版、一九八六年)六五二―六五六頁。

(12)銅調達官が蘇州に集まることに関する一史料を追加したい。乾隆元年正月一七日戸部左侍郎李紱奏摺(一史館 35-1226-027)には「八省均非産銅之地、惟仰藉於洋銅、於是弁銅道府群集蘇州」とある。

(13)乾隆元年八月(日不詳)戸科給事中汪栴奏摺(一史館 35-1227-002)。奏摺には、「弁員不得不行転委、既取殷実甘結、復取五人保結」、「道府弁銅、例於弁足後、報明布政、詳明巡撫、咨部、另委同知・佐弍等官起運至京、而領運之員、査照応弁之数、兌明現在之銅、然後出具収足印文、報期起解」、「商人領銀時、分厘皆有領状、解員領銅時、斤両載在印文」などの記述がある。

(14)雍正朝初期の銅調達関係の史料には、「上運」「下運」という二つの用語がよく見られる。雍正元年九月二八日浙江巡撫李馥奏摺(一史館 35-1226-005)には、「向来部定価値、毎担発銀一十四両五銭、例於年前給足、按来歳四月・十月起運」とある。すなわち、調達銅を北京へ運送する時期は年に二回に分けられ、上半期は「上運」とし四月に運送が始まり、下半期は「下運」とし一〇月に運送が始まるということであった。このことから、銅調達官の任期も半年を最小単位とされていたのではないかと考えられる。また、乾隆元年五月二四日江蘇布政使張渠奏摺(一史館 35-1227-001)には「各省承弁銅斤、向分上下両運、毎運委任一員、毎員弁銅二十七万余斤、上運限八月起解、下運限十二月起解」とある。これによれば、雍正朝のいつの頃かに上運は八月、下運は一〇月に始まることとなった。

(15) 大庭脩「享保時代の来航唐人の研究」(同編『唐船進港回棹録・島原本唐人風説書・割符留帳』関西大学東西学術研究所、一九七四年) 四〇頁。

(16) 長崎歴史文化博物館所蔵「唐船進港回棹録」。翻刻版は前注15大庭編書に収録。

(17) 同館所蔵「信牌方記録」。翻刻版は大庭脩編『享保時代の日中関係資料』(関西大学出版部、一九八六年) に収録。

(18) 前注5に挙げた諸論考などを参照。先行研究で解明されていない箇所については、新たに檔案史料で確認した。

(19) 乾隆四八年五月一八日長芦塩政徵瑞奏摺 (『乾隆檔』五六、一八七頁)。

(20) 乾隆四七年一二月二一日長芦塩政徵瑞奏摺 (『乾隆檔』五四、五一九頁)。

(21) 同奏摺、「再査、蘇局弁銅亦非范清済自行料理、詢知其住范柴協同夥計黄良棟等在蘇経営、倶係熟手、請将銅費銀八万両、毎年即由津解赴江蘇巡撫、転発范柴、照旧承弁、庶有着落」。

(22) 乾隆四八年三月三一日江蘇巡撫閔鶚元奏摺 (『乾隆檔』五五、四五〇頁)。

(23) 前注5王論文、五一頁。史料は一史館 03-0787-041。

(24) 「范天錫」を官商范清済の商名とした松浦氏の見解 (前注1松浦論文、一五〇頁) や、「天錫」を范清洪の号と見る劉氏の見解があったが (前注5劉論文一二四—一二七頁)、范氏の塩引地は「天錫号」、蘇州の銅局は「天錫局」と称されていたことを念頭に考えると、華氏が提示された通り (前注5華論文②、六六頁)、「天錫」は范氏の商号と見る方が妥当である。

(25) 乾隆四八年内務府奏文 (一史館 03-0787-041)。この史料は前注5王論文に掲載されているので、ここでは史料そのものを直接取り上げるのはやめて、要点のみをまとめる。

(26) 中村質「日本来航唐船一覧　明和元—文久元(一七六四—一八六一)年」(『九州文化史研究所紀要』四一、一九九七年)。天明二(一七八二)年に来航した唐船船主の名前の多くは記されていない。

(27) 乾隆四九年一一月五日長芦塩政徵瑞奏摺 (一史館 35-1318-029)。

(28) 同奏摺、「弁銅遠在蘇州、王世栄承弁永慶号官引地、不能親身赴蘇、另行夥同王元章在蘇料理、先経奴才面為奏明、今王元章経理一切、迅速見功、亦属能事之人」。

(29) 乾隆四八年二月一六日長芦塩政徵瑞奏摺 (『乾隆檔』五五、一六五頁)。

(30) 同奏摺、「請照原議、於范氏引地売塩余息内、毎年撥給銅費銀八万両、照旧弁解」。

(31) 日付・具奏者不明奏摺（『乾隆檔』六四、五六一―五六二頁）。その内容から、乾隆五二年に長芦塩政穆騰額が上奏したものと考えられる。
(32) 同奏摺、「嗣於四十九年十一月復経徴瑞奏明、王世栄有承弁永慶号官引地、不能赴蘇採弁、洋銅事務即責成商夥王元章弁理、継因王元章因病回籍、即係商夥銭鳴萃在蘇経理、（中略）査銭鳴萃委係弁銅熟手、前此弁理、既経著有成効、理合奏明、嗣後所有東洋採弁洋銅事務、請即交銭鳴萃一人経理、以専責成、以免諉卸、毎年応需銅費銀八万両、照旧在於范宗文引地余利内如数撥給、倘有貽誤、惟該商銭鳴萃是問」。
(33) 前注1松浦論文、一五八頁。前注5劉論文、一四〇頁。根拠としては、（1）「額商楊裕和及官商范清注等」、「弁洋銅之官商范清洪・額商楊裕和等」などの文に見られるように、楊裕和が額商の代表者として官商范氏と並んで名前を挙げられるのがよく見られること、（2）日本側の史料「明安調方記」（長崎歴史文化博物館所蔵）の「唐船宿町順」（明和元年―天明七年）の冒頭には「范天錫、楊裕和」が商人の代表者として記されていること、（3）中国から長崎に送還された日本人漂流民が楊裕和を「商人頭」と称していることなどが挙げられる。
(34) 前注5劉論文、一四〇頁。
(35) 嘉慶元年八月三〇日届蘇撫費淳咨呈（録副、一史館 03-1776-060）。
(36) 同咨呈、「査蘇州弁銅民商楊蘭洲・王履階等六戸、出洋採買銅斤、歴有年所、於銅務較為熟諳、而楊蘭洲現充民商商総、勢難兼顧、其余各商均係疲乏、未可僉当、惟王履階一商、家道尚称殷実」。
(37) 前注1松浦論文、一六〇頁。
(38) 同、一六一頁。嘉慶一一年五月一八日江蘇巡撫汪志伊奏摺（一史館 35-1353-041）。
(39) 乾隆三七年六月七日両江総督高晋等奏摺（一史館 35-1284-018）。
(40) 同奏摺、「又銭鳴萃具控、楊宏孚等以十二股私改八股」。
(41) 同「其十二股併為八股、及続繳銀両限期較寛之処、因該商承弁額銅之後、屢有故歇、経前藩司蘇爾徳於乾隆三十一年間飭査、取結核詳議准、亦非額商等私減」。
(42) 同「其原弁額商、如有病故歇業、自応無論股分、総以現弁商名・籍貫、由県府造報、各衙門備案、有頂弁者、随時詳報更正、毋許仍以原名頂充、以杜捏冒之端」。
(43) 合夥制については、根岸佶『商事に関する慣行調査報告――合股の研究』（東亜研究所、一九四三年）、今堀誠二「十六世紀以後における合夥（合股）の性格とその推移――とくに古典的形態の成立と拡大について」（『法制史研究』八、一九五八年）などを参照。

(44) 前注1松浦論文、一五二頁。前注5劉論文、一三三頁。

(45) 道光一九年一〇月二六日署蘇撫裕謙奏摺（録副、一史館 03-3383-030）。

(46) 道光二〇年一一月一四日署蘇撫邵甲名奏摺（録副、一史館 03-3383-076）。

第九章　両局体制と「約条」貿易

はじめに

これまでの三章（第六―八章）は、両局体制（官商が率いる商人グループ＝官局と、額商を中心とした商人グループ＝民局による唐船商人の日本貿易の独占体制）の形成過程及び経営構造などの課題に迫った。本章は、こうした検討をさらに進め、両局体制の成立による長崎貿易仕法への影響を考えてみたい。

第六章・第七章の「はじめに」で整理したように、両局に関しては、先学によって主に官商・額商の成立経緯、清の銅調達政策との関係、代表的な商人の履歴と貿易活動、及び長崎来航の実績などを課題として研究が進められた。ところが、両局の成立から始まった唐船商人の経営構造の変化が貿易仕法にどのような変動をもたらしたかについては、ほとんど注目されていない。

長崎貿易の制度変遷については、「正徳新例」の発布（正徳五、一七一五年）を幕府による貿易統制体制の完成と考えるのが一般的であり[1]、新例実施後の唐蘭貿易に関する法令は、貿易規模や輸出入品の項目の調整に過ぎなかったと認識されている。中村質氏の論考[2]で明らかにされたように、一八世紀中期以後、金銀の日本輸入を中心とした諸々の新規取引（長崎会所の会計記録では「別段商法」という括りでまとめられている）が出現した。一方、長崎会所を中心とした貿易管理者側の組織改革・勘定仕組みなどの改革が、一八世紀中期において長崎奉行を兼職した勘定奉行松浦信正・石谷清昌の主導で行われたことが、鈴木康子氏の研究(3)(4)で浮き彫りになった。

では、それらの貿易動向や制度調整は、外国商人との取引仕法に顕著な変動をもたらさなかったのであろうか。この点について、一八世紀の中頃に始まった日蘭間の「契約貿易」(Contract handel) に関する鈴木康子氏・松方冬子氏の研究(5)が非常に参考になる。一七五二(宝暦二)年九月に長崎会所において日蘭貿易に関する「契約」(Contract, 二六項目より構成)(6)が結ばれた。鈴木氏は、その「契約」(氏は「貿易協定」という表現を使用) は内容的に先例の確認に過ぎなかったものの、日本側からの一方的な命令ではなく、日蘭双方の話し合いによる「契約」の締結は、日蘭貿易交渉において極めて意義があると評価している。松方氏の論文は、「契約」が結ばれた理由と経緯をさらに追究する一方、一八二〇年代にオランダ商館長を務めたヘルマン・メイランの「契約貿易」に対する認識も紹介している。メイランの定義を参考にすれば(7)、「契約貿易」とは主に、オランダ東インド会社 (一九世紀には、オランダ領東インド政庁) が会所側の注文 (数量・品質など) に応じて商品を日本に輸入し、「値組」(会所「目利」の評価に基づく価格交渉) で買取価格を決める取引制度である。本書の関心に照らせば、同時期の唐船貿易においては、似ているような取引仕法の変革が起こったのか否かを確認することが重要な課題として浮かび上がってくる。

こうした課題を検討するには、時代背景や政権側の施策動向にも留意すべきである。両局体制が確立した一八世紀中期は、日本史上のいわゆる「田沼時代」の始まりであり、財源創出を目的とする経済政策が次々と打ち出された時代であった。長崎貿易に関しては、内田銀蔵氏や中井信彦氏などの検証により(8)、この時代において海外から日本への金銀輸入や輸出向け海産物の増産などが推進されていたことが、日本近世史の分野ではすでに広く知られている。特に注目すべき近年の研究として、「田沼時代」における幕府の施策動向を再検討し、経済・社会など様々な分野で「山師」と呼ばれた役人や民間人によって献策 (政策提案など) が活発に行われていた時代的特徴を読み取り、「田沼時代」を「山師」の時代と捉え直すことができると主張した藤田覚氏の研究が興味深い(9)。こうした研究状況を踏まえて、当時の長崎貿易の状況を顧みると、「国益」と標榜して幕府へ積極的に献策した長崎地役人の姿が浮かび上がる。彼らの活躍により、定められた幕府の貿易統制の枠組みに抵触しないことを前提に、長崎の町共同体にも、幕府にも利益をもたらすことができる取引仕法が考案・創出されるようになった時代の気運を感じ取ることができる。

以上のような問題意識を持ちつつ、一八世紀中後期の長崎貿易に関する基礎史料をあらためて読むと、「約条」「約定」「憑文」などの言葉の頻出することが注目される。こうした気づきに端を発して、「約条」の内容を記している「憑文」の写しなど、これまで知られていなかった新史料の所在が確認されるようになり、諸史料から、「約条」の取り決めや履行における両局の関わり方を見通すことが可能になった。こうした作業に基づいて本章は、「約条」「憑文」に関する史料を総合的に分析し、「約条」「憑文」とは何を指しているのか、それらに関連する貿易形態はどのようなものだったのかをまず明らかにし、そのうえで、冒頭で示した問題関心と絡めながら、両局がどのように「約条」貿易の成立と展開に関わっていたのかについて検討したい。

なお、本章で取り上げる史料には、貿易の勘定に関する用語などが多く、ここであらかじめ勘定の仕組みについて簡単に説明しておく。長崎貿易はそれ自体が物々交換のバーター貿易であり、取引額は銀（貫目・匁）で計算されていた。長崎会所の唐船貿易に関する勘定の項目は、概ね「銅代」「俵物銀」「諸色銀」「諸定例」「諸遣捨」の五つに分けられた。前の三者はそれぞれ、定額の銅、俵物（煎海鼠（イリコ）「干鮑」「鱶鰭（フカヒレ）」）、諸色（昆布・鯣・椎茸などの雑貨）で唐船積荷の代価を支給することを指している。「俵物銀」「諸色銀」のように、名目上は「〇〇銀」と書かれているものの、銀そのもの、または銀貨そのものではなく、銀に代わる商品だったと理解される。「諸定例」は各種の税や手数料の総称、「諸遣捨」は滞在費にあたるものであった。唐船が長崎から帰帆する前の勘定では、まず「諸定例」「諸遣捨」の銀額を計算し、次に唐船積荷の代銀のなかから「諸定例」「諸遣捨」、さらに「銅代」（基本的に定額）を差し引き、その残銀は「俵物銀」「諸色銀」で一定の割合（通常は「俵物」四割、「諸色」六割）により唐船に支給する、という勘定仕法であった。

第一節　「民局」の唐銀取引「約条」

広く知られているように、近世初期においては、日本は銀や銅などの輸出国だった。しかし、内田銀蔵氏・中村質氏などの研究が明らかにしてきたように、一八世紀半ば頃から、金・銀（かつて日本から海外に流出した和金などを含む）を海外から日本へ輸入する動きがあった[10]。従来の、金銀取引の実態、幕府の政策を検討したこれらの研究とは異なり、本章が注目したいのは、金銀の日本輸入に関わる取引形態、及びその実現における両局商人の役割である。そのため、日本側の金銀輸入関係の史料を読み直し、「約条」貿易の文脈で分析を行うことを試みる。

次に掲げる『長崎実録大成[11]』（以下、『実録』と略記）宝暦一三（一七六三）年の記事[12]は、唐銀輸入の開始を示すものとして、よく参考にされている。

［史料1］

一、七月七日九番王履階船入津、唐国ヨリ元糸銀三百貫目持渡ル、此代リ銅三拾万斤、内正銅七分・俵物三分可被相渡約条ニテ、二拾ヶ年可持渡憑文渡置ル、但今年俵物払底ニ付、正銅三拾万斤相渡サル、

ここの「九番王履階船」とは、この年「九番」として登録された、王履階という商人が船主を務めた唐船という意味である。この記事によれば、王履階は、「元糸銀」（清の銀貨、表面は糸状の螺旋がある）三〇〇貫目を長崎に運んできて、同時にその取引に関する「憑文」も持参した[13]。「憑文」は、二〇年間の「元糸銀」輸入をめぐる「約条」の内容を示した証文のようなものであり、その史料から「約条」の内容が窺える。すなわち、商人側が毎年中国から三〇

〇貫目の「元糸銀」を日本に持ち渡り、それに対し日本から三〇万斤の銅に相当する代価が支給されるという約束であり、なおかつ代価の内訳は、「正銅」（銅そのもの）七割、「俵物」三割とされている。

では、商人王履階はいつ日本側と「約条」を取り決め、「憑文」を受け取ったのか。この点については、奉行所に出された諸法令などを収めている長崎歴史文化博物館所蔵「明和元年御書附之写」[14]が参考になる。当該史料所収の「申八月廿日」付（宛先欠）の書付が、唐銀持渡に関するもので、冒頭に「去々年約条相定」と書いてある。つまり、唐銀持渡の「約条」は明和元（一七六四）年の二年前、つまり宝暦一二（一七六二）年に結ばれたのである。この年に王履階は「憑文」を受け取って、翌年にそれを持参してきたと考えられる。

さらに、同史料の「申九月」付「後藤惣左衛門・年番町年寄、唐通事年番」[15]に宛てた書付には、「去々午年唐船主王履階儀、唐国元糸銀六百貫目宛、年々持渡、商売定外ニ銅買渡度旨、初て相願、吟味之上、先一ヶ年三百貫目宛持渡之様申渡候」とある。これによれば、王履階がはじめ提案したのは年間六〇〇貫目の輸入高だったが、奉行所の審議を経て、年間三〇〇貫目の暫定高となったことが分かる。また、減額の理由が、銅の生産不振に加えて、海産物増産の見込みもまだ立たないためであったことも分かる。前述した八月書付によれば、同じく「銅不進」のため、「酉年より一ヶ年弐百貫宛持渡」という決定が下され、唐銀の輸入額は明和二（一七六五、乙酉）年から年間二〇〇貫目に下方修正された。

続いてこうした唐銀「約条」取引と民局との関係を見てみよう。唐船取引を項目に分けて説明する史料「長崎会所五冊物」[16]の第二冊（以下、「五冊物」と略記）には、関連する記事が数箇所あり、その中でも「唐銀持渡」の条が最も詳細である[17]。

［史料2］

一、①唐方商売外唐銀持渡之儀者、宝暦十三未年より唐銀、元糸銀ニして三百貫目宛、弐拾ヶ年之間年々持渡之

儀、十二家船主王履階御請仕、右代り銅三拾万斤宛年々買渡申候、且又、右唐銀持渡候ニ付、王履階御褒美売として、元代四拾貫目分御恩加商売被仰付、五割増ヲ加へ、都合六拾貫目之高、惣俵物渡方被仰付候、②依之、唐銀三百貫目ニ相懸候諸定例三拾四貫五拾目宛、十二家仲ヶ間船諸色銀之内より差出候ニ付、買渡銅三拾万斤ニ相懸候梱賃銀、其外唐銀御上納ニ付諸雑費銀、幷向々御手当掛り合之者へ御褒美銀等之分差引、相残分銅代銀ニ組入申候、（後略）

傍線①は［史料1］とほぼ同じ情報を提供している。ただし、王履階については「十二家船主」と記している。次に傍線②によれば、唐銀の取引にかかる「諸定例」（各種の税と手数料）は、「十二家仲ヶ間」の「諸色銀」（唐船積荷の代価の一部に充てる雑貨）から差し引く形で精算することとなった。言い換えれば、唐銀船載の唐船の取引に対して、その船が長崎貿易にかかる税や手数料は、「十二家」、つまり民局に属する船々に支給すべき積荷の代価を差し引くという形で、その船ではなく、民局という商人グループによって負担されるとのことであった。

以上より、宝暦一三年に王履階の名義で定められた唐銀取引の「約条」は、王履階個人向けのものというより、実際は民局を相手としたものと考えられる。この点は、その後誰がこの「約条」に従って唐銀を日本に持ち渡ってきたかを確認することによってより明らかとなる。

『実録』明和元年の記事には「五月十日四番宋敬亭・黄奕珍船入津、唐銀百貫目持渡」[18]というような、唐船による唐銀輸入の記事が多く載せられている。記述上は船主の名前を省略する傾向があり、しかも所属（范氏か「十二家」）が書かれていないことが一般的である。これらの問題については、長崎歴史文化博物館所蔵「唐船宿町順」[19]（明和元―天明七年の記載あり、一部欠）などを参考にすれば、概ね解決される。宝暦一三年以後の唐銀日本船載に関する商人の情報を整理すると、［表11］のようになる。

表の丸括弧（　）に商人の所属を書き込み、「范」は官商范氏が率いる官局に属すること、「12家」は額商「十二

表 11 唐銀輸入の唐船商人の情報

来航年	船 番・船 主 (所 属)
明和元年	4番・宋敬亭(12家), 13番・呉果亭*1(12家)
同 2年	4番・程冀若(12家), 8番・游樸菴(12家), 10番・龔子興(12家)
同 3年	5番・唐重華*2(范)
同 4年	1番・游樸菴(12家)*3, 10番・魏東亭(12家)
同 5年	1番・劉青上(12家), 7番・張蘊文*4(12家)
同 6年	1番・劉青上(12家)
同 7年	1番・程冀若(12家), 2番・程剣南(12家), 7番・龔允譲(12家), 13番・游樸菴(12家)
同 8年	9番・程剣南(12家)
安永元年	1番・顧蘭塘(12家), 2番・游樸菴*5(12家), 7番・汪竹里(12家), 12番・游樸菴(12家)
同 2年	1番・沈南雷(12家)12番・程潤南*6(12家)
同 3年	1番・銭杏雨(?), 4番・游樸菴(12家), 6番・汪縄武(范), 9番・許玉堂(12家)
同 4年	1番・汪竹里(12家), 2番・顧蘭塘(12家), 9番・許容光(12家か), 11番・汪縄武(范か)*7
同 5年	3番・許玉堂(12家か), 5番・汪竹里(12家か), 6番・顧舒長(12家か), 8番・黄永泰(12家か)
同 6年	3番・銭苫乾(?), 10番・程剣南(12家)
同 7年	5番・汪桐峯(12家)
同 8年	9番・周壬録(12家か)
同 9年	5番・顧舒長(12家か)
天明元年	6番・汪桐峯(12家)
同 2年	なし
同 3年	7番・欠, 8番・欠, 13番・欠

出典:『長崎実録大成』正編・続編(『実録』と略称, 注11),「明安調方記」の「唐船宿町順」(『町順』と略称, 注19),『長崎古今集覧』(松浦東渓著, 東京大学史料編纂所・長崎歴史文化博物館などに写本あり, 長崎文献社の刊本〈1976年〉もあり,『集覧』と略称). また, 商人名前の確認については, 中村質「日本来航唐船一覧」(第8章注26)も参照.

注: *1:『町順』は「呉菓庭」,『集覧』は「呉果庭」.
*2:『町順』は「唐重花」.
*3:『実録』は「游撲庵」.
*4:『町順』は「張温文」.
*5:『町順』は「游僕庵」.
*6:『町順』は「程閑南」, 程剣南と同じ人物か.
*7:『集覧』は10番.『町順』によれば, 10番船主は韓履中, 所属不明.

家」を中心とした民局に属することを指している。「唐船宿町順」には、安永三(一七七四)年以後、商人の所属について「天」と書かれた場合があり、それは范氏の商号「天錫局」の略称と考えられるため、表では表示を統一して「范」とした。丸括弧(　)に「12家か」と書き込んだのは、参考史料の該当箇所に明記されていないが、ほかの年にその商人が「十二家」の商人だったと分かる記事があるため、その年も「十二家」の船主として来航したと推測したものである。また、「?」や「欠」は、商人の所属や名前が不明であることを示す。

[表11]に見られるように、確認できる範囲で、この二〇年間に唐銀の船載に従事した商人は、ほとんど民局に属するものであった。明和三年の官局商人唐重華の唐銀輸入と、安永三年の官局商人汪縄武の唐銀輸入については、特別な事情があり、民局側が唐銀の運送を官局の商人に委託したのではないかと考えられる。

以上の検証の結果、宝暦一二年に成立した唐銀取引「約条」は、商人王履階が民局の代表として長崎会所と交渉して取り決めた約束であり、実際にこの「約条」に基づいて唐銀取引を行っていたのは、民局に属する商人のグループであったと結論づけられる。

第二節　「官局」の西洋銀貨取引「約条」

唐船を通じて日本に輸入された銀は、唐銀のみならず、西洋銀貨も含まれていた。これらの銀貨は、主に広東貿易を通じて中国に流れ込んだものであり、中国の銅銭と比べると縁飾り(中国語で「花辺」とされる)があるため、当時の中国では一般的に「花辺銭」と呼ばれていたと考えられる。また、日本側の史料で「花辺銭」や「花辺銀銭」と呼ばれたものは、唐船やオランダ船によって長崎に運ばれてきた西洋銀貨だった。民局の唐銀取引の成立に刺激されたためか、官局の商人も「約条」の枠組みのもとで新たな取引を検討しようとする気配を見せ、まず着目したのは「花辺銀銭」のようであった。

では、西洋銀貨の取引に関する『実録』明和三（一七六六）年条の記事を見てみよう。[20]

［史料3］

一、六月廿日七番崔輝山船入津、但毎年范氏仕出ノ内一艘花辺銀銭五拾貫目分積渡、荒物・薬種・奥産物等積交へ可持渡旨、俵物・諸色ハ諸船通例ノ通配当被仰付、番越帰帆仕タキ趣、願之通、憑文持来、番越帰帆ス、

この史料から、明和三年に「七番」として登録された、崔輝山が船主を務めた唐船が、「花辺銀銭」の取引に関する「憑文」を持参し、順番を越えて帰帆したことが分かる。原則的には、唐船が来着順に従って取引を受け付けられ、そのうえで帰帆すべきであったが、「番越帰帆」は、恐らく取引を終了したことを前提としていたものと考えられる。そして、持参した「憑文」で約定している内容は、毎年、官商范氏が仕立てた船の一艘が、五〇貫目の「花辺銀銭」を、荒物・薬種・「奥産物」とともに長崎へ積み渡り、代価として通例の通り「俵物」「諸色」を配当され、順番を越えて帰航するということであった。

では、「奥産物」とは何か。江戸時代の日本において、現在の東南アジア諸国は「奥国」と称され、東南アジアの港から長崎に来航した唐船は「奥船」と呼ばれていた。これらを念頭に考えると、「奥産物」とは、当時の東南アジア諸国の特産品を指しているのではないかと思われる。[21]

さて、この「花辺銀銭」取引はいつから成立したのか。「五冊物」の「花辺銀銭」条には「明和元申年范氏船主崔景山申立」[22]とあり、つまり明和元（一七六四）年に范氏グループ（官局）の一員である崔景山という商人が奉行所・会所側に提案し、了承を得たものであった。同じ条から、明和四年から取引額を年間一〇〇貫目に増額する、と明和三年に決定されたことも窺える。

また、［史料3］に示されている「憑文」の内容に戻るが、「花辺銀銭」などの輸入品の代価としては、「俵物」「諸

色」のみが支給され、銅は配当されなかったのかという疑問が生じる。やはり「憑文」そのものを用いて検証する必要がある。明和四(一七六七)年九月「崔輝山」宛の「憑文」の写しと考えられるものが、蘭通詞中山氏の関係史料のなかに見出すことができる。(23) 貴重な史料のため、次に全文を掲載する。

[史料4]

長崎訳司為遵奉　鎮台憲命発給憑文事、照得、爾范局船内額[下上]、按年発船壱艘、置備粗貨・薬材・州府土産等項、併配花辺銭壱万両、該船定額内帯来、至其回貨、請領(カ、虫損)照例配銅・包頭・雑色、即令越番先回等因(カ、虫損)、業已　允准在案、爾宜知悉、毋得遅誤前来、須至憑者、

右

票給付崔輝山収執

明和肆年玖月　　訳司

長崎訳司

鎮台之憲命を承り証拠書相与候ための事、其方范氏仕出之内、年ニ壱艘宛船を仕立、荒物・薬種・奥産物取交へ可積渡ニ付、花辺銭百貫目分、右荷物定高内ニ持渡、代り物通例之配銅・俵物・諸色を請取、番越帰帆被為　仰付度段、願通　御聞済被成置候条、其旨相心得、無遅滞可致渡来候、仍て証拠書如斯候、

明和四年九月　　訳司

証拠書崔景山へ相与

まず、史料前半の漢文を日本語に訳してみる。

[訳文]　長崎「訳司」(唐通事)が「鎮台」(長崎奉行)の命令に従い「憑文」を〔唐船商人に〕発給する。あなたたち范局の「船額」(来航船の定数)の内、年に船一艘を派遣し、「粗貨」(荒物)・「薬材」(薬種)・「州府土産」(清

朝支配下各地の特産品か）などを備え置き、そして「花辺銭」一万両を該船の定額内で〔長崎に〕もたらす。積み帰りの荷物として、通例に従い「配銅」（船ごとの定額の配当銅）・「包頭」（俵物）・「雑色」（諸色）を受け取り、直ちに順番を越えて先に帰帆する、ということを、〔あなたたちが〕願い出たところ、〔長崎奉行は〕願い通り聞き入れられた。〔あなたたちは〕その趣旨を心得て〔今後の来航が〕遅延しないよう渡来いたしなさい。したがって、「憑文」を下付する。

明和四年九月　　通事

右の書付を崔輝山に給付した。

日付から考えると、この「憑文」は、商人崔輝山が明和四年四月に長崎に来航した（二番船）[24]のち、それ以前に長崎からもらった「憑文」を、唐通事か、唐通事を通じて会所役人に提出し、また取引終了後に更新・交付されたものと考えられる。

まず、漢文で書かれた原文と和文の訳と照らし合わせると、大差がないように見受けられる。用語については、「配銅」「花辺銭」はそのままで、「粗貨」「薬材」「包頭」「雑色」はそれぞれ「荒物」「薬種」「俵物」「諸色」に置き換えられた。そして、年間輸入量については、日本の銀一〇〇貫目が中国の銀一万両と概算されたことも、一八世紀日清貿易の通貨両替率と合致している[25]。

一方、この史料を解釈するには、二つの難問にぶつかる。一つは漢文の「州府土産」が和文に「奥産物」と訳されたこと、もう一つは、宛先のところに、漢文では「崔輝山」、和文では「崔景山」と書かれていることである。前に述べた「唐船宿町順」によれば、崔景山という商人が明和元年から三年の間に毎年来航し、特に明和三年は二度も長崎に来たが、明和四年以後は姿が消えている。一方、同じ「官局」に属する崔輝山は、明和四年以前に来航した形跡がなく、それ以後は頻繁に来崎するようになった。二人は親子または兄弟関係で入れ替わりして長崎貿易に従事していたかと思われる一方、同じ人物でありながら、商売上の事情により日本で登録された名前を変えた可能性もある。これを踏まえながら前記の二ヵ所をあらためて考えると、もちろん誤訳や転写のミスなどの可能性は否定できないが、一方で原稿と訳文の組み合わせの間違い、または商人側の事情により内容を変更して漢訳を作成したことなどの可能性も考えられる。

次に、［史料3］と比較すると、目立つ相違点として目に浮かぶのは、やはり「配銅」という表現の有無である。［史料3］（明和三年持参）と［史料4］（明和四年発行）には一年の差があり、「約条」の内容が変更された可能性を完全に否定することができないものの、この時期において「出銅」不振のなか、以前の「約条」にない「配銅」を新たに追加したことが実情に合わないと考えられ、［史料3］つまり『実録』の記事は、原本の作成または転写の過程で「配銅」が書き落とされた可能性が高い。つまり、西洋銀貨の取引の「憑文」を持参した場合、積荷は通常の織物中心と異なり、西洋銀貨が中心となったとはいえ、代価としては通例の通り、銅そのもの一〇万斤、残りは「俵物」「諸色」を支給するという意味だったはずである。

また、発給者のところに「訳司」（和文は「通事」）と書かれていることも注目される。第一章で述べたように、信牌制度立案の際、唐船商人の等閑な扱いにより、公儀の威光が損なわれることが懸念されたため、幕府は建前上「公験」（幕府が公式に発行した通商証明書）ではなく「私験」（唐船商人と唐通事との約束を示した証明書）として信牌を位置づけ、信牌の発行先を唐通事仲間にした。「憑文」の場合も、同様な理由で、発行先を唐通事にして、建前は、唐通事と唐船商人との約束を示している私的証文と位置づけたと考えられる。一方、信牌と異なり、「憑文」は、あくまで、両局商人と会所役人との間の、具体的な取引事項の「約条」に基づくものであり、幕府はただその種の取引を認可・了承するのみで、「憑文」の発行を会所レベルの事務とし、直接関わろうとしない姿勢をとったのではないかと推察される。

第三節　「約条」貿易の拡大と定式化

明和期（一七六四―七二年）において、幕府が長崎貿易の輸出不振につき、「俵物」増産の督促を主旨とした触書を全国範囲で出した点も看過すべきでない。[26] 宝暦一二（一七六二）年の唐銀取引の「約条」と、明和元（一七六四）年の西洋銀貨取引の「約条」を合わせて考えると、この時期において、唐船商人側も幕府・長崎会所の役人も、[27] 唐船船載の金銀と日本の海産物との取引に積極的な態度をとっていた。そして、宝暦・明和期以後も、両局の一方または双方と長崎会所との間の「約条」に基づく取引は継続した。これらの取引は、従来は、「御定外別段商法略録」[28]（以下、「商法略録」と略記）などの史料を根拠に、幕府の貿易統制のスタンスから、ほかの唐船一般向けの貿易制度とともに、一概にして「別段商法」と捉えられてきた。しかし、本章で論じてきたように、商人の立場に視線を移すと、「別段商法」と称された取引の多くは、「約条」貿易として捉え直すことも可能である。次に、中村質氏の研究を踏まえつつ、「商法略録」・「五冊物」などに依拠して、一八世紀後半の「約条」貿易と考えられる取引項目を整理してみたい。

なお、なぜ一八世紀後半に限定しようとするのかについて付言したい。実は、松平定信が主導した改革の一環と位置づける捉え方もあるが、寛政二（一七九〇）・三年になると、「諸山出銅不進」[29]を理由に、「半減令」[30]と通称された一連の貿易調整が行われ、「別段商法」の多くが廃止されるに至ったのである。その後間もなく、「別段商法」は「再興」の傾向を呈したが、全体的には小規模・短期間の項目が多く、「商法略録」の記事も簡略的なものであり、それぞれの性格、つまり「約条」貿易かどうかを確定することは難しい。整理上の混乱を避けるため、ここでの整理は一八世紀後半に限定することにした。

［表12］の②は先に取り上げた「明和元年御書附」による情報であり、「約条」と明記されている。「商法略録」の

表 12　18 世紀後半の「約条」取引

年	契約者(所属)	主 要 項 目	契約期間／中止年
①宝暦 12 年 天明 3 年 同 5 年	王履階(十二家) 沈雲瞻(十二家) 王氏・十二家双方商人	「元糸銀」(唐銀)持渡 同(継続) 同(改訂)，双方半分宛	20 年(翌年より) 20 年／天明 4 年改 不詳／寛政 2 年見合
②宝暦 13 年	不明	「唐人参」の持渡	不詳(未実施？)
③同　年	龔子興・王履階(十二家) 兪翰選・程玉田(范氏)	「奥産物」の持渡	未定？／明和 4 年
④明和元年	崔景山(范氏)	「花辺銀銭」持渡	未定？／寛政 3 年見合
⑤同　年	龔子興(十二家) 崔景山(范氏)	「古金」・「文金」持渡	未定？／明和 3 年
⑥明和 2 年	崔景山(范氏) 龔子興(十二家)	代価，通常配銅のほか，俵物 3 割・諸色 7 割(「三七商法」)	5年／明和3年(1回のみ)
⑦安永元年 同 9 年	黄維翰・王世吉(范氏) 王世吉・顧寧遠(范氏)	「西蔵金」持渡 同(改訂)	15 年 未定？／天明元年
⑧同 7 年	顧舒長(十二家)	「安南金」持渡	10 年／天明元年
⑨天明 5 年	王氏・十二家双方商人	遣用代り「足赤金」	未定？／寛政2年(断続)
⑩寛政元年	程赤城・宋敬亭(十二家)	反物代わり銀持渡	未定？／寛政 2 年
⑪同　年	馮声遠・費晴湖・程栄春(銭氏) 宋敬亭(十二家)	「西蔵金」持渡	1 期目：3 年(一同 3 年) 2 期目：3 年／不詳 3 年(同 2—4 年)／不詳
⑫同　2 年	費晴湖(銭氏)	反物代り「足赤金」	未定？／同 3 年

注：官商の系譜：范毓馪（1738-45）⇒范清注（1745-62）⇒范清洪（1763）⇒范清済（1764-82）⇒王世栄（1783-87）⇒銭鳴萃（1788-95）⇒銭継善（1795-96），後略.
商人所属（「十二家」か「范氏」「銭氏」）については，「商法略録」のほか，中村質「日本来航唐船一覧」（第 8 章注 26）も参照.

①④⑥⑩⑫に該当するところには、「御約定」という表現が見られ、さらに『実録』から、①③④⑤⑥に関する「憑文」があったことが確認される。[31] その他は「御約定」と直接書かれていないものの、両局のどちらかに所属する商人に提案され、両局の一方か双方の商船を対象とするという共通点を持ち、仕組み的には①③④⑤⑥⑩⑫と同じようなものであり、「約条」貿易と捉えてよいと思われる。

前にも述べたように、本章では、「約条」貿易と称する取引仕法は、「商法略録」などの日本側の史料、及び先行研究では、一般的には「別段商法」と扱われている。中村質氏が「商法略録」などの記事を踏まえながら、これらの商法について逐一詳細に説明したため、ここでは贅言を控え、ただ本章の論旨に関わるいくつかの要点のみを挙げておきたい。

まず、項目から見れば、明らかに他と異なっているのは、②「唐人参」（中国産朝鮮人参）持渡、③「奥産物」持渡、⑥「三七商法」である。②については、前に触れた「明和元年御書附之写」によれば、やはり「出銅不進」で見合わせられ、結局実施するには至らなかったようである。③については、「正徳新例」（正徳五、一七一五年）実施以後、「奥船」の数が年を追って減少しており、それを背景に日本での「奥産物」への需要度も高まったと考えられる。これに応じて宝暦一三（一七六三）年、船主四人は、「奥産物」の船来を申し入れ、通常（元代二七四貫目、配銅一〇万斤、順番帰帆）より利益のある取引（元代四六八貫目、配銅二〇万斤、番越帰帆など）をしようとしたと考えられる。そして、留意すべき点は、それより以前の宝暦八（一七五八）年に「奥産物積渡」の船二隻が渡来し、取引後「順を越出帆」したこと、また同一〇年に来航した三番船が「去卯（宝暦九）年限奥産物積渡」に関する「憑文」を持参してきたものの遅延に及び、「奥産物」でない荷物の舶載という理由で、通常の通り、つまり来航順に従って帰帆させられたことである。[32] このように、「憑文」を交付して望む荷物を運んでもらうという、奉行所か会所の試みが宝暦八年前後に始まったようであるが、関連する史料が欠如しているため、その確認は今後の課題とせざるをえない。また、③については、唐船輸入品の代価として通常は銅一〇万斤のほか、「俵物」四割・「諸色」六割を配分していたが、「三七商法」で約束されたのは、銅は通常通り一〇万斤を支給するが、ほかに特別扱いとして「俵物」三割・「諸色」七割を支給することであり、こうした調整は、唐船商人にとってどのようなメリットがあったのかは不明である。

さて、メインの金銀取引に戻る。①唐銀と④「花辺銀銭」について第一節・第二節で述べたが、唐銀の取引は宝暦一三（一七六三）年から二〇年間続いたが、毎年「約条」通りの量の銀を船載してきたとは限らず、「持渡不足」もあったものの、全体としては比較的安定的に行われたようであり、期限が過ぎた天明三（一七八三）年に、民局の商人沈雲瞻が、「約条」の継続を申し入れ、毎年三〇〇貫目のほか、「冥加」として三〇貫目を添えることを条件に、二〇年間の延長となった。しかし二年後、官商の交替が行われ、新任された官商王氏側の商人の何者かが「十二家双方方より三百三拾貫目之高半分宛持渡度」と申し立て、合意されて両局双方の持ち渡りとなった。天明八年に官商が再び交替、新商銭氏がこの「約条」を引き継ぐようになり、唐銀の輸入は前述した寛政二(一七九〇)年の貿易「改正」まで継続的に行われた(33)。

一方、明和期以後、⑤「古金」「文金」(かつて日本から中国へ輸出された和金(34))、そして⑦⑪「西蔵金」(チベット産)・⑧「安南金」(安南産)・⑨⑫「足赤金」(中国産)などの輸入貿易も相次いで成立した。

また、注意すべきことは、これらの「別段商法」として扱われた「約条」取引が船ごとの「定高」外に置かれたものもあれば、前述した④「花辺銀銭」のように、その取引を船ごとの「定高」に組み入れる取引項目もあったということである。後者の場合、その取引が行われることは、船ごとの取引額の増加につながるものではなく、単なる商品替えになることを意味している。④のほかにも例がある。たとえば、⑨⑫「足赤金」及び⑩銀貨(「花辺銀銭」か「人頭銭」などの西洋銀貨)は、船ごとの割合が定められた「反物」(織物)の代替品、または「遣用」(滞在中の生活費)に充てる荷物として輸入されるものであり、貿易額が増えることを意味しなかったのである(35)。

このように、「約条」貿易は「定高」枠外の取引と理解するべきではない。「約条」貿易と考えられる取引項目が、それぞれ「定高」枠内にあるか、それとも枠外にあるかを区別することは極めて困難な作業を伴う。加えて個々の取引の設置と廃止が頻繁に行われ、量的な変動も激しく、史料上の限界により、実際の取引高を追跡しがたい。そのため、唐船貿易に占める「約条」貿易の割合については、詳細な検証を今後の課題とせざるを得ない。

しかし、項目の変更や量的な変動が激しかったとはいえ、「約条」貿易という枠組み自体が固定化・定式化し、新例実施後の、信牌による唐船貿易の管理体制が相対的に弱体化する結果をもたらした。木村直樹氏の研究報告(36)で紹介した、天明八（一七八八）年の信牌なき唐船の取引受理一件が最も典型的な事例といえよう。すなわち、その年に商人彭義来（船主）は信牌を所持せずに長崎に来航したが、長崎奉行末吉利隆は、遭難した別の船（船主は張雨滄）の名義でその貿易を認めた。この事実が発覚したのち、奉行末吉は幕府に閉門を申し渡された。当該事件については、一七八九年六月二一日付の出島オランダ商館長ティツィング宛シャッセー書簡（一七八八年九月一八日条）[37]にも触れられている。天明期の唐船取締りという問題関心から、木村報告ではすでに部分的に紹介しているが、両局体制との関連という本章の論点から、あらためてこの史料を分析したい。

［史料5］

奉行（末吉摂津守）は江戸から一通の手紙を受け取った。それは、彼が一隻の中国ジャンク船について失敗を犯した、との知らせだった。その船は通常の通航許可証を持たずに、ただ一冊の帳面、その中に会所との間での彼らのもたらした荷物に関するある種の契約素案と注文が書かれていたが、その帳面だけを持って当地に来た。そして中国人にそれを見せられて、同船にその貿易を続けることを奉行は許可してしまった。

史料中の「通航許可証」(pas)[38]は言うまでもなく信牌のことであり、唐船舶載の荷物に関する「ある種の契約素案と注文」(een soort van Contract proiect en eijsch)という記述から、「帳面」とされたのは複数の「憑文」(［表12］の①④⑥⑦⑨「范氏」との「約条」、有効期間内)で綴じられた帳簿のようなものであろう。また、「唐船宿町順」によれば、彭義来は官商范氏配下の商人であり、それ以前は、少なくとも安永二(一七七三)年七番船、同六年四番、同八年一三番船の船主として来航した経歴があること、そして安永八年一三番船が「西蔵金」を長崎に持ち渡ったことが確認される。これらの情報を合わせて考えると、会所や奉行所の役人にとっては、天明八年に来航した彭義来は馴染みのある商人であり、その身分もほかの官局商人によって保証され、なおかつ「憑文」の持参があるため、信牌のチェックは単なる手続き上のことに過ぎず、信牌融通の形でその取引を受容することは双方にとって有益であると、奉行や会所役人たちが判断していたからなのではないか、と考えられる。

おわりに

一八世紀中期において、幕府統制下の長崎貿易体制はすでに固まっていたように見えるが、本章で検討してきたように、それまで見られない、長崎会所と外国商人との取引契約を軸とした貿易仕法が現れた。その契約は、唐船の場合は「約条」または「約定」と呼ばれ、取引をめぐる約束という意味であるが、現在の取引契約のように合意の内容を文章化し、取引双方の代表がサインしてそれぞれ一部を所持するという形式ではなく、会所側が約束の内容を漢文で記入している証文つまり「憑文」を用意し、「約条」の履行にあたる商人に交付するという形式をとっていた。

一方、オランダ貿易の場合においては、松方氏の研究によれば、一七五二年九月の「契約」は、商館側が提示したすべての項目が日本側に承認されたことにより成立し、そのテキストはのちにオランダ側がまとめた東インド貿易の「条約集」に収録されるようになった[39]。詳細はよく分からないものの、少なくともオランダ側の史料から、日蘭間の「契約」は形式上、唐船貿易の「約条」と異なり、より近代以後の国家間の公式的な貿易協定に近い形で結ばれたという印象を受ける。この場合、「契約」に押印して日本側の代表となったのが会所調役（町年寄兼任）のような会所側の責任者か、それとも長崎奉行かは、興味を惹くところである。

また、従来の長崎貿易は、外国商人が積み重ねてきた貿易の実績と経験に基づき、日本でよく売れる商品を自らの判断で長崎に運んできて、長崎会所と取引するという形態をとっていた。一八世紀の中頃になると、「約条」のような形で、どのような商品をどの程度日本に運んでくるべきか、それに対して日本側がどのような代価をどの程度支払うべきかなどを、会所と外国商人との商談を経て事前に決め、あとの取引はそれに依拠して行われるという取引仕法が成立した。これは、それ以前に時折見られた個別商人への注文と異なり、商人グループを相手に、そして恒常的に行われることが顕著な特徴であり、長崎貿易の新しい商法と位置づけられる。

次に指摘したいのは、唐船商人の組織化が「約条」貿易を促す契機となったという点である。従来の個別的な経営のもとでは、個々の唐船商人が幕府の注文を受けた場合、商売の増額を特別に許可されたり、または事前に「臨時信牌」（一回限りの使用）を受け取るようになったりすることがあった[40]。ところが、商人が事情により渡海できない場合があり、しかも個人の力にはどうしても限界があるため、個別商人の請負は、大規模かつ長期的に取引を行うのに適しているとは考えられない。商人の組織化により、両局が長崎会所にとって恒常的な取引相手となり、双方にとって有利であることが確認されたことにより、「約条」のもとでその取引を持続的かつ安定的に行うことができるようになった。

しかし一方、「約条」貿易の成立については、当時の幕府の政策動向と、会所役人の働きとの関係も無視できない。藤田覚氏が示唆した如く、「田沼時代」においては、上は老中・勘定奉行などの幕府の上層部は「国益」を第一に考える姿勢を呈し、下は「山師」のような役人・町人がそれに応じて積極的に献策していた[41]。こうした社会風潮のなか、金銀の日本輸入のような新規取引は、会所役人・唐通事たちが唐船商人と相談して提案し[42]、長崎奉行の支持を得てさらに幕閣に認可されることにより、実現に至った。

もっとも、金銀輸入のような新規取引については、唐船商人が会所役人と協議して合意に達したとしても、日本側からその取り決めを明記した証文の発給を受けなければ、折角商品を船載してきても、約束の通り販売できない危険性が残る。そのため、唐船商人は、証文の発行を会所、さらに会所を通じて長崎奉行（文面には「鎮台憲命」と明記）に求め、唐通事・町年寄などの斡旋により、唐通事の名義で「憑文」を作成して商人に交付することが、金銀輸入などの実現に関心を持つ長崎奉行に容認されるに至ったと推測される。

（1）本書「序章」の第二節「近世日清貿易の研究史」の2「長崎貿易に関する研究の深化」を参照。

（2）中村質「外国金銀の輸入と別段商法――享和三年（一八〇三）の唐船貿易をめぐって」（同『近世長崎貿易史の研究』吉川弘文館、一九八八年、初出は一九八六年）。

（3）松浦信正は、延享三（一七四六）年に勘定奉行に任命され、寛延元（一七四八）年から宝暦二（一七五二）年まで長崎奉行を兼務していた。石谷清昌は、宝暦九（一七五九）年に勘定奉行に任命され、同一二年からの明和七（一七七〇）年まで長崎奉行を兼務していた。

（4）鈴木康子『長崎奉行の研究』（思文閣出版、二〇〇七年）。

（5）鈴木康子『近世日蘭貿易史の研究』（思文閣出版、二〇〇四年）三九九―四〇六頁、松方冬子「「契約貿易」序説――十八世紀の日蘭本方貿易」（『東京大学日本史学研究室紀要　別冊「近世社会史論叢」』東京大学日本史学研究室、二〇一三年）。

（6）Corpus Diplomaticum Neerlando-Indicum: Verzamling van politieke contracten en Verdragen door de Nederlanders in het Oosten gesloten, van Privilegebrieven, aan hen verleend, enz., Deel. 5: 1726–1752, verzameld en toegelicht door F. W. Stapel, ('s-Gravenhage: Martinus Nijhoff, 1938), pp. 583–589. Corpus Diplomaticum Neerlando-Indicum, verzameld en toegelicht door F. W. Stapel, Deel. 6: 1753–1799 ('s-Gravenhage: Martinus Nijhoff, 1955) pp. 8–11.

（7）一八二〇年代にオランダ東インド会社の日本商館長を務めたヘルマン・メイラン（Meijlan, Germain）は、著書『ヨーロッパ人の日本貿易史概観』（*Geschiedkundig Overzigt van den Handel der Europezen op Japan*, Batavia, 1833, pp. 166–168）は日蘭間の「契約貿易」（Contract handel）に言及している。

（8）内田銀蔵「徳川時代特に其の中世以後に於ける外国金銀の輸入」（同『日本経済史の研究』上巻、同文館、一九二一年）、中井信彦『転換期幕藩制の研究』（塙書房、一九七一年）、前注4鈴木書。

（9）藤田覚『田沼時代』（吉川弘文館、二〇一二年）。

（10）前注8内田論文、前注2中村論文など。

（11）長崎地役人田辺茂啓編。編纂の経緯などについては、本書第二章の第二節を参照。近代以後の刊本としては、古賀十二郎校訂『長崎志』（長崎文庫刊行会、一九二八年）と丹羽漢吉・森永種夫校訂『長崎実録大成』正編（長崎文献社、一九七三年）

がある。本章は、後者（以下、『実録』と略記）を用いて引用史料を注記する。

(12)『実録』巻一一、「唐船進港幷雑事之部」宝暦一三年条、二七八頁。

(13) 本書で使う「船主」という語は史料用語であり、船の持ち主という意味の船主ではなく、個別の唐船の経営責任者にあたる商人であり、『唐通事会所日録』（七冊、東京大学出版会、一九五五—六八年）や『華夷変態』（三冊、東洋文庫、一九五八—五九年）などの史料には「船頭」と表示されている。

(14) 成立年・作成者不詳。同館所蔵の複数の「御書付」（奉行所に出された達しや触れ）の一つ。ちなみに、東京大学法学部法制史資料室にも同名の写本が所蔵されており、両者は内容的にほとんど同じである。

(15) 後藤惣左衛門は長崎町年寄の一人。その年の六月に奉行石谷の推薦を経て幕府に「町年寄上席・会所調役」に任命された（前注4鈴木書、二七三頁）。

(16)『長崎県史　史料編四』（吉川弘文館、一九六六年）に収録。その解題によれば、収載したものは、長崎市立博物館本（長崎歴史文化博物館所蔵）を底本としたが、若干錯簡があり、その訂正は東京大学史料編纂所本「長崎会所五冊物」（鈴木重音謄写）と内閣文庫本「唐蘭通商取扱」とに拠った。史料の内容は、長崎会所の役人のだれかが、寛政三年の改正貿易仕法に基づく長崎会所の会計の明細を記録したものであるという。

(17) 前注16『長崎県史　史料編四』八一頁。

(18) 前注11『実録』正編、巻一一、「唐船進港幷雑事之部」明和元年条、二七八頁。

(19) 前注16『長崎県史　史料編四』に収録されている「明安調方記」の一部。「明安調方記」の作成者は不明、長崎歴史文化博物館所蔵。県史の解題によると、もとは無表題の諸冊である。長崎で落札した輸入品を京坂に輸送し販売するまでの取引方法・商業習慣をはじめ、長崎貿易百般の事項を手控の形式で叙述した本であり、記述内容は明和・安永年間を中心としているという。「唐船宿町順」は、縦書きリストの形で①宿町（定められた順番により唐船在留中の荷揚げ・荷積・積荷保管などのサービスを提供する町）の名前、②番立（番号で示す来着順）・唐船入港の期日、③船主の名前、④所属（「范」か「十二」）を記しているものである。

(20) 前注11『実録』正編、巻一一、「唐船進港幷雑事之部」明和三年条、二八〇頁。

(21) 前注11『実録』の校訂に当たった森永種夫も、宝暦八（一七五八）年条の記事に出てきた「奥産物」について「奥港地方の産物」と注釈した（同二七六頁）。中村氏は「南海産物」と説明している（前注2中村書、四四一頁）。

(22) 前注16『長崎県史　史料編四』六六頁。

(23) 「咨文并商売方書物抄　坤」（シーボルト記念館「中山文庫」所蔵）。この史料は、漂流日本人の送還に関する清朝官署から長崎奉行宛の「咨文」（同等政府機関間のやりとり公文書）、唐船貿易に関する漢文の公文・書簡、及びそれらの和訳文を抄録して集めたものである。作成者と中山氏の所蔵経緯は不明。

(24) 「唐船宿町順」から、崔輝山が明和四年四月一二日に范局の商人として長崎に入港したことが分かる。

(25) 信牌の場合も、ほぼ同じ換算率（日本の一貫目は概ね中国の一〇〇両に相当する）であった。文化一二年楊敦素宛の信牌を見れば、漢文は「約玖千伍百両」、和文は「九拾五貫目」と書かれている（長崎歴史博物館蔵「割符留帳」）。

(26) 前注8内田論文、四六四―四六六頁。前注4鈴木書、二五七頁。

(27) 中国からの金銀輸入の実現について、唐船貿易の事務を担当する長崎地役人が特に尽力した記事がある。「五冊物」の「唐銀持渡」条には「唐銀持渡方初発、後藤惣左衛門・唐大通事林市兵衛取計候」とあり（前注16『長崎県史　史料編四』八二頁）、また「安南金持渡」条には「安南金持渡方仕法、最前後藤惣左衛門并唐大通事林三郎引請取計骨折候」とある（同、八七頁）。そして、中村氏の考察によれば、林市兵衛（梅卿）は、金銀輸入の契機を作った功により、天明五年退役（隠居料金三貫目）と同時に一代限り町年寄末席・長崎会所調役に挙げられ、一〇人扶持役料銀二五貫目の破格の待遇が与えられた（前注2中村書、四四八頁）。

(28) 長崎歴史文化博物館所蔵「御定外別段商法略録」。成立期・作成者などの情報が欠けている。中村質氏によれば、この史料は、目次は四ヵ所に分かれ、特に後半部分には、項目の不順や字句の加除修正が目立ち、一種の草稿本のようなもので、寛政一〇（一七九八）年に一度作られ、その後の商法を増補して最終的には享和三（一八〇三）年に成立した可能性が高く、宝暦一三（一七六三）年から享和三年までの四〇年間の商法について、それぞれの制定経緯・関係地役人名・銀高、輸出入品の役割などをまとめている（前注2中村書、四三四・四四六頁、四五八頁の注19）。

(29) 前注11『実録』寛政三年条、一九五頁。

(30) 「半減令」とは、寛政二（一七九〇）・三年に、幕府が銅生産量と集荷量の減少を理由に、唐蘭船貿易の貿易額（定高）と船数を削減した法令である。寛政二年に商売減の方針を打ち出し、オランダ船貿易に対しては、船数を一隻（もとは二隻）、貿易額を銀七〇〇貫目・銅六〇万斤に減額し、そして翌年に唐船に対しても、船数を一〇隻（以前は一三隻）、貿易額を銀二七四〇貫目・銅一〇〇万斤に減額した。前注2中村書を参照。また、半減令に関する系統的な研究としては、木村直樹「寛政二年貿易半減令の再検討――オランダ貿易の視点から」(同『幕藩制国家と東アジア』吉川弘文館、二〇〇九年)。

(31) 前注11『実録』二七七―二八一頁。

(32) 前注11『実録』宝暦八年条(二七五頁)、同宝暦一〇年条(二七七頁)。

(33)「五冊物」二の「唐銀」条、前注16『長崎県史　史料編四』八一―八二頁。

(34)「古金」とは享保金以前の金貨、「文金」とは元文金を指す。

(35) 寛政八(一七九六)年、両局商人の提案により、新たな「足赤金」持渡「約条」が成立した。これは以前の「反物代り」や「遣用代り」としての「足赤金」持渡と異なり、第一節・第二節で紹介した唐銀取引のような、貿易増額につながる取引であった。「五冊物」二の「唐方足赤金持渡方」条(前注16『長崎県史　史料編四』一〇〇頁)を参照。

(36) 木村直樹「一八世紀後半の日蘭関係と地域社会――天明期を中心に」(二〇〇七年度歴史学研究会近世史報告、『歴史学研究』八三三、二〇〇七年)。

(37) 横山伊徳編『オランダ商館長の見た日本』(吉川弘文館、二〇〇五年)二二〇頁。シャッセーは一九八八年に日本へ赴き、同年バタビアへ戻ったオランダ東インド会社の職員。

(38) Frank Lequin, *The Private Correspondence of Isaac Titsigh* Volume I (1785–1811), Amsterdam: J. C. Gieben, Publisher, 1990, p. 116.

(39) 前注5松方論文、二三九・二四一頁。「条約集」については前注6を参照。

(40) 商売増額の例については『唐通事会所日録』(東京大学出版会、一九五五―六八年)に見られる。たとえば、元禄一六年九月二三日条によれば、「明年伽羅持渡り可申候、左候ハ、増売可被仰付候」という御用物役高木作太夫の指示が年番唐通事を介して出航する予定の唐船商人に伝わった(同第三冊、三四八頁)。また、幕府の注文に応じる唐船商人に臨時信牌を発行した例については、大庭脩「享保時代の来航唐人の研究」(同『江戸時代における中国文化受容の研究』同朋舎出版、一九八四年、初出は一九七九年)で多く紹介されている。

(41) 前注9藤田書。

(42) 貿易関係の諸史料(前注11など)には、唐銀の日本輸入などについては、少なくとも形式上は、まず唐船商人側が願書を提出して申し入れたことによって始まったように記されているが、それらの取引の成立では、個別の唐通事や若年寄が特に尽力したことによって幕府から褒美を受けた点(前注27)から、唐船商人が願書を提出する前、唐通事・町年寄などと唐船商人との間で、すでに商談を経て合意に達したことが考えられる。

終章　近世日清通商関係史の構築に向けて

はじめに

本書の序章で整理したように、近世の日清貿易史に関しては、鎖国史観の影響により、主に長崎貿易制度史の一環として捉えられており、先行研究で描かれたイメージは、徳川幕府が貿易のルールを定めて、中国商人はそれに則って貿易を行い、清政府はそれを黙認していたというものであった。しかし本書で具体的に検討したように、日清双方の貿易史料、特に政策面の史料を合わせて読むことにより、両政府の貿易政策の連動性が見えてくる。さらに、そうした政策上の連動性により形成された通商関係の構造も浮かび上がってきた。こうした通商関係の構造を検証することによって、序章で提示した、なぜ国交はもちろん、直接的な交渉さえ欠如した環境のもとで、幕府・清朝がともに公認する中国商船の長崎貿易が、長期にわたり安定的に維持できたのかという問いに、一定の答えを示すことができたのではないかと思う。また、このような本書の成果は、鎖国史観の束縛を超えて近世日清通商関係史を構築するためにも重要な意義を持っているものと考える。

以上のような視角のもと、本書では、具体的な検証対象として、信牌の使用、「違法」唐船・唐人問題、中国商人の組織化などの課題を取り上げて、通商関係を維持するための仕組みと、それが形成・維持された諸要因について検証してきた。各論の達成点を簡単にまとめると、次のようになる。

一つ目の論点は、信牌システム論ともいうべきものである。すなわち、信牌が譲渡可能なものと設定されていたため、清朝は幕府と交渉しなくとも、銅輸入のノルマを達成できない商人から信牌を取り上げ、新たに選定した商人へ与えて貿易させるという信牌再配分策を実施することができた。つまり、はじめは、幕府が一方的に導入した制度（信牌制度または信牌制と通称）ではあったが、結果的には清朝側も利用できたことにより、信牌を軸とした貿易管理の仕組み＝信牌システム（信牌制度と区別するための用語）となり、日清両政府の直接の交渉なしに、通商関係が安定的に維持される制度的基盤となったのである。

二点目としては、徳川幕府の唐船・唐人対策の柔軟性である。まず事実としては、幕府は諸藩に唐船攻撃を実施させる一方で、それが過激化する傾向を抑えようとしたこと。また結果的には身体刑を唐人に科すことはなかったものの、唐人に「日本之刑罰」を適用する意志を持っていたことを、第二部で明らかにした。総合的に考えると、大規模の唐船「密貿易」のような、幕藩制国家の支配・貿易の秩序に重大な支障が生じた場合、幕府は一時的に強硬な姿勢で臨んだことはあるが、通常は、唐船漂流の場合は遭難者を長崎に護送し、日本人を殺害しない限り処罰を「過料」や「国禁」（再入国禁止）にとどめ、柔軟な対応を講じて通商関係の維持に努める姿勢を見せていたこと。

三点目としては、中国商人の組織化を検討した。一八世紀半ば頃に官局・民局（両局）が相次いで結成され、清政府の承認を得て両局が連携して中国商船の対日貿易を独占する体制――本書では「両局体制」と呼称した――が成立した。こうした体制を成立させたのは、清政府の貿易統制の意志ではなく、商人内部の経営統合の動きによるものだったという見解を、第三部では提示した。両局の代表は、中国商人の意思を一本化して、長崎奉行や長崎会所と恒常的に交渉できる存在となり、組織の力で約束事項を個々の中国商人に守らせることができるようになった。第九章で検討した「約条」貿易の成立と展開もその一例として挙げられる。このように、通商関係の安定化においては、中国商人たちの動きによる両局結成の意義も高く評価できる。

以上の達成に基づいて本書の結論をまとめると、通商関係の仕組みは、決して徳川幕府のみが一方的に築いたものではなく、制度づくりにおいて清政府や民間商人はひたすら受動的な姿勢をとっていたわけでもなかった。両政府が互いに相手の政策動向や姿勢を注視し、大きな問題を招きかねない制度上の衝突が発生しないように自らの施策を展開・調整し、また民間商人も主体的に役割を果たすことにより、日清貿易を安定して維持できる通商関係の仕組みができたのである。

本書でいう通商関係史の核心的な問題は、国交なき環境のもと、通商関係がどのように平和裏に維持されていたかということである。この点について、以下、先行研究を踏まえつつ、本書の視角と成果を活かし、いくつかの論点から、総合的な把握を試みたい。

第一節　商品の相互需要と貿易の恒常化

各章の具体的な考察を行っているうち、重要性を次第に感じるようになっているのは、貿易に対する双方の市場の需要というものである。本節では、モノに対する双方の需要という、貿易の展開の前提となる点から、古代から近世に至る貿易史の大きな流れを考えてみたい(1)。

文献史料を見る限り、日中間の交流は、日本列島の王権が中国大陸の王朝に朝貢使節を派遣したことから始まったようである。九世紀以後になると、新羅商人の活躍により、中国大陸・朝鮮半島・日本列島を包摂する商圏が次第に形成された。それに伴い、相手国の特産品の価値に対する認知度も高まったと考えられる。東シナ海を横断した日中間の貿易が展開していくなか、両国の市場圏も重なり合うようになった。こうした過程を経て、中国の江南地域を活

動拠点とした唐商人は、日中貿易の重要な担い手に成長していった。(2)

中国から日本へ舶来した商品は唐物と通称され、絹織物や陶磁器など、高い技術力によって作られたものが多く、皇室や貴族に珍重され、多数所有することは富と権力の象徴でもあった。(3) また、中国の薬種（唐薬種）も日本に持ち込まれ、病を治して命を延ばすという意味で、徐々に必需品となっていった。たとえば、鎌倉時代の後期に成立した『徒然草』には「唐物は、薬の外は、みななくとも事欠くまじ」(4)とあり、逆に言えば、唐薬種は日本にとって欠くことのできないものという認識であった。この考え方は、近世に入っても変わることなく、新井白石や松平定信の随筆などにも窺える。(5) 薬種のほか、漢字をはじめ、仏教・儒学などがすでに日本文化に溶け込み、僧侶や知識人にとっては漢籍の輸入も不可欠であり、また生活水準の向上により、絹織物の需要も高まり、高級の絹織物を生産する原材料である中国の生糸などもより多く求められるようになった。(6)

近世日本において、生糸・絹織物・砂糖・薬種人参などの国産化が進んでいくことより、自給自足的な市場圏が次第に形成される傾向は出現した(7)ものの、代替できない一部の「唐薬種」や品質の高い中国製絹織物が貴重品として高い人気を誇る一方、唐物のブランド力も日本社会に根づいたようであり、日本の市場における中国からの舶来品の需要が減ってしまったとは考えられないであろう。むしろ、唐船舶来品の「抜け荷」（密貿易）が幕府の厳しい取締まりを受けても後を絶たなかったことから、(8) 中国商品への需要が堅調だったことが窺えよう。

一方、中国も国内の経済成長に応えるため、または戦乱時の軍需により、常に周辺の地域に資源を求めており、日本からは金・銀・銅・硫黄・木材などを輸入していた。とりわけ、一七世紀において日本銀がアメリカ大陸銀とともに中国市場に吸収されていたことが、近年のグローバル経済史において、世界一体化の動向として熱く注目されている。(9) また日本商品への需要は貴金属や一次産品にとどまらず、刀剣や、蒔絵・扇・傘などの日本の工芸品も次第に、中国市場で人気を博す商品になったといえよう。(10)

近世になると、清朝支配のもと、銅銭の使用と流通の拡大により、鋳造原料として日本銅に対する中国側の需要が高まり、銀に代わる日清貿易の最有力商品に成長していった。そして中国だけではなく、朝鮮・インドなどの地域も日本銅を求めていた[11]。こうした国際的な需要に応えて、大坂の銅吹屋で棒状に吹き立てられた、輸出専用の銅材である「棹銅」は、幕末に至るまで、日本の定番商品として長崎の唐船・オランダ船貿易を通じて海外に輸出されていた。一八世紀以降、銅生産量が減少すると、かわって高級な中華料理の食材になる「俵物」（鱶鰭・干鮑・煎海鼠の三品）及び昆布などが、人口の増加とともに拡大していく中国の消費に応じて輸出量を次第に増やした。また、外来技術の移転により品質面で飛躍を遂げた陶磁器（主に「伊万里焼」）、そして国産化に成功した薬種人参（和人参）の中国への輸出も行われていた[12]。

このように、相手国の特産品に対する一定の認知度があり、かつそれらの特産品が恒常的に自国の市場に出現し、どの程度の市場的価値があるのかが商人の間で概ね見積ることができるようになった[13]。こうした商品の恒常的な相互需要が日中貿易を継続させる原動力となり、両国及び環東シナ海域の政治情勢の変化に応じて、形を変えながら維持されていた。

一〇世紀から一四世紀の間は、日本と大陸政権との外交関係が不安定な状態にあったにもかかわらず、宋・元の海商は頻繁に日本に渡航して貿易を行っていた。一五世紀になると、明の朝貢体制は最盛期を迎え、室町幕府も明に使節団を派遣していた。使節団は、明から発行された勘合（外交資格証明）を持参して入明し、明の朝廷に貢物を献上する代わり頒賜品を受領し、そして使節団に付随した商人たちが指定の港で取引することも認められていた。こうした朝貢貿易は利益が豊かで、実に魅力的だった。室町幕府にとっては、対明外交権の中核的要素は通商貿易権であり、それを活かして政治的求心性を獲得することができた[14]。一方、明は朝貢とセットにして海禁政策を実施し、自国民の渡海、及び朝貢を伴わない海外貿易は禁止する方針を示していた[15]。こうした貿易制限に反発する形で、民間では「密貿易」が盛んに行われるようになった。

さらに一六世紀になると、東シナ海域においては海上の商業勢力が武装化し、公然と明官憲と対峙し、沿海地域と島嶼部を拠点に広い範囲において出会貿易を展開するようになった。時あたかも日本の戦国時代にあたり、九州沿岸はこうした海上勢力の活動舞台となり、多くの日本人の雑兵などもその中に吸収された。このように日本人が混じっていたことなどにより、明官憲から一般的に「倭寇」と扱われるようになったが、「倭寇」の人的構成は複雑であり、実際には多民族的な人間の連合体であった。(16)一七世紀後半までの東シナ海域では、こうした軍事・貿易集団が主体になって出会貿易を盛んに行っていたため、これを「倭寇的状況」(17)と呼んでいる。

これに対して明の朝廷では、海禁は海寇抑圧の成果を収めるどころか、逆に「倭寇跳梁」を招いてきたと認識されるようになり、(18)また、ポルトガル人・スペイン人・イギリス人・オランダ人なども次々とこの海域に現れたことから、「開洋論」が次第に高まってきた。これらを受けて明は海禁を緩和し、商民の海外渡航（日本を除く）を許す一方、朝貢と関係ない外国商船と貿易すること、すなわち互市もある程度認めた。こうした互市関係は、従来の朝貢使節団の商人を対象とした互市と異なる新しい通商形態として、近年岩井茂樹氏らの研究成果(19)で次第に浮き彫りになってきた。

一七世紀後期、清は台湾の鄭氏勢力を降伏させた後、海禁を解除し、海域の支配秩序の再建に乗り出した。これを背景に、第五章で詳しく述べたように、一六八五（康熙二四、貞享二）年に清朝の官員二人が、福建省発の商船に便乗して長崎に来航した。来航の経緯について二人は、清朝側の商船を監督するために福建省の官憲に派遣されたと述べた。これに対して幕府は、一緒に入港した一三隻の商船を従来の唐船と同じ扱いでその取引を許可したが、官員の派遣は今後止めるよう通告した。これを了承した清の官員は、取引終了後に帰航した。幕末開港期までは、これが清朝官員の最初で最後の公式な日本訪問であり、(20)この時点から国交なき通商（互市）という近世の日清関係が始まったと考えられる。こうした近世的な通商関係は、その時点から一八五〇年代後半までの百七十余年間、貿易をめぐる政府間の直接的な交渉がほとんど見られないものの、比較的安定的に維持されていた。

以上概観してきたように、中国大陸と日本列島を結ぶ東シナ海を横断する貿易航路が開拓されてからは、相手国の特産品に対する需要が高まり、それを原動力に日中間の貿易は時代ごとに異なる形態を呈したものの、恒常的に行われるようになった。本書で扱った日清通商関係についても、こうした貿易への需要についての大きな流れのなかで理解されるべきであろう。

第二節　東アジア国際秩序の再編と日清関係

商品に対する需要が根底から貿易の維持を支えているとすれば、国際秩序や国家間の政治関係は貿易を行う形態を規定する重要な要素だったと考えられる。この節では、近世初期の東アジア国際秩序の再編過程を簡単に整理し、政治・安全保障・イデオロギー的な要素がどのように両国間の通商関係へ影響を及ぼしていたのかをまとめてみたい。

一六世紀の東アジアを見ると、明朝支配下の中国大陸は「南倭北虜」（南は倭寇、北は蒙古）と呼ばれた外患にさらされ、さらに東北の女真族の勃興や東南沿海の西洋諸国の接近なども安全保障上の新たな脅威となり、それらを受けて明中心の朝貢体制は脆弱化していった。また一六世紀末になると、日本では統一政権が現れ、全国制覇の勢いに乗じて朝鮮半島に出兵した。結果的には朝鮮・明の連合軍の抵抗を受けてやむをえず撤兵したが、明の前に強大な軍事動員力と戦闘力を示すことができた。その衝撃は、恐らく明だけではなく、朝鮮半島の近隣地方で部族の統合が進んでいた、ヌルハチが率いる女真族の勢力（清政権の前身）にも及んだ。したがって、日本への警戒感を当時の明はもちろん、政権交替後の清も初めから抱いていたことは想像に難くない。

一七世紀に入ると、日本では徳川幕府の時代となり、日明貿易の再開を試みながら、朝鮮との国交回復と薩摩の琉球征服を促した。さらに明との講和交渉が挫折すると、独自の対外関係の秩序を作り始めた。一方、大陸側においては、明清交替が行われ、清政権は明に倣い自国中心の朝貢体制を作ろうとし、日本へ朝貢を呼びかけたこともあった。[21]しかし徳川幕府は清の朝貢招諭に応じなかった。かつて日本が「刀伊の入寇」（一〇一九年）や「蒙古襲来」（一二七四年の「文永の役」、一二八一年の「弘安の役」）を経験したことがあるため、[22]幕府は中国北方の騎馬民族が立てた政権との付き合いに慎重だったと考えられる。結局、東シナ海域の東西両側に、規模や影響力が違うとはいえ、二つの政治的に独立する勢力圏が形成されたのである。

この状況を理解するうえでは、荒野泰典氏の日本型華夷秩序論が参考になる。それによれば、前近代の東アジアでは中国と周辺諸国で形成する華夷秩序（メイン・システム）と周辺諸国相互の関係（サブ・システム）が併存しており、日本型華夷秩序はサブ・システムとして東アジア国際秩序の翼を構成しながら、二つのシステムは相互に関係・協調や妥協・相克していたとされている。[23]そこでいわれる華夷秩序は複合的な概念であり、実態面と意識面（華夷意識）を切り離して考えれば分かりやすくなる。すなわち、実態面においては、二つの華夷秩序はそれぞれ、地球的世界の中での一つの勢力圏に過ぎず、政治的な影響を及ぼす地理的範囲にはいずれも限界があり、併存することがあり得た。しかし理念上は、華夷秩序は天下（一国ではなく世界全体）の隅々に及ぶもの、そして頂点が一つしかなく、国家間の関係は中心国との関係の親疎によりヒエラルキー的に配置し、対等な秩序の存在を認めないという建前であり、政権側がそれを外交儀礼・対外関係に反映させようとした場合は、相手国との軋轢が生じやすくなるということであった。通商関係の維持にとって、こうしたイデオロギーの相克はマイナスに働く要素だったといわざるをえない。

日清関係に戻って考えると、国家としてはそれぞれ政治的独立性を持ち、宗藩関係でなく、どちらかといえば対等に近い国家同士の関係であった。勢力圏として、琉球への政治的影響という点を見れば重なり合う部分がありつつも、[24]荒野氏が指摘したように併存する関係でもあった。しかし一方、経済的需要に応じて相手国との貿易を認めざるをえない以上、イデオロギー的には相手国との関係をどのように扱うべきかは重要な課題となった。

清朝は、明朝後期の海禁緩和後の互市体制（明の朝貢国でない国の商人が明政府指定の港に来航して民間レベルの貿易を行うことと、中国商人が海外に渡航して貿易を行うことを認める制度）を受け継ぎ、中国商船の長崎貿易に基づいた、日本との国交なき通商関係を互市関係と見なしていた。実態としては、互市関係は朝貢関係と異なり、清朝と互市相手国との間に政治的・儀礼的な上下関係は存在しないはずだった。しかし、清朝にとって、理念上の華夷秩序を構築するには、朝貢関係の国々のみならず、互市関係の国々の位置づけも考慮せざるをえなかった。清朝の華夷秩序意識は、国家事業として編纂された書物に反映されている。『大清一統志』や『皇清職貢図』のように、朝貢関係か互市関係を問わず、日本を含めて関係諸国のすべてを朝貢国として扱った場合もあれば[25]、『大清会典』（嘉慶朝）のように、朝貢関係・互市関係に分けて、前者は「朝貢国」、後者は「互市国」と称し、日本を「互市国」として取り上げた場合もあった[26]。しかしいずれも、互市関係の諸国を朝貢関係の諸国の次に紹介し、華夷秩序の周縁に位置づける意図が窺える。

一方、日本型華夷意識に関しては、ロナルド・トビ氏の論文[27]によれば、幕府が構築した規範的ヒエラルキーは、日本を頂点とし、その下に朝鮮・琉球といった日本の通信国、さらにその下に中国・オランダといった日本の通商国、最後に日本と接触する資格すらない他の国々がある、という円錐形をなしていたとされている。中国・オランダ＝通商国、朝鮮・琉球＝通信国という認識が近世日本に存在したこと自体は疑いようがないが、朝鮮・琉球の政治的地位が清朝中国のうえにあったことは、実態はもちろん、当時の一般日本人の常識からもかなりかけ離れているのではないかと考えられる。トビ氏のまとめはあくまでも「規範的」、つまり極端に理想化したモデルであった。管見の限り、幕府は少なくとも公的な場、または外交交渉の場で、通信国・通商国の政治的地位の上下関係を明示したことはなく、むしろ自国中心の国際秩序における清朝の位置づけを曖昧にしながら、それをめぐる議論を慎重に避けようとしたと思われる。

また、日清両政府の互いの相手国に対する関心は、通商にとどまらず、安全保障にも及んだ。矢野仁一氏や大庭脩氏などの研究が明らかにしたように、享保期において将軍吉宗の馬術や射芸などの興味・関心に応じて、長崎奉行所は臨時信牌（更新可能な正規信牌と違い、原則的には更新不可）を唐船商人に交付し、武芸者と呼ばれた清の退役武官などを日本に招聘することを彼らに依頼した。これらの情報に加えて、日本が軍艦を建造しているとの噂も耳にした浙江総督李衛は、日本に強い警戒感を持つようになり、中国商人に日本の状況を探らせた。また、李衛の報告を受けた雍正帝は、東南沿海で海防を担当する地方官たちに日本の情報を収集させ、そして沿海防備を強化させる指示も出した。こうした敏感な対応は、清朝の日本認識と無関係ではなかった。第二部の補論で詳しく論じた通り、明中後期の「倭寇」騒擾や豊臣秀吉の朝鮮侵略などにより、同時代の中国人の間では、日本人は野蛮かつ好戦的というイメージが次第に形成され、政権が替わったあとも変わることなく、漢人の歴史的記憶はもちろん、満洲人支配層の日本観にも影響を及ぼしたと考えられる。

一方、日本においても明清交替を機に、清朝を夷狄として軽蔑視する意識が現れ、唐船風説書の集成に「華夷変態」というタイトルが冠されたことはその典型例である(28)。南明政権や鄭氏政権が軍事援助を求めたこと、すなわち「日本乞師」に対し、幕府は応じない態度を示したが、幕臣のなかでは大陸出兵の案が出されたことも確認された(29)。また、清朝の軍事的脅威については、熊沢蕃山の「北狄」侵入論が代表的であった(30)。こうした警戒感を一部の幕臣も持っていたとしても不思議ではないが、ポルトガル人追放後に南蛮船を対象として構築された沿岸防備体制に、清朝の侵入を防ぐための措置を加えた形跡は見られない(31)。

一八世紀の初め頃、東シナ海に海賊が出没しているという風聞が日本に入ったことは、幕府が一七一四（正徳四）年に唐船取締令を発布する背景となった(32)。その翌年、幕府は「正徳新例」を発布し、貿易額と来航商船隻数を大幅に削減し、それによる唐船「抜け荷」の激増に対し、武力行使を決定し、西国諸藩に唐船「打ち払い」を実行させた。これを契機に、一七世紀の中期に構築された沿岸防備体制は、「抜け荷」唐船の取締りにも適用されるようになった。[33]一方、幕府は「抜け荷」の疑いのある唐船を「八幡船」（海賊船）として扱い、海賊取締りという名目を掲げることで、海賊の撲滅をめざす清政府と同じスタンスをとるようになった。そうすることにより、唐船への武力行使は、清朝側の理解を得られやすくなると、新井白石のような幕府の政治家や為政者は考えていたかもしれない。

国交なき通商関係のもとで両政府は、不測事態を回避するため、相手国及びその商民との貿易をめぐる摩擦や軋轢に対し、できる限り冷静で柔軟な対応をとろうとしていた。近世日本において「武威」は、華夷意識や神国思想と結びつき、徳川幕府の支配イデオロギーの中核的要素とされている。[34]第五章で論じたように、唐人処罰の問題について、幕府は「日本之処罰」を唐人に適用しようとしたものの、清朝側（官府と両局の総商）の承諾を前提としたことがある。唐人の「密売」や「騒動」などに対する処罰は「過料」「入牢」「国禁」にとどめ、身体刑を科さなかった。また「密貿易」と疑われる唐船を攻撃したことや、唐人「騒動」を鎮圧したこともあったが、いずれも一時的な対応に過ぎず、日常の取締りは緩やかなものであった。こうした「武威」とズレのあるような処置を、幕府は「御慈悲」「柔遠」（遥々海を越えてきた商人を懐柔すべきこと）という仏教的・儒教的な理念をもって解釈していた。

一方、東アジア世界において中心的な存在であった中国大陸の歴代王朝は、基本的に周辺諸国の朝貢を受ける立場にあり、明の時代は多くの周辺国との間で朝貢貿易の枠組みを作り上げ、日本・暹羅などの国に勘合を与え、朝貢貿易を行っていた。しかし一七世紀になると状況は一変した。徳川幕府は、通商許可証つまり信牌を唐船商人に発給し始め、そして信牌には日本の年号を明記した。日本銅を求めていた清朝は、ひとまず華夷秩序の論理を脇に置いて、必要な貿易の維持を優先する現実主義的な対応をとったといえる。

なお、漂流船に関する研究[35]によれば、環東シナ海域の漂流船送還体制が構築されつつあり、それには国交なき日清の間の難船事故も含まれると想定されていた。そうした対応も君主や政権の「柔遠」や「懐柔」によるものと表現されるのが通常であった。

以上のように、日清両国は、「華夷」や「武威」のようなイデオロギー的な要素を柔軟に取り扱い、対立や紛争を招きやすい事項を現実主義的に処理することにより、貿易を維持する通商関係を構築していた。

第三節　通商関係の枠組みづくり

前の二節で述べてきたように、近世日清間の貿易は、経済的な面においては相手国の特産品への恒常的な需要に支えられており、政治的な面においては政権側に認可・保証されていた。しかし、貿易が安定的に行われるには、どのような形で貿易を行うのか、貿易をめぐる摩擦をどのように解決するのか、などを規定する仕組み、つまり通商関係の仕組みを構築する必要があった。本節では、実際にどのような通商関係の仕組みが築かれ、そしてどのように機能していたのかを改めて概観したい。

なお、あらかじめ指摘したいのは、本書で考えている通商関係の仕組みが、複合的、かつ段階的に進化するものだったことである。まず一七世紀末に会所貿易の体制が成立し、次に一七二〇年代後半に信牌システム、一八世紀半ば頃に両局体制が確立され、さらに両局体制が会所貿易とともに機能できたことで、より上の次元の仕組みとして「約条」貿易も成立するに至った。

1　会所貿易

清が民間商船の対日貿易を公認したのは康熙二三(貞享元、一六八四)年であるが、実際はそれよりはるか前に、幕府の主導による長崎貿易の制度づくりが始まっていた。これについては、序章で整理した研究の蓄積があり[36]、それらの研究成果に基づきその流れを端的にまとめてみると、次のようになる。

徳川幕府はその成立直後から、公式な外交関係のないなかで、明の禁制を破って日本に来航した中国商船を受け入れ、民間レベルの貿易関係、すなわち私貿易を維持していた。寛永期（一六二四―四四年）後半になると、キリスト教及び西洋諸国の東アジア進出に強い危機感を持つようになり、自国民の海外渡航を禁止し、ポルトガル・スペインとの関係を断ち切り、外国船の貿易を長崎一港に集中させるなどの一連の法令、いわゆる「鎖国令」を発布し、同時に唐船・オランダ船を主な対象とした長崎貿易の管理体制を模索し始めた。

その後のおよそ半世紀は、清が中国への支配を固めていく時期にあたり、唐船のなかには、清支配下の地域から来航してきた商船もあれば、南明政権や鄭氏政権などの反清勢力に派遣された商船もあった。これに対して幕府は、キリスト教と関係なくそして長崎貿易のルールを守る限り、いかなる商船も同一に扱う姿勢を示していた。すでに海外渡航を禁止する方針を出した幕府にとって、長崎貿易の課題は、どのように必要とされる舶来品の輸入を確保しながら、価格高騰を抑制し、代価である金・銀・銅の海外流出を防ぐのかにあったと考えられる。そのため、まず寛永一〇（崇禎六、一六三三）年に、当初はポルトガル船舶載の白糸を対象とした糸割符制（パンカドともいう）、つまり糸割符仲間（最初は堺・京都・長崎の有力商人、のちに江戸と大坂が加わり、「五ヶ所糸割符」と称される）による独占的な糸購入制度を、唐船・オランダ船にも適用させた。

新興商人の台頭や外国商人の策動などにより、明暦元（順治一二、一六五五）年に糸割符制は廃止され、「相対商売」つまり事実上の自由貿易となった。しかし売手市場であるため、舶来品の価格上昇や銀の流出がとまらず、対策として寛文一二（康熙一一、一六七二）年、糸割符制のメカニズムを、生糸を含めてすべての舶来品の取引に取り入れる、という市法商法（市法貨物商法ともいう）が実施された。これは、長崎貿易に参加を希望する国内の商人を「五ヵ所」（長崎・堺・京都・大坂・江戸）という五つの商業区に配属させ、市法会所（幕府認定の「五ヵ所」商人の組合事務所）のもと輸入品を一括購入させるものであり、「宿老」や「目利」などの会所役人が評定した価格を長崎奉行の認可を経て輸入品の購入価格（元値）とし、それを外国商人が認めた場合、その価格で輸入品を買い取り、認めない場合は積み戻させることとし、会所を通じて購入した商品を入札の形で売り捌き、貿易利銀を株高により「五ヵ所」商人に配分する、という仕組みであった。市法商法の導入により、舶来品の「元値」が安く設定され、安値で国内市場に提供できるようになり、外国商人の不満は買ったが、日本国内では広く歓迎されて「良法」と評価されていた。

康熙二三（貞享元年、一六八四）年、清の海禁解除により、長崎来航の中国商船が激増した。それは、明清の海禁政策で長きにわたり抑圧された民間貿易が一気に解放されたことによるものである一方、その背後には、清政府が積極的に日本との貿易を後押ししていたこともあったと考えられる。清政府にとって、対日貿易の最大の魅力は銅の獲得であった。銅銭鋳造のため、清は明の銅銭や民間の銅器などを収集して銅銭の改鋳に着手していたが、国内の需要を満たせず、原料銅の調達にも限界が見えていた。これを背景に、日本からの銅輸入を強く期待したのである。

ところが、こうした唐船の激増により、既存の長崎貿易体制には様々な不都合のあることが露呈し、貿易制度の改革は幕府の政治課題となった。これを受けて幕府は、①貿易総額の制限（定高制）を導入する、②市法制を廃止する、③糸割符制を復活させる、などの一連の措置をとった。定高制の導入は唐船の激増による金銀の海外流出の拡大を防ぐためだったとされている。一方、市法制から割符制への後退については、その理由は定かではないが、一つは貿易規模の急拡大に対し、資本や人的資源（「目利」などの事務担当者の人数）などの面で市法会所の仕組みが対応しきれず、貿易秩序の混乱が生じたため、緊急措置として市法制を止め、生糸以外の商品の「相対商売」を認めたこと、二つ目としては舶来品の急増により、日本国内の相場価格も下がるはずと予測し、市法制のような、商品全般にわたる価格制定の方法が不適切と判断したこと、の二つが推測される。

さらに、唐船来航による海外キリシタンの潜入や「密貿易」の防止を念頭に、幕府は元禄元(康熙二七、一六八八)年に唐人屋敷の建設を決定し、出島のように唐船商人も日本社会から隔離する方針を打ち出した。また元禄一〇年、貿易統制を強化するため、市法会所の仕組みを参考にして長崎会所を設置し、この会所が貿易を仲介する体制を構築し始めた。市法会所と比較して長崎会所の特徴は、「五ヵ所」商人と外国商人との間に立ち、町年寄をはじめとした長崎の地役人・有力町人によって運営される貿易機関だったことと、会所の運営費と長崎町人への地下配分金を除いて、貿易利銀を運上金として幕府に納めることなどが挙げられる。こうした会所を仲介役とした貿易、つまり会所貿易は、幕府による政策調整の試行錯誤を経て、ようやく一七世紀末において成立するに至ったのである。

幕府は会所経営の介入を通じて貿易のイニシアチブ(貿易額の調整、価格の設定など)を握るようになった。しかし、最も利益が大きいのは日本商人と直接行う取引であったため、会所貿易は唐船商人にとって決して望ましい形態ではなかった(37)。さらに、定高制や滞在中の活動範囲など様々な制限が加えられた。こうして幕府が築いた長崎貿易の制度は、当時としては世界的に見ても極めて稀な貿易統制だったといえよう。しかし長崎で貿易を行う以上、中国商人もオランダ商人も、これら幕府の貿易制度に従うしかなく、清政府も貿易制度における日本側の主導性を黙認していたようである。

2　信牌システム

会所貿易が始まった時期、すなわち一七・一八世紀の移行期は唐船貿易の最盛期であった。それが過ぎた後、清政府は最大限の日本銅の輸入を期待し続けたが、幕府は銅の流出を抑えようとしており、両者の対立の構図が次第に顕在化した。正徳五(康熙五四、一七一五)年に「正徳新例」(海舶互市新例)と称されている諸法令が発令され、唐船・オランダ船への年間銅輸出量が定められ、さらにそれを含む幕府の一連の貿易規制を確保する仕組みとして、信牌制度も導入されるようになった。長崎貿易史に関する研究では、この信牌制度こそが「新例」の骨子だったと評価されている[38]。

第一部で述べたように、信牌は商人の貿易資格を確認するための証明書でもあるが、現在のビザのような、入国の身分証明書としての性格は比較的薄く、主に貿易の規模を調整する手段としての機能が期待されていた。すなわち、信牌発行の枚数（信牌一枚は唐船一隻の来航・貿易を意味する）及び信牌に記載する取引額などにより、貿易する唐船の隻数や取引総額をコントロールできるというメカニズムである。言い換えれば、誰が来るのかは重要な問題ではなく、来航した中国商人が信牌の記載事項を守れるかどうかということが肝要だとされていた。そのため、幕府側は「新例」のなかで、信牌は譲渡可能なものだと説明している。譲渡可能という点は、清朝側が柔軟に信牌を利用することができる余地を残していた。

「新例」発布後、清政府が江蘇・浙江省に滞在する商人から「倭照」と称された信牌を取り上げるという事件、すなわち倭照事件（信牌紛争・信牌問題とも呼ばれている）が発生した。現在確認できる範囲では、日本側の貿易規制に対して、清朝側が公然と反発したのはこれが最初であり、そのため、矢野仁一氏をはじめ、山脇悌二郎氏・大庭脩氏・松浦章氏・岩井茂樹氏など多くの研究者に注目されてきた[39]。それらの研究によれば、朝廷内の議論を経ておよそ二年後の康熙五六（享保二、一七一七）年、康熙帝の親裁で事件がようやく落着した。清政府が没収した信牌を元の持ち主の商人に返還したため、中国商人の信牌使用を容認したものと考えられる。この間、幕府は中国商人を介して、信牌が商人と唐通事との間の取引をめぐる約束を示す証明書に過ぎず、商人間で譲渡可能なものであることを強調して清朝側の理解を求める一方、第一章で述べたように、広東・福建及び東南アジア各地に拠点を持ち倭照事件に巻き込まれずに長崎に来航した唐船の商人たちに新規信牌を発行し、倭照事件による貿易秩序の混乱を乗り越えようとした。

これに対して清政府は、輸入銅を確保するために、現実的な信牌対策を講じざるをえなかった。倭照事件落着の時点では、岩井氏が指摘したように、清政府は信牌を持つ商人による貿易独占を懸念し、商人間で信牌を共同利用する方法を提示した[40]。それ以後、清の海関が信牌を商人の日本渡海を認めるかどうかの判断材料としていた[41]ことも注目される。しかし、清の信牌利用はそれだけにとどまらなかった。第三章で論じてきたように、各省の銅調達官は、信牌の購入か信牌商人の直接募集の形で信牌を柔軟に利用していた。さらに一七二〇年代後半、銅調達の遅滞問題が深刻化したなか、貿易商人の活動拠点である蘇州を管轄する江蘇省の官署は、銅を滞納した商人から信牌を没収して保管する措置をとり、さらに信牌を新規商人へ売り出す、または賃貸すべきという信牌の再配分案を提示した。その後、信牌の再配分案は実行に移された。

このように、清政府は、日本銅の円滑な調達を図るため、日本側の信牌制度の規定に則りつつ、信牌を活用しようとした。これにより、従来知られる幕府の信牌制度を含みこんで、日清双方の信牌利用を軸とした「信牌システム」と呼びうる、国際的な仕組みが確立されるに至ったのである。

3　両局体制と「約条」貿易

本書では、通商関係の仕組みづくりを考える際に、民間的な要素の役割も無視すべきではないことをしばしば強調してきた。日本側においては、長崎会所の設置により、町年寄をはじめとする長崎の地役人や有力町人は、会所運営の実務の担当者として幕府に登用されるようになり、幕府が築いた貿易体制のなかに組み込まれていた。しかし長い間、貿易相手の唐船商人側においては、商人がそれぞれ個別的に日本貿易を行い、オランダ東インド会社の日本商館のような、商人の意思を統合して取引をめぐって会所と交渉することができる商業組織は存在しなかった。しかし、信牌制度が導入された後、信牌の所有権をめぐる商人間の競争が激しくなるなかで、協力して信牌を共同利用する動きも現れた。その結果として、両局が結成され、両局体制が確立されたのである。それに関する第三部の検証をまとめると、次のようになる。

乾隆三(元文三、一七三八)年に官商范氏が清政府の承認を得たうえで日本銅貿易の参入を決定した。それにより結成された范氏傘下の日本貿易の商人グループは、清政府の公文書では「官局」と呼ばれるようになった。こうした「官局」の銅調達の開始とほぼ同じ時期、清政府の日本銅調達の仕法も改革され、民間商人が自分で資本を集めて日本銅貿易を行うことが政府に推奨されるようになった。これに応じて日本貿易に参加する民間商人は、官商范氏の系統と区別するため、官辺では「民商」と呼ばれていた。この時期において、出身地がまちまちだった民商のほとんどは、乍浦・上海の港に近い、東南沿海地方の商業中心地である蘇州を拠点に商業活動を行っていた。民商のなかでは、日日本側の貿易減額と、それを確保するための信牌制度の実施などを背景に、わずかな取引の機会をしっかりと確保し、貿易の自由参入と競争による商売の損失を避けるため、協力して対日貿易を行うことが求められるようになった。

乾隆一九(宝暦四、一七五四)年、清政府が引退商人の政府に対する債務を厳しく追及したことを契機に、蘇州にいる現役民商一二人が、引退商人の債務を代わって弁済することを承諾し、その見返りに日本貿易を一手に引き受ける特権を政府に認めてもらいたい意思を官府に示した。同年一二月、蘇州を管轄する江蘇省側は、それらの民商一二人を筆頭とした債務代弁と貿易の一手請負について立案し、巡撫名義の上奏文でその案を中央政府に提出した。戸部の審議に基づく中央政府の指示は、一二人の債務代弁は認めたが、貿易の一手請負を認めるべきかどうかについては明確に答えず、具体的な対処をその実施にあたる江蘇省官憲の判断に任せた。結果から見れば、江蘇省側は民商一二人の対日貿易の一手請負を認めたようであり、のちに現れたごく個別な例を除けば、「民局」が「官局」と連携して対日貿易を独占する状況はほぼできあがった。乾隆一九年以後、清政府の公文書では、その一二人の民商は「額商」、彼らを中心とした商人グループは「官局」と区別するために「民局」と呼ばれるようになった。また、ここで特に注意すべきことは、中央政府の公認がないため、「民局」による民商の対日貿易の独占は、江蘇省・浙江省以外の地域では広く認められたものではなかったという点である。

明和六・七（乾隆三四・三五、一七六九・七〇）年に両局に属さない唐船、とりわけ福建省発の商船が長崎貿易に参加したことをきっかけに、両局独占の是非をめぐる江蘇省と福建省との対立が顕在化した。両省の言い分を聞いたうえ、結局のところ、清朝の中央政府は、日本側が海外への銅輸出の総額を制限した状況で、両局の一手請負が清政府への安定的な銅供給の確保に最も有利だという両局の論理を納得したようであり、乾隆三六年一二月に、今後福建省が商船を長崎に派遣しないよう指示し、事実上、両局体制を公認したのである。両局体制を最終的に認めた清朝の思惑は、日本側の銅輸出制限に対し、両局を通じて日本銅を最大限に輸入し、政府に約束した割合や量に即して両局に銅を納めさせ、銅銭鋳造の用銅を確保するためだったと考えられる。

こうした両局体制の確立は、まず長崎貿易の仕法に大きな影響を与えた。第九章で明らかにしたように、金銀を海外から輸入するのが日本の「国益」になることを幕府が確認したうえ、会所と両局との間の「約条」に基づく金銀輸入貿易が実現された。とりわけ「唐銀」（清朝の銀地金）の日本輸入は「約条」に基づき、長きにわたり継続的に行われた。それ以外にも、両局と会所との「約条」による新規取引が次々登場した。こうした「約条」貿易は、一七世紀末に始まった会所貿易と、一八世紀中期に成立した両局体制が有機的に結びついたことによって生じたものであり、新しい次元の通商仕組みと位置づけられる。

また、貿易規模を調整する際にも、長崎奉行は、両局を代表する商人の意見を尋ね、両局が受け入れやすい方法を選んだ。[42]とりわけ、貿易額や銅輸出量の削減のような、唐船側からは望ましくない貿易規模の調整を行う際に、具体的な実施方法を選択させることにより、中国商人らの不満や抵抗をある程度緩和させることができたと考えられる。またそれだけではなく、貿易規模の調整や唐人の処罰などを行う際には、奉行所は、幕府の決定を遵守する旨の請書を提出するよう、長崎来航の唐船商人を通じて、両局の責任者（在唐荷主）に要求したことがある。[43]両局が一八世紀後半から唐船の対日貿易を独占することができたため、両局の承諾は、両局配下の商人、つまり事実上の唐船商人の全員が幕府の決定の遵守を約束し、なおかつその約束が両局の結束力で保証されたことを意味したと考えられる。このように、幕府は両局体制を明確に公認したことはないようだが、それを既成事実として受け止め、そして貿易を自ら有利な方向に導くため、両局と協力的な関係を保っていた。

以上見てきたように、清政府は両局体制を公認してそれを通じて日本との貿易に介入しており、日本側においても、幕府は両局の力を借りて貿易政策の貫徹を図った。したがって、両局体制も通商関係の仕組みとして捉えることができる。なお、前述したように、幕府は、両局の承諾で貿易規模の調整をスムーズに進めることができた。それにより、従来のように信牌を通じて船数と貿易額を調整する必要性が相対的に低下した。しかし、幕府は、両局体制に変動が出る可能性もあり、それに備えるためにも信牌制度を存続させる必要があったと考えられる。

おわりに

以上の論述を端的にまとめると、相手国の商品に対する需要が、日本市場圏と中国市場圏のつながり、つまり貿易の維持を支えていたが、一七世紀の長きにわたる東アジア国際秩序の混乱のなか、清朝政権と徳川幕府は互いに警戒しあい、とうとう国交を樹立するには至らなかった。結局のところ、日清間の通商関係は、政権間の交渉によるものではなく、両政府がそれぞれ中国商人の長崎貿易を認める形で開かれるようになった。これ以後、通商のルールづくりは、長い年月を経て、両政府の政策調整により、段階的に推進されていった。日清両政府そして中国商人がともに信牌を利用していたという点から、信牌システムは通商関係の制度的基盤と見ることができる。しかしそれだけではなく、唐船商人の経営統合が進んだ結果、両局体制が確立され、さらに従来の会所貿易と結びつくことにより、「約条」貿易という新しい取引仕法も出現した。このように、一八世紀中期において商人側の動向に牽引され、通商体制はより成熟したものになり、日清貿易の安定的な維持が保障されたのである。

最後に、今後の研究の展望を簡潔に述べて本書全体のおわりとしたい。

まず通商関係の仕組みについて、時代や地域の枠を超えた比較研究を行いたい。たとえば、信牌システムに関連するものとして、第一に、日中関係史ひいては東アジア国際関係史に現れた、公験や公憑・文引、あるいは勘合などの貿易許可書、出国者への身分保証書との比較研究を行う。第二に、一八世紀に世界各地の国際貿易で使われた貿易許可証を類型化し、信牌システムと比較する。また、同様な比較研究の手法を用いて、より長い時間的広がり及びより広い空間的広がりのなか、海商組織の構成や貿易品の価格形成などの課題に関する考察を行い、グローバル・ヒストリーにおける日清通商関係の位置づけを明らかにすることを目指したい。

次に、日清両国の産業構造と同時代の東アジア世界の貿易構造との相関関係を踏まえて、銅や海産物、生糸や絹織物などの貿易品について、生産・流通・販売・消費などの局面を総合的に考察したい[44]。少し具体的な課題として考えているのは、近世日本で国産化に成功した商品の海外輸出というテーマである。たとえば、享保改革以後、薬種人参（朝鮮人参）の人工栽培が成功し、松江や会津などで生産された薬種人参が一八世紀末期から「和人参」として中国に輸出され始めた。従来、舶来品の国産化は主に脱貿易依存や日本市場圏の自立という視点で捉えられてきた[45]が、国産化に成功した商品の海外輸出という点から、国産化が進んでいる産業分野の成長が国際貿易や海外市場と連動していた一面も見えてくる。このような課題の解明を進めるため、今後、日中双方の市場における商品の価格形成・品質評価などに関する史料・データを広く収集して分析していきたい。

また、日本対外関係史の新しい研究動向として、海外貿易と地域社会とのつながりが注目されつつある。長崎貿易史の分野においては、出島の下層労働力やコンプラ仲間などの、オランダ貿易の関係者をめぐる議論が近年進んでいるのに対し、唐船貿易のサービス提供者に関する研究はまだまだ乏しいといわざるをえない。唐船商人に便宜を提供しそれで生計を立てる商人・職人・労働者などは、貿易を円滑にするために欠かせない存在であった。長崎貿易と地域社会とのつながりを意識しつつ、唐船貿易関係の諸生業に従事する人々・業者の組織構成・経営形態について考察し、さらに出島オランダ商館の状況と比較しながら、貿易都市長崎の特質と運営の仕組みを検討したい。[46][47]

（1）近年出版された学術書、荒野泰典・石井正敏・村井章介編『日本の対外関係』シリーズ（全七巻、吉川弘文館、二〇一〇—一三年）と、羽田正編『海から見た歴史』（小島毅監修『東アジア海域に漕ぎだす1』東京大学出版会、二〇一三年）は、日中貿易史を包摂する議論が多く見られ、本章の叙述の参考になっている。

（2）榎本渉『東アジア海域と日中交流——九—一四世紀』（吉川弘文館、二〇〇七年）、同「東シナ海の宋海商」（前注1『日本の対外関係』第三巻『通交・通商圏の拡大』吉川弘文館、二〇一〇年）、田中史生「対外交流の進展と国際交易」（同第二巻『律令国家と東アジア』吉川弘文館、二〇一一年）などを参照。

（3）前注2田中論文中の「外来品と政治」を参照。ちなみに、近年、日本対外関係史の分野において唐物に関する研究が盛んに行われている。代表的な成果としては、関周一「唐物の流通と消費」（『国立歴史民俗博物館研究報告』九二、二〇〇二年）、橋本雄『中華幻想——唐物と外交の室町時代史』（勉誠出版、二〇一一年）、シャルロッテ・フォン・ヴェアシュア（Charlotte Von Verschuer）『モノが語る日本対外交易史』（河内春人訳、藤原書店、二〇一一年）、河添房江・皆川雅樹編『アジア遊学一四七　唐物と東アジア——舶載品をめぐる文化交流史』（勉誠出版、二〇一一年）、皆川雅樹『日本古代王権と唐物交易』（吉川弘文館、二〇一四年）、河添房江『唐物の文化史——舶来品からみた日本』（岩波書店、二〇一四年）などが挙げられる。

（4）吉田兼好『徒然草』（岩波書店、一九八五年）二〇二頁。

（5）新井白石は、「正徳新例」発布前の長崎貿易について、「今も薬材の外は、他に求むべき物もなし」としている（新井白石『折たく柴の記』岩波書店、一九九九年、二八二頁）。そして松平定信も「もしまた唐船不入来ば、寛文已前の例によりて唐かたへわたりて薬物かひもとめてひさぐべし」と述べている（松平定信『宇下人言』岩波書店、一九九六年、一〇三頁）。

（6）これについては明人にも認識されていたようである。礼部尚書徐光啓「海防迂説」（『皇明経世文編』巻四九一に収録）では、「倭寇」対策について「絶市而可以無入寇、必日本通国之中、幷糸帛・瓷器・薬品諸物、悉屏去不用、然後可」と示している。すなわち、日本国中には〔中国の〕糸・織物・陶磁器・薬種などへの需要がある限り、〔日本との〕貿易を禁ずれば必ずや〔中国へ〕入寇してくるということであった。また、人気の「唐物」については、明人が書いた「倭好」（倭の好むもの）という資料が有名である。田中健夫「「倭好」覚書――一六世紀の海外貿易品に関する一史料の注解」（同『東アジア通交圏と国際認識』吉川弘文館、一九九七年）を参照。

（7）銅輸出の抑制と脱貿易依存・国産自給に関する総合的な議論としては、栗田元次「貿易の統制と国産の開発」（同『新井白石の文治政治』石崎書店、一九五二年）、小山幸伸「近世中期の貿易政策と国産化」（曾根勇二・木村直也編『新しい近世史2　国家と対外関係』新人物往来社、一九九六年）などが挙げられる。また、国産化を日本市場圏の自立として捉えた論説としては、荒野泰典「近世的世界の成熟」（前注1『日本の対外関係』第六巻『近世的世界の成熟』吉川弘文館、二〇一〇年）が代表的である。

（8）「抜け荷」については、本書序章の注49に掲げた諸研究を参照。

（9）古典的な研究としては、小葉田淳『金銀貿易史の研究』（法政大学出版局、一九七六年）がある。一九九〇年代以後の研究としては、浜下武志「中国の銀吸収力と朝貢貿易関係」（浜下武志・川勝平太編『アジア交易圏と日本工業化――一五〇〇―一九〇〇』リブロポート、一九九一年）、Andre Gunder Frank, *Reorient: global economy in the Asian age* (Berkeley, Calif.: University of California Press, 1998) などが注目される。

（10）岸本美緒『東アジアの「近世」』（山川出版社、一九九八年）及び前注3ヴェアシュア書などを参照。

（11）岩生成一「鎖国時代に於ける日本貿易品の販路」（『日本歴史』二―五、一九四七年）。Ryuto Shimada, *The Intra-Asian Trade in Japanese Copper by the Dutch East India Company during the Eighteenth Century* (Leiden and Boston: Brill Academic Publishers, 2006)。島田竜登「世界のなかの日本銅」（前注1『日本の対外関係』第六巻『近世的世界の成熟』吉川弘文館、二〇一〇年）。

（12）近世の唐船貿易による商品輸出入については、永積洋子編『唐船輸出入品数量一覧　一六三七―一八三三年』創文社、一九八七年）は詳細なデータを収録している。

（13）前注6の「倭好」（明代編纂）のような同時代の史料には、日本市場における中国商品の価格が書かれている。

(14) 橋本雄「対明・対朝鮮貿易と室町幕府——守護体制」(前注1『日本の対外関係』第四巻『倭寇と「日本国王」』吉川弘文館、二〇一〇年)。

(15) 佐久間重男「明代海外私貿易の歴史的背景——福建省を中心として」(同『日明関係史の研究』吉川弘文館、一九九二年、初出は一九五三年)と檀上寛「明初の海禁と朝貢——明朝専制支配の理解に寄せて」(同『明代海禁＝朝貢システムと華夷秩序』京都大学学術出版会、二〇一三年、初出は一九九七年)。

(16) 村井章介「倭寇の多民族性をめぐって」(大隅和雄・村井章介編『中世後期における東アジアの国際関係』山川出版社、一九九七年)などを参照。

(17) 荒野泰典「日本型華夷秩序の形成」(朝尾直弘・山口啓二・網野善彦・吉田孝編『日本の社会史1　列島内外の交通と国家』岩波書店、一九八七年)と同「「倭寇的状況」から近世的国際秩序へ」(井上徹編『海域交流と政治権力の対応』汲古書院、二〇一一年)などを参照。

(18) 開洋論の代表者としては、福建巡撫塗沢民と許孚遠などが挙げられる。沿海商人に対する渡海貿易の意義は、正に許孚遠が指摘された如く「非市舶無以助衣食」とのことであった(許孚遠「疏通海禁疏」同「敬和堂集」巻五、『皇明経世文編』巻四〇〇に収録)。小葉田淳「明代漳泉人の海外通商発展」(前注9小葉田書、初出は一九四一年)と前注15佐久間書の終論などを参照。

(19) 岩井茂樹「十六・十七世紀の中国辺境社会」(小野和子編『明末清初の社会と文化』京都大学人文科学研究所、一九九六年)、同「十六世紀中国における交易秩序の模索——互市の現実とその認識」(同編『中国近世社会の秩序形成』京都大学人文科学研究所、二〇〇四年)、同「清代の互市と「沈黙外交」」(夫馬進編『中国東アジア外交交流史の研究』京都大学学術出版会、二〇〇七年)、同「帝国と互市——十六—十八世紀東アジアの通交」(籠谷直人・脇村孝平編『帝国とアジア・ネットワーク——長期の十九世紀』世界思想社、二〇〇九年)、同「朝貢と互市」(『東アジア世界の近代』岩波講座東アジア近現代通史1、岩波書店、二〇一〇年)。また、議論のさらなる展開は、上田信『海と帝国——明清時代』(講談社、二〇〇五年)、中島楽章「十四—十六世紀、東アジア貿易秩序の変容と再編——朝貢体制から一五七〇年システムへ」(『社会経済史学』七六—四、二〇一一年)などに見られる。

(20) 補論で少し説明したように、清朝の官員がひそかに商船に便乗して長崎へ渡航した例が見られる。たとえば、松浦章氏の研究によれば、康熙帝は長崎貿易の事情を把握するため、康熙四〇(一七〇一)年に官員一人を日本に派遣し、貿易商人を装わせて日本の情報を探偵させた（補論注26松浦論文）。

（21）「丙子胡乱」（清の朝鮮侵入）後の崇徳二（一六三七）年一月、清太宗・ホンタイジは、日朝貿易を旧来のままに維持することを許した一方、日本の使者を案内して清に朝貢させよと朝鮮側に言い渡した（中村栄孝「清太宗の南漢山詔諭に見える日本関係の条件――十七世紀における東アジア国際秩序の変革と日本」『朝鮮学報』四七、一九六八年）。また補論で述べたように、およそ一〇年後の順治四（一六四七）年、清は全国向け勅諭を下し、日本を含めて周辺諸国の臣従と朝貢を呼びかけた。

（22）「刀伊の入寇」については石井正敏「高麗との交流」（前注1『日本の対外関係』第三巻『通交・通商圏の拡大』吉川弘文館、二〇一〇年）、「蒙古襲来」については村井章介「蒙古襲来と異文化接触」（同第四巻『倭寇と「日本国王」』吉川弘文館、二〇一〇年）を参照。

（23）荒野泰典「時期区分論」（荒野泰典・石井正敏・村井章介編『アジアのなかの日本史Ⅰ　アジアと日本』東京大学出版会、一九九二年）。

（24）この点については、琉球を介した漂流民送還を例に、日清の支配論理及びその狭間にある琉球のスタンスなどを論じた渡辺美季氏の諸研究が示唆に富む。渡辺美季『近世琉球と中日関係』（吉川弘文館、二〇一二年）。

（25）『大清一統志』は康熙二五（一六八六）年から道光二二（一八四二）年までの間、清政府の主導のもとで継続的に編纂・刊行された地理書。巻四二一―巻四二四では、「朝貢諸国」として朝鮮・安南・琉球をはじめ三〇余ヵ国を取り上げており、日本を一〇番目で紹介している。『皇清職貢図』（九巻）は乾隆一六（一七五一）年から同二六年にかけて編纂された書物であり、清朝支配下の異民族や、異国人の人物画及び説明文を収録している。第一巻では、まず朝鮮、次は琉球・安南という順位を設け、日本を一二番目の国として取り上げている。

（26）『大清会典』は、清朝が明朝の会典に倣って編纂した国家の政治制度に関する総合法典。初版は康熙二九（一六九〇）年に成立し、その後、改訂・補足の形で四回も編纂された。初版から三回目の編纂までは、「礼部・主客清吏司」の部分で朝鮮・琉球などの「朝貢国」のみを取り上げていたが、嘉慶二三（一八一八）年に完成した四回目の編纂では、「朝貢国」の次に日本などの「互市国」を取り上げた。

（27）ロナルド・トビ（Toby Ronald）「近世における日本型華夷観と東アジアの国際関係」（『日本歴史』四六三、一九八六年）。

（28）林春勝・林信篤編『華夷変態』（東洋文庫、一九五八―五九年）の序文。幕府に仕えた儒者・林春勝（号は鵞峰）が執筆したもの。「華夷変態」観は同時代の幕臣・儒者の一部の清朝認識を反映していると考えられる。

(29) 小宮木代良「「明末清初日本乞師」に対する家光政権の対応――正保三年一月一二日付板倉重宗書状の検討を中心として」(『九州史学』九七、一九九〇年)。
(30) 後藤陽一「熊沢蕃山の生涯と思想の形成」(『日本思想大系30　熊沢蕃山』岩波書店、一九七一年)。
(31) 徳川幕府の沿岸防備体制の構築について研究を行った山本博文氏は、女真族の動向が幕政に大きな影響を与えているのではないかという紙屋敦之氏の問題提起(同「幕藩制国家の成立と東アジア」『歴史学研究』五七三、一九八七年)に対し、幕政にはあまり影響は認められないと指摘している(山本博文『寛永時代』吉川弘文館、一九九六年、二二八頁)。
(32) 松尾晋一「幕藩制国家における「唐人」「唐船」問題の推移――「宥和」政策から「強硬」政策への転換過程とその論理」(同『江戸幕府の対外政策と沿岸警備』校倉書房、二〇一〇年)。
(33) 本書第四章の注4に取り上げた山本英貴氏・松尾晋一氏らの諸研究を参照。
(34) 朝尾直弘「鎖国制の成立」(『講座日本史』4、東京大学出版会、一九七〇年)。
(35) 本書序章第二節四を参照。
(36) 本書序章第二節の1・2で取り上げた矢野仁一氏・山脇悌二郎氏・中村質氏・太田勝也氏らの研究を参照。
(37) この点ついて、乾隆二年七月一一日浙江総督(兼)嵆曾筠奏摺(一史館35-1227-014)には、裏づける記述が確認できる。当該奏摺によれば、一七三七(乾隆二)年の江海関監督王坦による商人朱来章への情報聴取によれば、その時の貿易は、長崎の町年寄六人(史料には「年行司」と表記)による「包買包売」(貿易の請負)の形で行われており、昔の「倭商面相交易」(日本商人との相対商売)と比べると、唐船の商品が安く銅の価格が高いことや、唐船の商品が売り切れないことなど、商人にとっては不都合が多いという。いわれた町年寄の「包買包売」は会所貿易を指していると考えられる。
(38) 本書序章注14・25の中村氏・山脇氏・太田氏らの研究を参照。
(39) 本書第一章の研究史の整理を参照。
(40) 岩井茂樹「十八世紀前半東アジアの海防と通商」(前注17井上編書)。
(41) 荒野泰典氏は『華夷変態』に収録された唐船風説書に依拠し、信牌は清政府が長崎来航の中国船をチェックするためにも利用された形跡があり、信牌制度は清朝の政策と合致するものであったと指摘している(同『近世日本と東アジア』東京大学出版会、一九八八年、三八頁)。この点について、劉序楓氏は清朝側の史料で確認できた(同「清日貿易の洋銅商について――乾隆〜咸豊期の官商・民商を中心に」『九州大学東洋史論集』一五、一九八六年)。また、本書の第三章・第七章では清の信牌利用及び司照との関係について補足説明している。

(42)　一例を挙げれば、明和元(一七六四)年に奉行所が減銅令（年間銅輸出量の削減）を中国商人に伝えた際、船数を減らすか、それとも船ごとの配銅量を減らすかを両局の商人に選択させた。結局、両局側の意見に従い、船数の削減にした。『長崎実録大成』正編（丹羽漢吉・森永種夫校訂、長崎文献社、一九七三年）巻一一、「唐船進港幷雑事之部」明和元年条、二七八頁。

(43)　寛政三(一七九一)年四月の中国商人宛の減船令の最後には「帰唐之上両荷主江申聞、追而請書可差出候」と書いてあり、つまり減船の方針に対し、「荷主」（両局の経営代表者）が承諾のうえ「請書」を提出するよう求めたのである。この史料は、長崎歴史文化博物館所蔵「森路家古文書」の「御触書被仰渡控」、及び東京大学史料編纂所所蔵「長崎銅買渡記録」に見られる。唐人の処罰については、本書第五章を参照。

(44)　この点について、日本市場と中国市場の双方向から、幕府の長崎貿易、薩摩の琉球貿易、対馬の朝鮮貿易などを総合的に検討したロバート・ヘリヤーの研究に学ぶべきところが多い（Robert I. Hellyer: *Defining Engagement: Japan and Global Contexts, 1640-1868*, Cambridge Mass: Harvard University Press, 2009）、同「太平洋における日本——近世後期の対外貿易」（浪川健治ほか編『周辺史から全体史へ——地域と文化』清文堂出版、二〇〇九年）などを参照。

(45)　前注7を参照。

(46)　出島オランダ商館の下層労働力については、横山伊徳「出島下層労働力研究序説」（『年報都市史研究』一二、二〇〇四年）、同「出島下層労働力研究序説——大使用人マツをめぐって」（同編『オランダ商館長の見た日本——ティツィング往復書翰集』吉川弘文館、二〇〇五年）、オランダ商館の「諸色売込人」（俗称「コンプラ仲間」）については、松井洋子の研究報告（"The Factory and the People in Nagasaki: Otona, Tolk, Compradoor", International Conference Canton and Nagasaki Compared, 2009）などがある。

(47)　唐船貿易に携わる「日雇」に関する若松正志「近世中期における貿易都市長崎の特質」（『日本史研究』四一五、一九九七年）がある。

初出一覧

序章　新稿。

第一部

第一章　新稿。

第二章「信牌制度の基礎研究――信牌方及びその職務」(藤田覚編『十八世紀日本の政治と外交』山川出版社、二〇一〇年)改稿。

第三章「長崎貿易における信牌制度と清朝の対応」(『東方学』一一九、二〇一〇年)改稿。

第二部

第四章「享保期の唐船打ち払いと幕藩制国家」(『史学雑誌』一一九―八、二〇一〇年)改稿。

第五章「近世長崎の唐人処罰――「日本之刑罰」の適用をめぐって」(『論集きんせい』三〇、二〇〇七年)改稿。

補論「清朝は近世日本の対外関係をどう見たか」(『東京大学日本史学研究室紀要 別冊「近世政治史論叢」』二〇一〇年)改稿。

第三部

第六章　新稿。

第七章「十八世紀日清貿易における中国商人の組織化――額商の成立と貿易独占を中心に」(『東方学』一二五、二〇一三年)改稿。

第八章　新稿。

第九章　新稿。

終章　新稿。

あとがき

私が初めて近世日中関係史に興味を持ったのは、二〇〇二年の末頃で、中国上海にある復旦大学大学院修士課程二年目だったと記憶している。その時から数えると一二年間、ちょうどこれまでの人生の三分の一くらいの期間、この研究を続けてきたことになる。本書の出版を機に、あらためて日中関係の歴史を研究するようになった経緯を振り返ってみたい。

私は、孔子の出身地として知られている、中国の古城・曲阜に生まれ、歴史的雰囲気が濃い環境に薫陶されたためか、少年時代から歴史に興味を持ち、大学進学にあたっても地元曲阜師範大学の歴史学部を選択した。当時たまたまテレビで黒沢明監督の映画「影武者」と「乱」が放映され、映画の様々なシーンに強い印象を受け、それをきっかけに、卒論のテーマを「西洋要素と織田信長の統一事業」にした。当時はもっぱら中国で書かれた、あるいは中国語に翻訳された日本史関係の著書や論文を読むしかなく、今から思うと歴史の試験の論述問題に回答するような幼稚な論文であったと思っている。

二〇〇一年秋、大学卒業と同時に、復旦大学大学院歴史研究科の修士課程に進学した。指導教官である張翔先生のアドバイスに従い、日中関係史を研究テーマとした。修士課程三年目に交換留学の話があり、神奈川大学で一年間勉強する機会を得ることができた。神奈川大学では、田畑光永先生・大里浩秋先生・広田律子先生・孫安石先生をはじめ、多くの先生方にお世話になった。最初はくずし字の古文書が読めないため、ひらすら翻刻された史料を読んでいたが、それでも候文の解読に苦労した。留学が終わる前になって初めて長崎に行く機会を得て、長崎県立図書館の郷土資料室で唐船貿易に関する史料に接して、ひとまずどのような史料があるのか、その概要を把握することができた。

なお、神奈川大学留学中、復旦大学に数千冊の個人蔵書を寄贈し、そして奨学金も設けられた中国史研究家の小林一美先生と初めてお会いすることができた。小林先生には、私を含めて多くの中国人の留学生を、様々な面で熱心に支援して頂き、私は現在でも研究及び生活上の問題について相談させて頂いている。

復旦大学に復学後は、留学中に読み始めた『通航一覧』『唐通事会所日録』などの史料から、長崎における唐人「騒動」、「違法」の問題に関心を持つようになり、修論ではそれを課題に考察を行うこととした。復旦大学は思想史の研究が盛んで、論文作成にあたってもどのようなロジックで議論をまとめるのかを重視している。私の修論もそのような学風に影響され、長崎における日清貿易は対等的な「互市」関係に基づくものだったという主張をベースに、先行研究として有名な浜下武志先生の「朝貢システム論」と対置することを試みた。このロジックは口頭試問で高く評価された記憶はあるが、いま振り返ってみると、ロジックと実証の間には大きなギャップがあり、本来は実際に行ったものより何倍もの実証研究が必要だったと反省している。

二〇〇五年秋に復旦大学の修士課程を修了後、東京大学に留学することができた。東京大学大学院にはまず研究生として入学し、その後は人文社会系研究科日本史学研究室において、藤田覚先生・吉田伸之先生のゼミに参加し、近世文書の読解と研究報告を行った。また史料編纂所の横山伊徳・宮崎勝美両先生のゼミにも参加し、前者では主にオランダ語・対外関係の文献を、後者では「益田家文書」の解読を通じて近世初期文書の解読を学んだ。日本史学研究室での勉学を通じて、単なる日本史の知識と史料解読という研究技能の習得だけでなく、史料を忠実に解釈することの大切さと、先行研究を踏まえたうえで自らの研究を明確に位置づけるという研究規範も学ぶことができた。それは私自身が中国にいた時にはあまり明らかに意識しておらず、またこの点はいまだに中国では重要視されていないところでもあるが、私としては、今後の研究でも常に大切にしていきたいと考える点でもある。

研究の面においては、指導教官である藤田覚先生のご意見に従い、日中双方の史料を併用することに努めた。刊行された史料から多くの課題を見出すことはできたが、それらの課題を解明するには、より広く史料を探す必要性を感じた。ちょうどそのような時、史料編纂所の保谷徹先生のご好意で、先生自身が研究責任者を務める科研（科学研究費補助金基盤研究Ａ「東アジアの国際情勢と中国・ロシア所在日本関係史料の総合的研究」）の一環として北京の中国第一歴史檔案館の史料調査に同行させて頂く機会を得た。その後も継続的に中国第一歴史檔案館、そして台北にある故宮博物院図書文献館で調査を行い、清朝檔案のなかから信牌・銅貿易関係の史料を収集した。一方、日本においては、史料編纂所のほか、長崎歴史文化博物館、シーボルト記念館、九州大学附属図書館記録資料館、山口県文書館などでの史料調査を実施し、唐船「打ち払い」・信牌・「約条」貿易などに関する近世文書の所在を確認することができた。それらの史料を利用する研究成果は、本書の各章に反映されている。

二〇一一年秋、博士学位請求論文を人文社会系研究科に提出した。この時の口述試問には、藤田・吉田先生のほか、岩井茂樹先生・松井洋子先生・牧原成征先生に参加して頂き、皆様から様々なご意見を頂いた。それら貴重なご意見は本書執筆のきっかけともなり、また論文そのものの明確化にもつながり、大変感謝している。

同時に博士論文の執筆と相前後した五年間、松方冬子先生のご紹介で、羽田正先生が研究責任者を務めた科研「ユーラシアの近代と新しい世界史叙述」に参加させて頂いた。当該科研のもと、「モノ」「価値観」「権力」「支配」「翻訳」「海賊」「奴隷」「セカンドハンド」「下層」「女性」など、様々なキーワードを用いた地域横断的な比較研究会が催され、それらの研究会に参加することで、「研究の視野」という意味で大きな刺激を受けることができた。さらに岩井茂樹先生・島田竜登先生が主導する「商館」研究会に入れて頂き、「長崎唐館の社会構造」や「銅貿易商人の経営統合」などに関する研究報告を行った時には、八百啓介先生・村上衛先生などの先生方から、示唆に富む色々なコメントを頂き、お蔭でよりはっきりと研究の問題点と課題を見出すことができた。

二〇一二年三月に博士課程を修了した後は、まず日本学術振興会の外国人特別研究員、その後は特任研究員として史料編纂所で、保谷徹先生のご指導を受けながら、引き続き清朝檔案の収集・分析を中心に、近世日中関係史の研究を進めている。その間、博論の延長線上、唐船商人の経営構造と「約条」貿易に関する論文を作成し、本書に組み入れた。

本書の執筆にあたって、個別論文の内容や全体構成について、藤田覚・吉田伸之・保谷徹・横山伊徳の各先生にご指導を賜り、さらに木村直樹氏・村和明氏・佐藤雄介氏・若山太良氏・孫暁瑩氏、そして東京大学出版会の編集担当山本徹氏から、様々な建設的な意見を頂いた。一方、日本語の表現については、村氏・佐藤氏・若山氏・山本氏のほか、高槻泰郎氏・荒木裕行氏・三ツ松誠氏・西脇康氏などの方々にチェックして頂き、厚くお礼を申し上げたい。

また、中国第一歴史檔案館、故宮博物院図書文献館、長崎歴史文化博物館、シーボルト記念館などの、史料調査先で協力して頂いた方々、在学中に奨学金を授けて頂いた鹿島育英会、渥美国際交流財団などの留学生支援機構、博論の研究に対して奨励賞を賜った公益財団法人・徳川記念財団、科学研究費補助金を交付して頂いた日本学術振興会、そして本書の出版にあたって東京大学学術成果刊行助成を交付して頂いた東京大学に、深い感謝の意を申し述べたい。

最後、家族の理解と支援も心から感謝したい。親子の情、夫婦の絆、娘の笑顔は、私の研究を支えてくれた。とくにこの一年、本書の仕上げに専念することで、息子、夫、父としての家庭での義務を十分に果たせていないことを自覚しており、これから仕事・研究と家庭生活との両立を目指して努力したい。

日本に来てからはや十年間経とうとしている。この間日中関係が悪化の一途をたどったことは、大変残念に思っている。経済・社会のグローバル化が進んでいる今日、国民国家の限界をどのように克服すべきかは、政治家だけではなく、日中両国の国民全体が直面している課題となっている。領土問題や歴史問題については、断片的な資料を見て物事の是非を判断するのではなく、歴史研究のように、問題の背景及び経緯を広く見る意識があれば、より冷静な態度をとるようになり、自ずと解決策も生まれてくると、私は信じている。本書の研究対象でもある信牌には「永以為好」という印文があり、それは永遠に友好関係を持つようにという意味が込められている。それこそは私が希うところである。今後はさらに地道な研究を積み重ね、さらに国際的な学術交流や研究成果の普及などを通じて日中両国の国民の相互理解を深めることに尽力し、微力ながらも日中関係の改善に貢献したいと考えている。

二〇一五年四月

彭　浩

索　引

あ　行

か　行

さ 行

た　行

な　行

は　行

ま　行

や 行

ら 行

わ 行

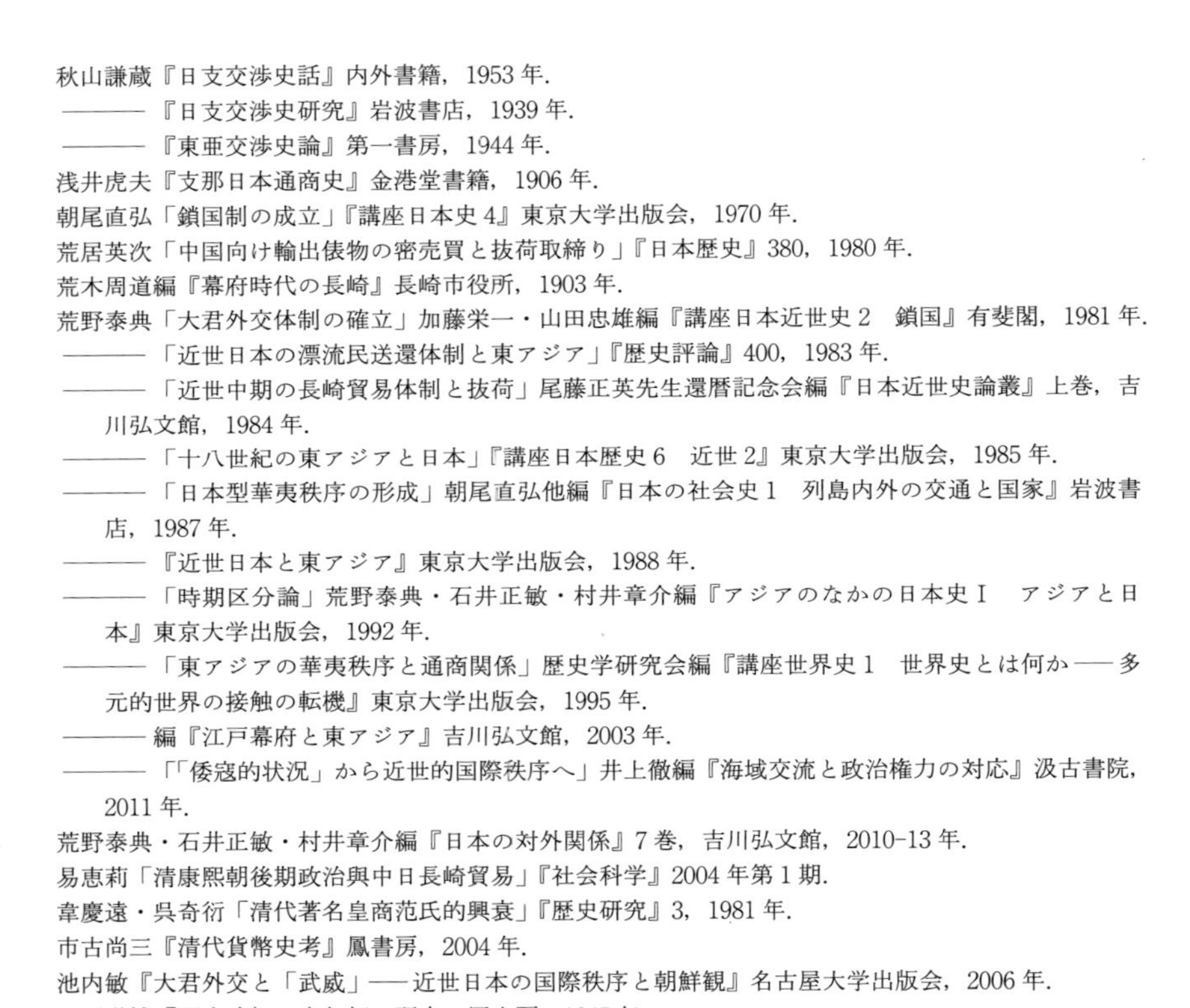

参考文献

秋山謙蔵『日支交渉史話』内外書籍，1953 年.

――――『日支交渉史研究』岩波書店，1939 年.

――――『東亜交渉史論』第一書房，1944 年.

浅井虎夫『支那日本通商史』金港堂書籍，1906 年.

朝尾直弘「鎖国制の成立」『講座日本史 4』東京大学出版会，1970 年.

荒居英次「中国向け輸出俵物の密売買と抜荷取締り」『日本歴史』380，1980 年.

荒木周道編『幕府時代の長崎』長崎市役所，1903 年.

荒野泰典「大君外交体制の確立」加藤栄一・山田忠雄編『講座日本近世史 2　鎖国』有斐閣，1981 年.

――――「近世日本の漂流民送還体制と東アジア」『歴史評論』400，1983 年.

――――「近世中期の長崎貿易体制と抜荷」尾藤正英先生還暦記念会編『日本近世史論叢』上巻，吉川弘文館，1984 年.

――――「十八世紀の東アジアと日本」『講座日本歴史 6　近世 2』東京大学出版会，1985 年.

――――「日本型華夷秩序の形成」朝尾直弘他編『日本の社会史 1　列島内外の交通と国家』岩波書店，1987 年.

――――『近世日本と東アジア』東京大学出版会，1988 年.

――――「時期区分論」荒野泰典・石井正敏・村井章介編『アジアのなかの日本史 I　アジアと日本』東京大学出版会，1992 年.

――――「東アジアの華夷秩序と通商関係」歴史学研究会編『講座世界史 1　世界史とは何か ―― 多元的世界の接触の転機』東京大学出版会，1995 年.

―――― 編『江戸幕府と東アジア』吉川弘文館，2003 年.

――――「「倭寇的状況」から近世的国際秩序へ」井上徹編『海域交流と政治権力の対応』汲古書院，2011 年.

荒野泰典・石井正敏・村井章介編『日本の対外関係』7 巻，吉川弘文館，2010-13 年.

易恵莉「清康熙朝後期政治與中日長崎貿易」『社会科学』2004 年第 1 期.

韋慶遠・呉奇衍「清代著名皇商范氏的興衰」『歴史研究』3，1981 年.

市古尚三『清代貨幣史考』鳳書房，2004 年.

池内敏『大君外交と「武威」―― 近世日本の国際秩序と朝鮮観』名古屋大学出版会，2006 年.

石原道博『明末清初日本乞師の研究』冨山房，1945 年.

板沢武雄「鎖国時代における密貿易の実態」『法政大学文学部紀要』7，1961 年.

今堀誠二「十六世紀以後における合夥（合股）の性格とその推移 ―― とくに古典的形態の成立と拡大について」『法制史研究』8，1958 年.

岩井茂樹「十六・十七世紀の中国辺境社会」小野和子編『明末清初の社会と文化』京都大学人文科学研究所，1996 年.

――――「十六世紀中国における交易秩序の模索 ―― 互市の現実とその認識」同編『中国近世社会の秩序形成』京都大学人文科学研究所，2004 年.

――――「清代の互市と「沈黙外交」」夫馬進編『中国東アジア外交交流史の研究』京都大学学術出版会，2007 年.

――――「帝国と互市 ―― 十六〜十八世紀東アジアの通交」籠谷直人・脇村孝平編『帝国とアジア・ネットワーク ―― 長期の十九世紀』世界思想社，2009 年.

―――「朝貢と互市」和田春樹ほか編『東アジア世界の近代――十九世紀』岩波書店，2010年.
―――「清朝中国の国際交易と海防――信牌問題と南洋海禁案から」井上徹編『海域交流と政治権力の対応』汲古書院，2011年.
―――編『中国近世社会の秩序形成』京都大学人文科学研究所，2004年.
岩生成一「鎖国時代に於ける日本貿易品の販路」『日本歴史』215，1947年.
上田信『海と帝国――明清時代』講談社，2005年.
上田裕之『清朝支配と貨幣政策――清代前期における制銭供給政策の展開』汲古書院，2009年.
上原兼善「琉球の支配」加藤栄一・山田忠雄編『講座日本近世史2　鎖国』有斐閣，1981年.
内田直作『日本華僑社会の研究』同文館，1949年.
内田銀蔵『日本経済史の研究』同文館，1921年.
榎本渉『東アジア海域と日中交流――九～十四世紀』吉川弘文館，2007年.
太田勝也『鎖国時代長崎貿易史の研究』思文閣出版，1992年.
大庭脩『江戸時代における中国文化受容の研究』同朋舎出版，1984年.
―――編『長崎唐館図集成』関西大学出版部，2003年.
王輯五『中国日本交通史』商務印書館，1937年.
王景麗「清前期内務府皇商范氏的商業活動探析」中央民族大学修士論文，2007年.
岡田信子「近世異国漂着船について――特に唐・朝鮮船の処遇」『法政史学』26，1973年.
華立「清代洋銅官商范氏一族の軌跡」『大阪経済法科大学論集』100，2011年.
―――「清代洋銅貿易中的額商集団」『明清論叢』11，2011年.
何芳川「「華夷秩序」論」『北京大学学報（哲学社会科学版）』1998年第6期.
鹿毛敏夫「『抗倭図巻』・『倭寇図巻』と大友義鎮・大内義長」『東京大学史料編纂所研究紀要』23，2013年.
加藤栄一・山田忠雄編『講座日本近世史2　鎖国』有斐閣，1981年.
加藤栄一・北島万次・深谷克己編『幕藩制国家と異域・異国』校倉書房，1989年.
金井俊行編『長崎略史』長崎市役所，1926年.
金指正三『近世海難救助制度の研究』吉川弘文館，1968年.
紙屋敦之「幕藩制国家の成立と東アジア」『歴史学研究』573，1987年.
―――『幕藩制国家の琉球支配』校倉書房，1990年.
―――『大君外交と東アジア』吉川弘文館，1997年.
紙屋敦之・木村直也編『展望日本歴史14　海禁と鎖国』東京堂出版，2002年.
川勝守『日本近世と東アジア世界』吉川弘文館，2000年.
河添房江・皆川雅樹編『アジア遊学147　唐物と東アジア――舶載品をめぐる文化交流史』勉誠出版，2011年.
河添房江『唐物の文化史――舶来品からみた日本』岩波書店，2014年.
菊地義美「鎖国下の密貿易」上・下，『歴史教育』10-9・10，1962年.
―――「正徳新例における信牌制度の実態」『日本歴史』185，1963年.
―――「正徳新例と長崎貿易の変質」中田易直編『近世対外関係史論』有信堂高文社，1979年.
木崎弘美『長崎貿易と寛永鎖国』東京堂出版，2003年.
岸本美緒「時代区分論」『岩波講座世界歴史1　世界史へのアプローチ』岩波書店，1998年.
―――「東アジア・東南アジア伝統社会の形成」『岩波講座世界歴史13　東アジア・東南アジア伝統社会の形成』岩波書店，1998年.
―――『東アジアの「近世」』山川出版社，1998年.
喜多恵「文政十年・天保六年における長崎唐人騒動――福岡藩伊丹家資料を中心に見る」『福岡大学大学院論集』18-2，1987年.

木村直樹『幕藩制国家と東アジア世界』吉川弘文館，2009年.
木宮泰彦『日華文化交流史』冨山房，1955年.
栗田元次『新井白石の文治政治』石崎書店，1952年.
黒木國泰「近世日向漂着唐船情報の伝達・管理システム」『宮崎女子短期大学紀要』26，2000年.
――――「延岡内藤藩の幕府領細嶋漂着唐船対処マニュアルについて（上）・（下）」『宮崎女子短期大学紀要』27・28，2001・2002年.
荊暁燕「清順治十二年前的対日海外貿易政策」『史学月刊』2007年第1期.
黄枝連『天朝礼治体系研究』中国人民大学出版社，1992年.
香坂昌紀「清代前期の関差弁銅制及び商人弁銅制について」『東北学院大学論集　歴史学・地理学』11，1981年.
後藤陽一「熊沢蕃山の生涯と思想の形成」『日本思想大系30　熊沢蕃山』岩波書店，1971年.
小葉田淳『金銀貿易史の研究』法政大学出版局，1976年.
小林茂文「漂流と日本人――漂流記にみる異文化との接触」『漂流と漂着・総索引』小学館，1993年.
小宮木代良「「明末清初日本乞師」に対する家光政権の対応――正保三年一月十二日付板倉重宗書状の検討を中心として」『九州史学』97，1990年.
小山幸伸「近世中期の貿易政策と国産化」曾根勇二・木村直也編『新しい近世史2　国家と対外関係』新人物往来社，1996年.
佐伯富「康熙雍正時代における日清貿易」東洋史研究会編『雍正時代の研究』同朋舎出版，1986年.
――――「清代雍正朝の通貨問題」同.
佐久間重男『日明関係史の研究』吉川弘文館，1992年.
定宗一宏「近世中日貿易における唐通事――密貿易研究への序説として」『史学研究』72，1959年.
清水紘一「抜荷考――享保期の抜荷対策を中心として」『中央大学文学部紀要』92，1979年.
朱徳蘭「清開海令後的中日長崎貿易商與国内沿岸貿易」張炎憲主編『中国海洋発展史論文集』3，中央研究院三民主義研究所，1988年.
白柳秀湖『日支交渉史話』実業之日本社，1939年.
鈴木真「清朝前期の権門と塩商――イェヘ＝ナラ氏と長芦塩商を例に」『史学雑誌』118-3，2009年.
鈴木康子『近世日蘭貿易史の研究』思文閣出版，2004年.
――――『長崎奉行の研究』思文閣出版，2007年.
住友修史室「第一次銅座と住友――銅貿易と幕府の銅政策」『泉屋叢考』18，住友修史室，1980年.
関周一「唐物の流通と消費」『国立歴史民俗博物館研究報告』92，2002年.
添田仁「近世港市長崎の運営と抜荷」『日本史研究』548，2008年.
――――「十八世紀後期の長崎における抜荷観――唐貿易を中心に」『海港都市研究』3，2008年.
孫暁瑩「康熙朝内務府商人と日本銅」『東アジア文化環流』3-2，2010年.
――――「清代前期における人参採取制度と内務府商人」『内陸アジア史研究』29，2014年.
高塩博『江戸時代の法とその周縁』汲古書院，2004年.
田中健夫『東アジア通交圏と国際認識』吉川弘文館，1997年.
檀上寛『明代海禁＝朝貢システムと華夷秩序』京都大学学術出版会，2013年.
張正明・張舒「従『范氏家譜』看山西介休范氏家族」張正明ほか編『中国晋商研究』人民出版社，2006年.
陳東華「唐人屋敷と長崎華僑」『社会文化研究所紀要』47，2000年.
陳東林「康雍乾三帝対日本的認識及貿易政策比較」『故宮博物館院刊』1988年第1期.
辻善之助『日支文化の交流』創元社，1938年.
鶴田啓「近世日本の四つの「口」」荒野泰典・石井正敏・村井章介編『アジアのなかの日本史Ⅱ　外交と戦争』東京大学出版会，1992年.

中井信彦『転換期幕藩制の研究』塙書房，1971 年.
中島楽章「十四―十六世紀，東アジア貿易秩序の変容と再編 ── 朝貢体制から一五七〇年システムへ」『社会経済史学』76-4，2011 年.
中田易直編『近世対外関係史論』有信堂高文社，1979 年.
中村栄孝「清太宗の南漢山詔諭に見える日本関係の条件 ── 十七世紀における東アジア国際秩序の変革と日本」『朝鮮学報』47，1968 年.
──── 『日鮮関係史の研究』下，吉川弘文館，1969 年.
──── 「大君外交の国際認識 ── 華夷秩序のなかの日本」日本国際政治学会編『日本外交の国際認識 ── その史的展開』日本国際政治学会，1974 年.
中村質「近世貿易における唐船の積荷と乗組員 ── 関係史料とその性格について」上，『九州産業大学商経論叢』12-1，1971 年.
──── 「近世の日本華僑 ── 鎖国と華僑社会の変容」福岡ユネスコ協会編『外来文化と九州』平凡社，1973 年.
──── 『近世長崎貿易史の研究』吉川弘文館，1988 年.
──── 「東アジアと鎖国日本 ── 唐船貿易を中心に」前掲加藤栄一ほか編『幕藩制国家と異域・異国』.
──── 「日本来航唐船一覧　明和元～文久元（1764～1861）年」『九州文化史研究所紀要』41 号，1997 年.
──── 編『鎖国と国際関係』吉川弘文館，1997 年.
──── 『近世対外交渉史論』吉川弘文館，2000 年.
永井和「東アジア史の「近世」問題」夫馬進編『中国東アジア外交交流史の研究』京都大学学術出版会，2007 年.
長田和之「幕末開港期長崎における華僑の動向」箭内健次編『国際社会の形成と近世日本』日本図書センター，1998 年.
永積洋子編『唐船輸出入品数量一覧 1637-1833 年』創文社，1987 年.
西嶋定生「東アジア世界と冊封体制 ── 六～八世紀の東アジア」『岩波講座日本歴史 2　古代 2』岩波書店，1962 年.
──── 「東アジア世界の形成」同『古代東アジア世界と日本』岩波書店，2000 年.
西村圭子『近世長崎貿易と海運制度の展開』文献出版，1998 年.
橋本賢一「正徳新例前後の長崎における抜荷の主体変化と町の展開 ── 犯科人による近世長崎の編制」『史学研究集録』34，2009 年.
橋本雄『中華幻想 ── 唐物と外交の室町時代史』勉誠出版，2011 年.
羽田正編『東アジア海域に漕ぎだす 1　海から見た歴史』小島毅監修，東京大学出版会，2013 年.
浜下武志『近代中国の国際的契機』東京大学出版会，1990 年.
──── 『朝貢システムと近代アジア』岩波書店，1997 年.
浜下武志・川勝平太編『アジア交易圏と日本工業化 ── 1500-1900』リブロポート，1991 年.
服藤弘司「近世長崎における異国人の刑事上の地位」宮本又次編『九州経済史研究』三和書房，1953 年.
──── 「「抜荷」罪雑考」『法制史研究』6，1955 年.
春名徹「漂流民送還制度の形成について」『海事史研究』52，1995 年.
──── 「近世日本船海難にかんする中国全記録の再検討 ── 東アジアにおける近世漂流民送還制度と日本」『海事史研究』62，2005 年.
傅衣凌『明清時代商人及商業資本』北京人民出版社，1956 年.
馮佐哲「曹寅與日本」『清代政治與対外関係』中国社会科学出版社，1998 年.

福地源一郎『長崎三百年間――外交変遷事情』博文館，1902年.
深瀬公一郎「十九世紀における東アジア海域と唐人騒動」『長崎歴史文化博物館研究紀要』3，2008年.
藤田覚『近世後期政治史と対外関係』東京大学出版会，2005年.
――――『田沼時代』吉川弘文館，2012年.
――――編『十七世紀の日本と東アジア』山川出版社，2000年.
藤田元春『日支交通の研究』冨山房，1938年.
松浦章「清代沿海商船の紀州漂着について」『関西大学東西学術研究所紀要』20，1987年.
――――『清代海外貿易史の研究』朋友書店，2002年.
――――『江戸時代唐船による日中文化交流』思文閣出版，2007年.
松尾晋一『江戸幕府の対外政策と沿岸警備』校倉書房，2010年.
松方冬子「「契約貿易」序説――十八世紀の日蘭本方貿易」『東京大学日本史学研究室紀要　別冊「近世社会史論叢」』東京大学日本史学研究室，2013年.
皆川雅樹『日本古代王権と唐物交易』吉川弘文館，2014年.
熟美保子「唐人屋敷の設立と唐人の不法行為」神戸女学院大学『文化論輯』12，2002年.
――――「近世後期における境界領域の特徴――長崎唐人屋敷の葛藤・紛争」『経済史研究』〈大阪経済大学日本経済史研究所〉11，2007年.
村井章介「倭寇の多民族性をめぐって」大隅和雄・村井章介編『中世後期における東アジアの国際関係』山川出版社，1997年.
八百啓介「「鎖国」下の福岡藩と環東シナ海域社会」『福岡県史　通史編福岡藩（二）』財団法人西日本文化協会，2002年.
――――「正徳新例と東南アジア来航唐船」『交通史研究』50，2002年.
安高啓明『近世長崎司法制度の研究』思文閣出版，2010年.
箭内健次編『国際社会の形成と近世日本』日本図書センター，1998年.
矢野仁一『長崎市史――通交貿易編・東洋諸国部』清文堂，1967年.
藪田貫「唐館の内と外――「唐人番日記」について」前掲大庭脩編『長崎唐館図集成』.
――――「聖堂と奉行・学校と奉行――長崎と大坂の比較」藪田貫・若木太一編『長崎聖堂祭酒日記』関西大学出版部，2010年.
山口啓二『鎖国と開国』岩波書店，2006年.
山本英貴「享保期における抜荷取締対策の展開――「唐船打払」目付渡辺外記永倫を中心に」『外政史研究』3，2004年.
――――「唐船打ち払い体制の成立と展開――享保期の抜荷取締対策を中心に」森安彦編『地域社会の展開と幕藩制支配』名著出版，2005年.
山本博文『幕藩制の成立と近世の国制』校倉書房，1990年.
――――『寛永時代』吉川弘文館，1996年.
山脇悌二郎『近世日中貿易史の研究』吉川弘文館，1960年.
――――『長崎の唐人貿易』吉川弘文館，1964年.
――――『抜け荷　鎖国時代の密貿易』日本経済新聞社，1965年.
横田佳恵「鎖国体制下における漂流民送還体制――五島藩を中心に」『史艸』35，1994年.
横山伊徳「出島下層労働力研究序説」『年報都市史研究』12，2004年.
――――「出島下層労働力研究序説――大使用人マツをめぐって」同編『オランダ商館長の見た日本――ティツィング往復書翰集』吉川弘文館，2005年.
吉川潤「長崎聖堂と長崎奉行所」藪田貫・若木太一編『長崎聖堂祭酒日記』関西大学出版部，2010年.

吉積久年「須佐の唐人墓 —— 唐船打攘事件始末」『山口県地方史研究』58，1987 年.
吉村雅美『近世日本の対外関係と地域意識』清文堂出版，2012 年.
李雲泉『朝貢制度史論 —— 中国古代対外関係体制研究』新華出版社，2004 年.
劉序楓「清日貿易の洋銅商について —— 乾隆〜咸豊期の官商と民商を中心に」『九州大学東洋史論集』15，1986 年.
——— 「清代前期の福建商人と長崎貿易」『九州大学東洋史論集』16，1988 年.
——— 「十七・八世紀の中国と東アジア —— 清朝の海外貿易政策を中心に」溝口雄三・浜下武志・平石直昭・宮嶋博史編『アジアから考える 2　地域システム』東京大学出版会，1993 年.
——— 「享保年間の唐船貿易と日本銅」中村質編『鎖国と国際関係』吉川弘文館，1997 年.
——— 「清康熙〜乾隆年間洋銅的進口與流通問題」湯熙勇編『中国海洋発展史論文集』7，中央研究院中山人文社会科学研究所，1999 年.
——— 「近世中国と日本間における漂流・漂着事件について」『東アジア海域における交流の諸相 —— 海賊・漂流・密貿易』九州大学 21 世紀 COE プログラム（人文科学）「東アジアと日本 —— 交流と変容」，2005 年.
歴史学研究会編『シリーズ港町の世界史』青木書店，2005・2006 年.
若松正志「長崎会所の設立について」『歴史』74，1990 年.
——— 「長崎唐人貿易に関する貿易利銀の基礎的考察」『東北大学附属図書館研究年報』23，1990 年.
——— 「唐人参座の設立について」『京都産業大学日本文化研究所紀要』2，1996 年.
——— 「近世中期における貿易都市長崎の特質」『日本史研究』415，1997 年.
渡辺美季『近世琉球と中日関係』吉川弘文館，2012 年.

ロバート・ヘリヤー（Robert I. Hellyer）「太平洋における日本 —— 近世後期の対外貿易」浪川健治ほか編『周辺史から全体史へ —— 地域と文化』清文堂出版，2009 年.
ロナルド・トビ（Ronald Toby）「近世における日本型華夷観と東アジアの国際関係」『日本歴史』463，1986 年.
シャルロッテ・フォン・ヴェアシュア（Charlotte Von Verschuer）『モノが語る日本対外交易史』河内春人訳，藤原書店，2011 年.

Fairbank, J. K., ed. *The Chinese World Order: Traditional China's Foreign Relations*, Harvard University Press, Cambridge, 1968.
Frank, Andre Gunder, *Reorient: global economy in the Asian age*. Berkeley, CA: University of California Press, 1998.
Hall, John W. "Notes on the Early Ch'ing Copper Trade with Japan." *Harvard Journal of Asiatic Studies* 12, December 1949.
Hellyer, Robert I. *Defining Engagement: Japan and Global Contexts, 1640–1868*, Cambridge Mass: Harvard University Press, 2009.
Mancall, Mark, *China at the Center: 300 Years of Foreign Policy*, Free Press, New York, 1984.
Shimada Ryuto, *The Intra-Asian Trade in Japanese Copper by the Dutch East India Company during the Eighteenth Century*, Leiden and Boston: Brill Academic Publishers, 2006.

著者略歴

1979 年　中国山東省生まれ
2001 年　曲阜師範大学歴史学部卒業
2005 年　復旦大学大学院歴史学研究科修士課程修了
2008 年　東京大学大学院人文社会系研究科修士課程修了
2012 年　同博士課程修了
現　在　東京大学史料編纂所特任研究員

主要論文

「長崎唐館の社会構造」(『東京大学日本史学研究室紀要 別冊「近世社会史論叢」』2013 年).

"Overseas Trade and Pass: The Functioning of the Pass System in Sino-Japanese Trade in Early Modern Times," Zsombor Rajkai and Ildikó Bellér-Hann, eds., *Frontiers and Boundaries: Encounters on China's Margins*, Wiesbaden: Harrassowitz Verlag, 2012.

「順治九年「南京船」の長崎渡航に関する一考察 ── 中国第一歴史檔案館所蔵清朝檔案の解析から」(『東京大学史料編纂所研究紀要』第 25 号, 2015 年).

近世日清通商関係史

2015 年 5 月 20 日　初　版

[検印廃止]

著　者　彭　浩

発行所　一般財団法人　東京大学出版会
代表者　古田元夫
153-0041 東京都目黒区駒場 4-5-29
http://www.utp.or.jp/
電話 03-6407-1069　Fax 03-6407-1991
振替 00160-6-59964

印刷所　株式会社精興社
製本所　誠製本株式会社

ISBN 978-4-13-026240-8　Printed in Japan